演劇・絵画・弁論術

一八世紀フランスにおける
パフォーマンスの理論と芸術

アンジェリカ・グデン
Angelica Goodden

譲原晶子 訳

ACTIO
AND
PERSUASION

Dramatic Performance in Eighteenth-Century France

"Actio and Persuasion:
Dramatic Performance in Eighteenth-Century France,
First Edition" was originally published in English in 1986.
This translation is published by arrangement
with Oxford University Press.

口絵1　ツィーゼニス《ディドロの『一家の父』》*Le 'Père de famille' de Diderot*（パリ、国立図書館）

口絵2　ダヴィッド（模写）《ジュ・ド・ポームの誓い》*Le Serment du Jeu de Paume*（パリ、カルナヴァレ美術館）

口絵3　モロー弟《エリゼの楽園《シャンゼリゼ》に着いたミラボー》*Mirabeau arrive aux Champs Élysées*（パリ、国立図書館）

口絵4　ダヴィッド《ブルトゥスの家に息子たちの遺体を運ぶ警士たち》*Les Licteurs apportant à Brutus les corps de ses fils*（個人蔵）

口絵5　ダヴィッド《サビニの女たち》*Les Sabines*（パリ、ルーブル美術館）

口絵6　カルル・ヴァンロー《メディアに扮するクレロン嬢》*Mademoiselle Clairon en Médée*（ポツダム、サンスーシ宮殿絵画館）

口絵7　カルル・ヴァンロー《メディアとイアソン》素描 *Médée et Jason*（ポー美術館）

口絵8　ウァトー《香具師》*The Mountebank*（オックスフォード、アシュモリアン美術館）

謝辞

本書を執筆するにあたり、多数の図書館や所蔵施設を利用しましたが、次の施設にはとくにお世話になりました。ロンドンの大英図書館、ヴィクトリア・アンド・アルバート博物館、ウォーバーグ研究所。オックスフォードのアシュモリアン美術館、ボドリアン図書館、テイラー研究所。パリのフランス国立中央文書館、アルスナル図書館、パリ市歴史図書館、国立図書館、オペラ座図書館。Terence Cave 博士、Peter France 教授、Brendan McLaughlin 氏、Denys Potts 博士には、タイプ原稿の段階で読んでいただき、彼らの大きなお力添えにより内容を改善することができました。オックスフォード大学の中世近代語学部からはパリで研究を行う期間の資金援助を、聖ヒルダ・コレッジからはサバティカルの承諾により貴重な研究の時間を賜りました。この両者に心より感謝申し上げます。最後に、本書の内容を最初に発表した私自身の論文を引用することを許可してくださった、学術誌 *Forum for Modern Language Studies*, *French Studies*, *Oxford Art Journal* の編集者の方々にも、お礼申し上げます。

目次

表紙描画

栁沢 順（くるみさわ じゅん）

画家。千葉商科大学政策情報学部教授。専門は西洋美術、コンピュータグラフィックス。先端技術を利用した作品を国内外で発表。第7回文化庁メディア祭にて審査員推薦作品 Sumi-Nagashi（2003年）。吉村桂充作、新作日本舞踊「SAKURA」舞台映像（2015年）など。美術解剖学会理事。ACM SIGGRAPH 会員。

装幀・本文組版

吉羽 一之（よしは かずゆき）

グラフィックデザイナー。千葉商科大学政策情報学部専任講師。四代目市川猿之助や藤間勘十郎の舞踊公演（2015年）、涼風真世コンサート（2016年）などの広報アートワーク、その他、図録や作品集を多数、製作。デザインワークと並行し、明治以降の金属活字版印刷におけるタイポグラフィ、本文組版を研究。意匠学会広報委員、日本デザイン学会会員。

序論

一八世紀のフランスでは、役者の社会的地位を高め、演技に「自由《リベラル》」学芸《アート》――すなわち単なる技巧や熟練ではなく知的側面をもつ技芸――の威厳を確立しようという、断固とした取り組みが行われた。この取り組みの主眼は、演劇《ドラマティック・パフォーマンス》における「身体で語ること bodily eloquence」（アティチュード[1]、身振り、顔の表情）の果たす役割を見直すことであり、これを通して、この種の語りは劇作家のテキストに添える飾りではなくそれ自体弁論術《レトリック》の一様式なのだ、とみなされるようになっていった。この「弁論術」であるが、その名目の下で絵画は自由学芸への仲間入りを果たしていた。ルネサンスの理論家たちが、弁論家が話を構成して語ることと画家が絵を構成して制作することとの間に、類似性を見出したからである。後に演劇も、弁論術との類似性を見出すことで同様の威光が与えられることになった。一七世紀の末までには、弁論術の理論は、法廷や教会で行う弁舌を越えて文学や劇の構成へと、法律や宗教の知的威光に与りながらその領域を広げていたが、このとき古代弁論術のカテゴリーであるアクティオ actio[2]、すなわち身体による語りが、劇作品の「実演」にも同様の威厳を与える根拠を提供した。弁論術と関係づけることで、絵を描くことが職人技能から自由学芸へと高められたように、一八世紀には、絵画の理論と弁論術の理論の両方が、「描写」ということを強調することで、演じるとは単に劇詩という芸術を伝達するための手段なのではなく、それ自体がひとつの芸術なのだ、ということを示すのに一役を買ったのである。

これが本書の原点であり、本書のタイトル（原題『アクティオと説得』*Actio and Persuasion*）もここから生まれた。だが弁論術のほかにも、一八世紀のフランスで語る身体が注目を集めるのを助けた要因はあった――古代パントマイムの復興、イタリア人演者たちがフランスで見せた独特な演技様式、ルカンなど大物役者たちが見せた模範、があげられよう。[3]同じく身体による語りと関わる「舞踊」は、すでにルイ一四世によって威厳ある地位を与えられていたのだが、[4]これもまた一八世紀の論争のなかで一役を担った。舞踊はすでに役者たちが切望した職業としての公認を勝ち得ていただけではなく、舞踊には「教授可能な」部分があったので即興で行うものではなく芸術なのだと認められたのである。

視覚芸術の静的で純粋に空間的な性質を超えることができるのが言葉であるが、その言葉で身体による語りを記述しようとすると、必然的に数々の問題がもちあがった。理論面では、デカルトと画家ルブランが、身体の外貌を情念との関連で分類する、という業績を残していた（感情表出という考え方は、一八世紀初めにデュボスの『詩と絵画についての批判的考察』でさらなる展開をみせた。彼の詩論は主として劇を扱っている）。しかし実践面では、演技の教師たちが次世代の模範となるパフォーマンスを記録して残そうとその方法を探したとき、これは非常に難しいことがわかった。演劇とは本来身体演技ではなく言葉を伝えるものだという伝統的な見方にしがみついてみても、やはりパフォーマンス術の権威づけには役立たなかった。さらに、宗教道徳家たちがボシュエに倣って、[5]身体パフォーマンスはそれ自体観客の情念に火をつけ不死の魂を毒する恐れがある、という主張を続けた。一七五〇年代になってようやく、演じる職業を中傷する人はなお数多くいたものの、状況に変化がみられるようになった。一八世紀の中頃より、演ずることはアカデミーの地位に値する職業であり、役者に種々の社会権、市民権を拒み続けるのはひどく不当であることを示そうという取り組みが、協力してなされたのである。フランス革命によってとうとう役者たちには長年の念願の権利が認められたが、それを勝ち取るための闘争は延々と続けられてきたのだった。役者がついに、他の自由学芸の専門家たちが住まうパンテオンへの仲間入りする権利を獲得したこの闘争の重要性、そして役者という職が（少なくとも理論の上で）古典的権威をもつ職業へと接近していったその経緯、これらが本書の主題である。

演劇での身体による語りを最も熱心に推進した一人がディドロであった。ただ、彼自身の戯曲は回りくどくて冗長で、役者が身体技能を見せる余地などほとんど与えられていない。しかし、たとえディドロの「ドラマ」[6]はアクティオには向かなかったとしても、彼の劇理論からは、この劇作家の教育構想の一環としてアクティオが決定的な役割を果たしていたことを読み取ることができる。道義によって観客を説得することは、『私生児』（1757）と『一家の父』（1758）の主要な目的であった。そしてディドロにとって、役者が身振りと動作で観客を操る能力をこの目的のために使うことは極めて重要であった（口絵1）。『私生児についての対話』の登場人物ドルヴァルの言葉「我々の劇は語り過ぎる。それで役者たちはあまり演じないのだ」[一]とは、ディドロ自身の見解を示すものである。彼のほかの著作もまた、彼の劇作に明確に見られるアクティオへの傾倒を裏付けている。『聾唖者書簡』（1751）では、ディドロは耳を塞いで役者の演技だけを見て観劇したときのことに触れ[7]、この技能テストに耐え得る役者はほとんどいない、と言う[二]。

一　*Entretiens sur 'Le Fils naturel'*, in *Œuvres esthétiques* (以下 *Œ* と表記), ed. Paul Vernière (Paris, 1968), p.100. 以下の『私生児についての対話』の引用はこの版による。

『ラモーの甥』（第一草稿、1761）では、ディドロは甥が行う「パントマイム」すなわち無言の身体所作を、かなり詳しく記述している。貧亡で才能に恵まれない甥にとって、マイムがしばしば現実の代わりとなる。身振りと物真似の技を使って、甥は俗世で味わいたいものを呼び起こし、彼が遍く存在するとみる、権力に卑下する人の物真似をし（そうして、誰もが実生活で「卑屈なパントマイム」の役を演じているという彼の確信を、観る者に刻印する）〈8〉、現実には彼が生きることができない芸術パフォーマンスの高みへと自身と観衆を誘《いざな》ってゆく。ラモーの甥にとっても見物にとっても、パントマイムはさまざまな現実を眼前に現出させるための手軽な手段となるのだ。つまり、パントマイムは想像力を刺激して、この世は自分を実際とは違ったように見せ掛ける人たちで溢れているということを浮き彫りにするのである。演じることで幻想であるものに実体を与えられることもまた、甥には好都合であった。物真似によって、彼は現実にはあり得ない状況や状態——裕福であるとか、優れた芸術家であるとか——を装うことができる。演奏が下手だった彼は名演奏家を夢見ていたのだが、物真似によって本物の名人であると自分にも他人にも認めさせることができるのである〈9〉。

ディドロの哲学的対話は、舞台上演用に書かれたわけでないが、彼が一七五〇年代に書いた戯曲よりもずっと劇的であるとはよく言われる。「ドラマ」の修辞《レトリック》や筋展開《アクション》よりも、彼の哲学的対話のほうが、語り口には生きた現実が感じられるし、状況設定もより印象的だ。『ラモーの甥』、『ブーガンヴィル航海記補遺』、『俳優についての逆説』など彼の対話体の著作のいくつかは、実際、舞台にかけられ成功してきた。劇作家として、ディドロはもちろん長年の伝統に従わざるを得なかったのであり、先例の重みということも『私生児』や『一家の父』が月並みであることの説明になろう。ディドロが、コメディ＝フランセーズでの『一家の父』の上演の失敗を、役者たちが彼らの慣習的な堅苦しさと朗誦中心の演技様式を捨ててディドロの新たな要求に従おうとしなかったこと、あるいはその能力がなかったこと、のせいにしたのは知られている。彼の『聾唖者書簡』にも、フランスにはこの種の演技の伝統がなかったという彼の見方が示されており、フランス演劇（喜劇は除く）に関するかぎり、これは全く妥当な見方なのである。

『私生児についての対話』での改革の呼びかけは演劇界に大きな影響力をもったが、ディドロの理論の含意はそのまま受け入れられたわけではなかった。一八世紀の批評家たちのなかには、視覚像はそもそも言葉がもつような力をもち得るのかどうか疑問をもち、目に見えるものは想像力を解放しない、むしろ束縛するのだとして、ディドロの進めるような企てに反対する人もいた。例えばルイ＝セバスティアン・メルシエは、人に解釈能力を要求するような芸術は最高の価値をもつが、目で見たものはそれ自体がすでに明白過ぎて解釈の余地がない、と主張した。[三] これとは反対に、身振りや動きの芸術は、言葉から切り離され、観る者の想像力にまさにこうした解釈を要求する、と論ずる人もいた。それでもメルシエの見解は、古典的権威を踏襲していたことから重みをもった。プラトン哲学では、感覚が捉える対象は移ろいやすく不安定であるから、感覚は真の知識の源にはなり得ず、知性だけが不変の実在界に到達できる、と考えられていた。知識獲得の過程における、感覚による知覚の役割が重要視された一八世紀のような時代には、プラ

二　*Lettre sur les sourds et muets*, ed. Paul Hugo Meyer, in *Diderot Studies*, VII (1965), 52. 以下の『聾唖者書簡』の引用はこの版による。

三　一七九七年の『ジュルナル・ド・パリ』*Journal de Paris*（14 Pluviôse an V/2 February 1797 *et seq.*）への彼のいくつかの寄稿を参照。第一章も参照。

トンの理論はおよそそぐわないと思われないように、ディドロも時にはそれに賛同した、ということは言っておく値打ちがある。例えば、『聾唖者書簡』において、彼は五つの派閥に分裂したある架空の民族の物語を語る。各派が五感の一つに対応する。派閥間の争いになり逆襲のし合いになると、視覚派は幻を見るかのような混乱に追い込まれる、嗅覚派は間抜けとみられる、味覚派は気紛れでデリカシーがないので堪え性がないとされる、聴覚派は詮索好きで横柄なのでひどく嫌われる、触覚はその物質主義をひどく非難される（Diderot, *Lettre*, p.94）。ラ・フォンテーヌやラ・モット〈10〉ならこの話からすぐれたお話を書いたであろうが、彼らもプラトンの『国家』にある寓話を凌ぐことはできなかったであろう、とディドロは書いている。この寓話では、感覚による知覚では人は究極の実在を理解できないことが示されている。

『国家』のなかの、壁に映る影によってしか現実を知覚できない洞穴のなかの囚人の描写〈11〉にディドロが惹きつけられたことは、彼が一七六五年の『サロン』でのフラゴナールの絵画《コレジュスとカリロエ》〈12〉の批評でこの話を引用していることからも、明らかである。〈四〉この批評はある夢の記述という形をとっている。日中にサロン展でフラゴナールの絵を見て〈13〉、夜はプラトンの対話篇を読んだという日に、彼が見た夢である。夢のなかで、彼はプラトンの洞穴で鎖につながれた男女や子供たちに混じり、囚人の一人となっている。囚人たちは振り向いて外を見ることができないように鎖でつながれている。囚人たちの大部分は、つながれていても幸福そうに飲んで、歌って、笑っており、逃亡を試みる少数の者たちは他の人たちの顰蹙をかっているのが、ディドロの目に入る。囚人たちは全員、洞穴の入り口に背を向け、入り口とは反対側の壁の方を向いている。その壁は大きなカンバスで覆われている。彼らと入り口の間にペテン師集団がいて、さまざまに象られたフィギュアを陳列する。これらの影がカンバスに投影され、現実と見紛うような自然で真に迫った場面をつくり、彼らはこれを見て笑ったり泣いたりする。ペテン師たちに雇われたごろつきどもが、カンバスの後ろに立ち、影の演ずる役柄に合った口調で台詞を言い、幻想はいっそう深められてゆく。囚人たちのなかには、疑念を抱いて、鎖を揺すって振り向こうとする者もいるが、ペテン師たちは脅しの声をあげ彼らの抵抗を抑え込む。ここでディドロは囚人たちの話をやめ、カンバス上の影がつくる図像の説明へと移る(これがフラゴナールの絵に描かれたものと一致する)。彼は[この批評での]対話者グリムに、話の続きはまた別の機会にと言い、次回は、見かけにすぎぬものに捕われた人間の行く末、洞穴内の少数の反逆者たちが冒した危険、幻想に支配されているのは耐えられないと言い出した者たちが受ける迫害について語ろう、と約束する。

こんなアレゴリーを引用してはいたものの、ディドロはやはり、現実を明らかにするのに感覚印象が有効であることを否定するのではなく、肯定する側の立場に立っていた。この点、彼は時代と一体であり、ロックの感覚論がそのまま染みついている。そして、感覚論者の多くは、古代以来の多くの思想家たちと同様に、感覚のうち最も強力なのは視覚である、と考えた。視覚は他の四つの感覚より直接現実を捉えるからである。

このことに注目すると、『私生児についての対話』でディドロが展開する演技に対する考え方の原点を説明する助けになる。しかし、彼の考え方は他の影響も受けながら形成された。台詞よりも役者の身体に

四　*Salons*, ed. Jean Seznec and Jean Adhémar, 4 vols. (Oxford, 1957-67), II. 189ff. 以下の『サロン』の引用はこの版による。

よる語りを主体とするパントマイム芸術は、一八世紀のフランスで新たな支持を得ていた。ディドロが『聾唖者書簡』でパントマイムについて述べていることは、デュボスが古代の技芸の復活を要求する『詩と絵画についての批判的考察』(1719)[14]に記していたことを反映していた。デュボスの『考察』の後の版(1732)には、一七一四年にソーのデュ・メーヌ公爵夫人の城館での私邸公演で、コルネイユの悲劇『オラース』の最終幕[15]が、古代パントマイムをモデルとした「バレエ・ダクシオン・パントミーム」として演じられたことが記されている。[五][16](バレエ・マスターのノヴェールも、後にこの劇のバレエ版を制作した)[17]。この一七三二年版の『考察』では、イギリスのパントマイムについても触れられている。一七四〇年代の初頭に、パントマイム作家でバレエ・マスターであったイギリス人メインブレイ[18]が、パリのサン=ジェルマンの定期市で公演を行い大成功を収めた。[六]メインブレイは、喜劇的なパントマイムも厳粛な神話もつくったバレエ・マスター、ウィーヴァーが四半世紀前に確立した伝統を受け継いでいた。一七四〇年代のパリではパントマイムの上演が激増し、それは定期市だけではなく、オペラ座、イタリア人劇団[19]、コメディ=フランセーズにおいても行われた。イタリア人劇団ではフランソワ・リッコボーニ[20]がバレエ・パントマイムをつくったが、当時の人たちはこれを、古代の技芸サルタティオ saltatio(字義は「跳躍」[21])やギリシア劇でのパントマイム場面が復興される、その兆しとみたのであった。

フランスのシリアス劇の演技の技法の一部は、弁論術のカテゴリーであるプロヌンティアティオ pronuntiatio(言語的な語りと身体的な語りの両方に関する用語[22])を基盤としていた。これらの技法では、無声の演技が喜劇並みのウェイトを占めることは避けられていたものの、ルカンのような役者が目指した表現様式は、当時関心を呼んでいた古代パントマイムからの影響を受けていた。自宅で演劇公演を行ったヴォルテールは、この表現様式に格別熱い関心を寄せ、彼の悲劇『セミラミス』の公演でルカンがみせた雄弁なポーズの素晴らしさを称揚した[23]。俳優プレヴィル[24]も回想録で、この劇の再演時に呼び物となった「動くタブロー」[25]、すなわちニヌスの墓を去るときに不動の姿勢で固まったルカン（アルサーチュ役）の演技について記述している[七]。しかしこれをもって、一八世紀に入って五、六〇年のうちに役者たちは悲劇をいつもパントマイム様式で演じるようになっていた、と言ってしまっては誤解を招くことになろう。偉大な印象を与えることがシリアス劇の基本理念であったことには変わりはなく、そこでは身体による語りは、喜劇特有の素早いアクションの連続としてではなく、［静的な］板絵様《タブロー》のポーズによってなされるほうが普通であった。

多くの役者たちには、コメディ＝フランセーズの役者たちのように、悲劇と喜劇の両方をこなすことが要求されていたが、喜劇の演技は悲劇とは非常に異なっていた。一八世紀のフランスでのパントマイム人気の理由のひとつには間違いなくコンメディア・デッラルテの影響があるが、その上演スタイルは豊富な身体アクションを伴うものであった[八]。ウァトー、その師匠のジロー、その他一八世紀の画家たちが描いた素描が、イタリア式演技の身振りの特質を大いに伝えている[26]。パリのイタリア人の一座は一六六八年ま

五　Kirsten Gram Holmström, *Monodrama, Atittudes, Tableaux Vivants* (Stockholm, 1967), p.246, note 9 を参照。

六　Gösta M. Bergman, 'La Grande Mode des pantomimes à Paris vers 1740 et les spectacles d'optique de Servandoni', *Recherches théâtrales*, 2 (1960), 71-81 を参照。

七　*Mémoires de Préville et de Dazincourt*, ed. M. Ourry (Paris, 1823), p.191.

八　Gustave Attinger, *L'Esprit de la Commedia dell'arte dans le théâtre français*, (Paris, 1950) *passim* および S. S. B. Taylor, 'Le Geste chez les "maîtres" italiens de Molière', *XVIIe Siècle*, 132 (1981), 285-301 を参照。

ではフランス語を使用していなかったのだが、それ以前でも、イタリア語のわからない観客も役者の身振りを見て筋を追うことができた。役者は仮面をつけていて顔の表情が使えなかったので、身体で語ることはいっそう不可欠であった。一八世紀の中頃、ウィリアム・ホガースは、コンメディア・デッラルテに登場する人物類型の種々の動きについて、その様式的特質と役柄間の特徴の違いを明らかにしながら詳しく取り上げている。彼は『美の解析』で次のように書いている。アルルカン（ハレクイン）の所作は頭、手、足の短く素早い動きから巧みに構成され、「体から直線状に放射されたり、小さな円をグルグル描いたりする」。スカラムーシュはそうした役柄なのだが、真面目さが笑止千万であり、不自然な長さの線が過剰に引き伸ばされた退屈な動きをする。この二つのキャラクターは正反対の動きの想像からつくられたのであろう。ピエロの身振りとアティチュードは主に垂直、平行であり、彼の衣装の図柄と同じである。プルチネッラ（パンチネロ）は動きも風采もあらゆる気品の逆をいき剽軽である。ホガースによれば、このキャラクターからは多様性の美が完全にしかも滑稽さを誘うように締め出されている。四肢はほとんど同時に上げ下げされ、「関節が足りず、ドアを開け閉めしているみたいだ」〔九〕[27]。『解析』の最後でホガースは、舞台で同じ動作を繰り返すことの弊害を記している。彼らの動作はたいてい一定のセットと数に限られているが、観客は何度も見ているうちにこれを陳腐に感じるようになり、終いには物真似とあざけりの対象となる。身体に可能なあらゆる動きの印象に関する知識など、身体表現の一般原理を知る役者であればそういう目には合わないであろう、というのが彼の意見である（p.153）[28]。典型的なイタリア人の役者がこうした理論的知識をもっていたとは思えないが、自発性がコンメディア・デッラルテの演技様式の基本原理であったからこそ、その上演はいつでも変化に富み、長期にわたって観客の興味を引き続けることができたのである。

一六九七年にイタリア人の役者たちが追放されてから（ある芝居がマントノン夫人への侮辱を思わせたため）[29]一七一六年に呼び戻されるまでの間、[30]彼らのレパートリーの多くはその演技術とともに、定期市の芸人たちにやられるようになっていた。しかし、一八世紀のパリのサン＝ローラン、サン＝ジェルマンの定期市芝居の成功が非言語《ノン・ヴァーバル》演技の発展をもたらしたのには、旅芸人たちがイタリア様式の演技を取り入れたということとはまた別の要因もあった。コメディ＝フランセーズ、コメディ＝イタリエンヌ、オペラ座といった公認団体は、一七世紀に国王の勅令によって彼らが授かった劇やオペラを独占的に上演する「特権」を、定期市の芸人どもが侵害しているとみなし、旅芸人たちから演じ、踊り、歌う権利をすっかり取り上げようとした。それで、旅芸人たちは対話なしの劇を上演せざるを得なくなり、公演は、精神はともかく文字面だけは発令された法令に従っているとみなせるかたちで行われたのである。[31]しかしながら、こうした禁止令こそが非公認劇団の身体演技の発展を促したのだ、と主張するのもまた歪んだ見方であろう。定期市芝居を観に来る常連たち――より洗練された観客も徐々に来るようになったものの、常連客はそもそも教育を全くあるいはほとんど受けていない人たちであった――彼ら自身からすれば、言葉を使わない娯楽が繁栄したのはもっともなことであり、また好都合でもあったのだ。

　デュボスの『考察』はまた、一八世紀の演劇の演技様式とくに「身振り」に明らかに影響を与えた、また別の問題を提起した。デュボスは、情念はすべて外的な所作や表情に現れる、したがって、「身体コミュ

九　William Hogarth, *The Analysis of Beauty* (London, 1753), p.149.

ニケーション」では最も繊細な意味の陰翳も観察者に伝えることができる、と述べた。とは言っても、内的状態は個人のアティチュード、所作、顔つきなど身体に表れるという見方は、デュボスが『考察』を著した当時、独創的なものであったわけではない。この種の感情表出論は古代に遡る。一七世紀後半には、デカルトが感情表現の機械論を展開していた。彼は、情念は脳に制御されていると考えていたので顔における感情の表出のされ方にとくに注目したのだが、彼は、身体の外的な動作全般は内的な情念の表れである、と考えていた。画家ルブランはこの理論を視覚芸術に応用し、一七世紀末に王立絵画彫刻アカデミーにおいて感情の身体表現、とくに顔の表情についての講義を行った〈32〉。講義の冒頭から、彼は感情表現の心理身体間のメカニズムを強調した。内面の状態を外に伝えるためのこの手段は、無時間、無物語であり、ある種の感情《フィーリング》の伝達がその性質上難しい絵画という芸術媒体の限界を乗り越える方法として、画家たちに応用されてゆくこととなった。しかし彼らの取り組みは、批評家たちに必ずしも好意的には受けとめられなかった、と言わなければならない。批評家たちは、絵画での感情表現はたいてい曖昧であるか扱いがまずいかのどちらかだとみていた。一八二四年になってもなおサロン評でスタンダールが、画家ダヴィッドの流派は「身体しか描くことができない。心を描くのは決定的に下手だ」〈一〇〉とこぼしている。一八世紀の最後の二〇年より、ダヴィッド派の画家たちが、大げさな顔の表情や身振りでいっぱいの絵を多数描いてきたこともまた確かなのであるが、スタンダールの評にもかかわらず、彼ら自身は心の画家になろうと必死に努力していたのも紛れもない事実なのだ〈一一〉。一八世紀フランスの役者たちはしばしば絵画を演技の手本にするようにと奨励されたが、そのことは、ルブラン流の理論が、演技の理論と実践に入ってきていたことを意味していた。

デュボスはといえば、身体による感情表現はほぼ無限に多様だと主張し、デカルトとルブランの理論を拡張していった。年齢、性別、気質、国民性、社会的身分といった違いにより感情表現は当然変わるが、これらの違いは言葉で伝えることはできない、と彼は書いている。デュボスは、『考察』では詩のなかでも主に劇詩を扱っているのだが、彼の考えでは、役者の無言の所作のみがこうした違いを伝えることができるのである。[一二]

演劇理論家の多くや演劇実演家たちが、身体による語りを重視するようになったもう一つの要因をあげてみよう。それは哲学的な表現理論とも、イタリア人の役者、定期市の芸人、その他この手の「身振り」役者による「大衆」演劇とも、全く関係ないことである。役者の社会的地位の問題は一八世紀に盛んに議論されたが、著作家たちが、演技は技芸のなかでも高位にランク付けされてしかるべきことを示そうと、演技と自由学芸である弁論術（一般にあらゆる技芸の根源とみなされていた）[一三]とを比較することを始めたのである。さまざまな点で、明らかに役者は古代の弁論家とは異なるが、とりわけ役者は通常自分が語るテキストの作者ではないという点は大きな違いであった。しかし、アティチュード、身振り、顔の表情で語りを引き立てるという点では、弁論家とまさに関心を共有していた。弁舌におけるこの領域は古代の

一〇　George Levitine, 'The Influence of Lavater and Girodet's *Expression des sentiments de l'âme*,' *The Art Bulletin*, XXXVI (1959), 33 を参照。

一一　Jean Locquin, *La peinture d'histoire en France de 1747 à 1785* (Paris, 1912), p.80 および p.162 を参照。

一二　Jean-Baptiste Dubos, *Réflexions critiques sur la poésie et sur la peinture*, 2 vols. (Paris, 1719), I. 514-15.

一三　キケロの詩、音楽、絵画、建築、彫刻、演技術への言及には、雄弁術は他のすべての技芸の統制原理であるという信条がしばしば示されている。Marc Fumaroli, *L'Âge de l'éloquence* (Geneva, 1980), p.51 を参照。

修辞学者たちが「アクティオ」と呼んできたもので、彼らによれば、それは弁論術の最も重要な構成要素のひとつであった。しかし、逆説的になるが、この分野について古代の弁論術ではほとんど何も議論されていなかった。弁論家の後継者たち、説教師や弁護士の弁論術の一七、一八世紀の専門書では、この領域の解説が常に欠落しているのは、身体の動きやアティチュードを言葉で記述することが困難だからだ、とたいていは説明されていた。まさにこの困難を、多くの演技の解説者たちが口にしている。それでもこれまでみてきたように、視覚印象は他の感覚より直接的であるから、その重要性に照らせば何らかの言語化が必要であるのは、当然のことであるとしばしば考えられた。教会や法廷でのアクティオの使用には注意と抑制を必要とすると繰り返し強調されてきたが、多くの人は、人は視覚信号に感じやすいのだから弁舌でアクティオを使うのは正当なことだ、とみなしていた。弁論家の目的は説得することにあるとされており、言葉のみで語るより身体の動きや身振りも使ったほうがこの目的は達成されやすいであろうことは、書き手たちには自明のことであった。一七、一八世紀の論考では、確かに、役者は説教師や弁護士に比べれば格下とみなされていた。しかし、役者の身体所作も彼らと同じ原理、すなわち古代の弁論家のアクティオ由来の原理に基づいているのだから、演技をより格の高いこれらの職業の類縁とみなすのは正当である、とも考えられたのである。

他の諸技芸の理論家たちは、彼らの技芸がどのように弁論術と関わるのか示す試みをすでに行ってきており、演技の著作家たちは彼らの議論を参考にした。最も参考になったのはイタリアの絵画の理論家たちの議論であり、画家は演説を準備、実行する弁論家のあらゆる手順に従い、あらゆる説得の意図も弁論家と共通している、と主張していた。アルベルティの『絵画について』(1436)によれば、画家の目的とは、古代の弁論家と同様、人を喜ばせ、感動させ、説得することであった。[一四] 一五世紀のフィレンツェの人文主義的な空気のなかで、理論家たちが、絵画に「古典的」尊厳を与えるようなモデルを探して弁論術に目を向けたのは、当然のことだった。『弁論家について』のなかで、キケロは弁論家（そして役者）の道具を画家の道具になぞらえ、弁論家の声の働きは感情の陰翳を表すという点で画家の用いる色に似ている、と述べていた（Cicero, *De oratore*, III, lvii. 216-17）。[33] これを踏まえてアルベルティは、鑑賞者に特定の感情を喚起するにはどのように色を使えばよいのか、その使用法を示すことに取りかかった。[34] 弁論家が演説を構成するのと同じ原理で画家は作品を組み立てていくのだ、とルネサンスの著作家たちは主張した。視覚経験を表すのに、古代弁論術の専門用語が隠喩として多用された。絵画の用語に転用されたグラキリス **gracilis**（簡素な）やヴェーメンス **vehemens**（激烈な）という言葉は、もともとは弁論家の三つのゲネラ・ディケンディ **genera dicendi**（語りの類）のひとつであった。[一五][35] アルベルティのコンポシティオ **compositio**（構図）の議論では、弁論術に由来するモデル[一六]が視覚芸術に転用された。弁論術では、コンポシティオと

一四　John R. Spencer, 'Ut rhetorica pictura', *Journal of the Warburg and Courtauld Institutes*, 20 (1957), 26-44 を参照。フランシスクス・ユニウス Franciscus Junius による著書『古代人の絵画』*De pictura veterum*（1637）は、古代弁論術と当時の美術の間の無数のつながりを指摘しており、プッサン、フレアール・ド・シャンブレ、デュ・フレノワ、フェリビアン、ド・ピールらはこの書に精通していた。ユニウスは、古代の弁論術の語りの類の用語を用いて絵画芸術を議論するにあたり、とくにキケロを参照している。Colette Nativel, 'Franciscus Junius et le *De pictura veterum*', *XVIIe Siècle*, 138 (1983), 7-30 を参照。

一五　Michael Baxandall, *Giotto and the Orators* (Oxford, 1971), pp.17-18 を参照。

一六　Aldo Scaglione, *The Classical Theory of Composition* (Chapel Hill, 1972) を参照。

は文または総合文《ペリオドゥス》の組み立てのことである。すなわちそこには一般に認められた階層があり、語が句をつくり、句が節を、節が文をつくる。同じように絵画でも、面が身体各部をつくり、身体各部が身体を、そして諸人物の身体が物語る絵の首尾一貫した場面をつくる、と主張された〈36〉（Baxandall, p.131）。さらに理論家たちは、画家は人物の身振りやアティチュードを描くのに、特定の感情を表現し聴衆に喚起するために弁論家が用いるべき動きの類型について、古代弁論術が示してきたことを足場にする、と言明した。キケロのちょっとした指摘から、アルベルティは、身振り学を構築し、身体の動きは内的感情を映し出すという見方を絵画芸術に取り入れたのであった〈37〉。一七世紀末のフランスにおいて、こうした見方はルブランにつながる感情表現の理論へと敷衍され、後に役者の技術にも応用されていった。

アルベルティの見方は自由学芸の実践家という画家の新しい地位と合致し、これによって彼は、画家が文学、歴史、科学の諸科目の教育を受けることの必要性を強調するようになった。画家の仕事は、低級な手先の熟練によるものではなく立派に精神を働かせる仕事だ、と認識されたのである。レオナルドは『絵画論』（一六五一年初版）〈38〉で、美術のもつ科学的で知的な特質に注目して、美術が暗黙のうちに単なる職人的な職業として分類され見下されることに異議を唱えた。また、こうした美術観から、「主題」という、その後何世紀にもわたって普及する合理的で学問的な観念が導かれることになった。この観念は、一八世紀が終わりに近づくにつれ疑問視されるようになったものの、絵画の地位に対する一般の見方を決定的なものとした。この地位が、後に役者たちに羨まれることになったのである。とくに一七五〇年代になると、彼らは自分たちの職業にもアカデミーの地位を求めるようになった。こうして、役者たち、演劇理論家たちは、舞台公演を弁論術だけではなく絵画や彫刻とも比較した。しかし興味深いことに、絵画で「演劇性」

を帯びた様式が時として（古代および近代の弁論術の論考にみられるように）非難されたのとまさに同じように、不適切にも視覚芸術を想起させるような身体アティチュードや表現の類型描写は、一八世紀の舞台公演評では時として非難されたのである。

一八世紀の前半、画家で劇作家でもあったシャルル＝アントワーヌ・コワペル[一七][39]は、アカデミーでの既存の絵画表現理論のなかに演劇の要素を導入しようとした。[一八] しかし、彼の取り組みは当時の人たちからしばしば嫌われた。目利きで美術品収集家のマリエットは、王立絵画彫刻アカデミーの元院長であったコワペルの父親、アントワーヌの作品における人物の表現は仰々しかった、と評価しなかった。父コワペルは一七二一年にアカデミーで講演し、顔の表情に合った身振りを描くのには美術家は弁論術の規範を知るのも必要だが、美術は非言語的な芸術なので、唖者が行うような、意味を表現するアティチュードや身振りを使わなければならない、と力説した。[一九] しかしマリエットの批判を先取りして、彼は、「精神が乱れ高ぶった人たち」や真実、自然、理性の探求の道を捨てた人たちがすぐ使いたがるような大仰な身振りは、使わないようにと警告した（ibid., p.162）。マリエットによると、息子のシャルル＝アントワーヌ・コワペルもアティチュードや表情の模範を演劇に求めたが、過剰な描写ばかりが目にとまったのか、彼のカンバスに

一七　I. Jamieson, *C.-A. Coypel, Premier Peinture de Louis XV et auteur dramatique. Sa Vie et son œuvre artistique et littéraire* (Paris, 1930) を参照。

一八　F. Ingersoll-Smouse, 'Charles-Antoine Coypel', *Revue de l'art ancien et moderne*, XXXVII (1920), 143-54, 285-92 を参照。

一九　*Procès-verbaux de l'Académie royale de peinture et de sculpture*, ed. A. de Montaiglon, 10 vols. (Paris, 1875-92), IV. 188.

は大げさなアティチュード、渋面、その他心情の全く伝わらない顔の表情ばかりが描かれていたという。(二〇)息子コワペルは無念にも劇作家としてのキャリアは断念したが、画家として演劇との関わりをもち続け、ゴブラン織りの工場で、演劇をテーマにタペストリーの下絵を多数描いた。

息子コワペルは、強い感情の表現を学びたい画家にとって劇場は最高の学校であるとして、カンバスの上で情念を伝える手法をルブランの業績からさらに進めていきたいと考えていた。彼は、瞬間の表現を捉えて描写するのではなく、姿態と顔つきに人物全体の本性、さらには劇全体の本性を表現しようと試みた。一七四九年にアカデミーで行った講演「弁論術との比較による絵画技法の考察」で、彼はラシーヌの『アンドロマック』からとりあげた劇的場面についていくつか議論し、父コワペルの精神に沿って次のように述べた。

我々が演出する役者たちは、身振りと顔の動きのほかに言語をもたない。言葉を話せば、二つの相反する感情でどれほど自分が葛藤しているのかを理解させることは、容易にできよう。だが、同じ場面で、言葉を発せぬ者が自分の心を掻き乱す対立する感情の動きを我々に詳しく伝えることができるのなら、それは傑作であろう。(二一)

コワペル親子が画学生に与えたこれらの助言では、一八世紀のフランスで通常考えられていた、絵画と演劇の間の優劣関係が逆転しているのがわかる。当時の人たちが演技と絵画を比較するときの眼目はたいてい、絵画は演劇を手本にすべしということではなく、絵画が受ける敬意を演劇も受けるに値することを示すことにあった。しかし、その通則に例外もあったわけである。

イギリスではもちろん、役者が社会的地位を得たのはフランスより早かった。(ヴォルテールは『哲学書簡』のなかで、英国の女優サラ・オールドフィールドはウェストミンスター・アビーにニュートンと並んで埋葬されたが、フランスの女優アドリエンヌ・ルクヴルールはパリの城壁内で簡素なキリスト教埋葬を行うという尊厳すら拒否されていた、と述べている)。[二二][40] こうした地位のおかげで、イギリスの著作家たちは、コワペル親子が行ったような演劇舞台と画家のカンバスの比較を、積極的に行えたのであろう。一九世紀の初めには、役者の動作の記録法の手引書[41]を著したギルバート・オースティンは、一八世紀の演技の解説者たちが慣習として守ってきていた舞台と絵画の優位の序列を覆すこともできたのだった。オースティンは、彼が開発し、演技の記録に使ってきた記譜法の主なメリットは、歴史画家のために舞台公演の記録を残せることであろう、との考えを示している。シェイクスピアの一場面は、名優の演技が記譜されていれば常に有意義な画家の研究対象となることであろう、と彼は言う。[二三] 次のオースティンの言葉は、

二〇 P. J. Mariette, *Abecedario*, ed. R. de Chennevières and A. de Montaiglon, 6 vols. (Paris, 1851-60), II. 32.

二一 Antoine Schnapper, '"Le Chef-d'œuvre d'un muet", ou La Tentative de Charles Coypel', *Revue du Louvre et des musées de France*, XVIII (1968), 262 を参照。複合情念を描くことは非常に困難であることに言及している解説者もいる。Levitine, p.40 を参照。

二二 Voltaire, *Lettres philosophiques*, ed. F. A. Taylor, 2nd edition (Oxford, 1946), p.87; Jean-Jacques Olivier, *Voltaire et les comédiens interprètes de son théâtre* (Paris, 1899), p.xix ff.

二三 Gilbert Austin, *Chironomia, or A Treatise on Rhetorical Delivery*, ed. Mary Margaret Robb and Lester Thonssen (Carbondale and Edwardsville, 1966), pp.285-6.

画家の名前はあげられていないが、ダヴィッドがフランス革命中に《ジュ・ド・ポームの誓い》を描いたときに実際に行ったことを述べているように読むことができる。

もし歴史画家が虚構ではなく真実を後世に伝えようと、彼の筆による作品に二重の価値を刻印したいと思うならば、彼は、彼が称える偉大な出来事に与した演説家たちの身振りの実際を描くであろう……身振りと表情の記録術が可能なかぎり完璧になった暁には、その手法による記録は、言葉による記録と同様に、真実を再現するであろう。(Ibid.)

演劇に取材した絵画のなかでも、ダヴィッドの《ブルトゥス》(1789)は、明らかににヴォルテールの同名の悲劇の一場面をもとに描かれているし、《ホラティウス兄弟の誓い》そして《毒杯を仰ぐソクラテス》など、彼の他の作品も劇の影響を受けている。

もう一つ《ホラティウス兄弟の誓い》の出処として示唆されているのが、ノヴェールのアクション・バレエ『ホラティウス家とキュリアス家』である。舞踊は、絵画と同様、身体の語りに関する議論ではよく言及された。ここでも、一八世紀の大半にわたって役者には払われなかった敬意が、別の舞台芸術の実演家にはそれがアカデミーの地位にあったが故に払われてきたことを、演技の理論家たちは気づいていた。舞踊アカデミーは一七世紀に設立されており、ルイ一四世は、貴族の生まれの者がこの職に就くことで身分を剥奪されることはない、という勅令を出していた。演技は規則に還元できないので本質的に踊りとは違う、と考える者もいた。この主張はそのまま――女優クレロン嬢[42]も言ったように――踊りに対する演技の優越性を示しているともとれるが、その一方で、舞踊家と画家の技芸は教えることができるとされていたが役者は規則で教えるのは難しいので、演技がアカデミーの地位を得ることはあり得ないであろう、と考える人もいた。実のところ、一七七二年末に役者プレヴィルが専門学校を設立する「特権」を得て、一七七三年に開校されたようである。しかし批評家のなかには、プレヴィルは（彼が所属する）コメディ＝フランセーズの活動のみに精神を集中すべきだという者もおり、座員のなかには、彼は自分の劇団と競合する第二の劇団を立ち上げようとしている、と非難する者もいた。[二四] この学校が生んだ注目に値する俳優はコンタ嬢[43]だけであったと思われる。アメリカ独立戦争で王室財政が枯渇して余計な出費を続けることができなくなると、この学校は閉鎖された。その後、音楽芸術が演技に救いの手を差し伸べた。王立音楽アカデミーあるいはオペラ座から独立した施設がオペラ座の役者養成のために開校され、コメディ＝フランセーズの準座員[44]たちがその一期生とされたのである。それで王室の娯楽を司る公式機関ムニュ＝プレジル・デュ・ロワ Menus Plaisirs du Roi は拡大され、一七八六年にはデュラス公[45]が朗誦学校の設立を要請した。[二五] モレ、デュガゾン、フルリー[46]といった役者はみなこの学校で働いた。（演技の公立学校がないときには、認可された役者たちが役者志願の若者に個人レッスンをしていた）。しかし、おそらく有力者たちがこうした施設の必要性を認めなかったことによるのであろう、一七八九年にこの学校も閉鎖された。

演技の教師たちはさまざまな困難にぶつかり、苛立ちを見せることもたびたびであった。日常的に問題

二四　Constant Pierre, *Les Anciennes Écoles de déclamation dramatique* (Paris, 1896), pp.9-13 を参照。

二五　J.-G. Prud'homme and E. de Crauzat, *Les Menus Plaisirs du Roi, l'École royale et le Conservatoire de musique* (Paris, 1929), p.101 を参照。デュラス公は王室付き首席貴族の一人であり、王の娯楽の公式監督の一人であった。

になったのは、意義深いことに、生徒の模範となるような、過去の舞台公演の満足のいく記録がない、ということだった。ある解説者たちによれば、この点が、舞踊記譜法《コレオグラフィー》の技術を使って規範を示すことができ、記録も容易にできる舞踊との違いであった。（記譜法は記録という点で大いに有用だ、と誰もが認めていたわけではなかったことは言っておかねばならない）。一八世紀の末、ドイツ人エンゲルが演技に類似の手法をもたらそうとしたが、[47]さほどの成果は得られなかった。[二六]エンゲルや後のオースティンに匹敵する演技動作を体系化する試みは、フランスではなされてこなかったようである。フランスの理論家たちもこれについては議論していたし、役者の演技が消えてしまうものであるのを残念に思っていたし、また舞踊の記譜法はそのほとんどがフランス起源であった。にもかかわらずなされてこなかったのである。

　身体演技の大義に対するさらなる偏見は、劇は本質的に身体演技《アクション》のためではなく言葉のためにある、という伝統的な演劇観に起因していた。一六世紀の「レーゼ」ドラマ〔読むための劇〕[48]や一七世紀の朗誦重視にも影を落とすこの演劇観は、アリストテレスに由来していた。アリストテレスは『詩学』で、よく書けた戯曲は、その鮮明な質（エナルゲイア enargeia）を実感するのにパフォーマンスを必要としない、と言明している。上演によって劇が与える感銘は常により大きくなるであろうが、エナルゲイアは音読で十分実感できる、というのである（『詩学』26章）。

　一八世紀の初頭にルヴェック・ド・ラ・ラヴァイエールは、このアリストテレスに由来する信条を議論の俎上にのせ、弁論術書にみられる、書かれた弁舌と語られた弁舌とを比較する多くの例を思い出させながら、次のように考えを展開している。

崇高で表現豊かな生き生きとした朗誦は、詩とともに演劇の喜びと完成に寄与する。劇詩の唯一の目的は感動させることであろうが、その秘密は朗誦にあると思われる。つまり、ほとんど無関心で凝り固まった心も、朗誦を聴くなり捕えられ、感動させられる。書かれた詩は心を軽く揺するにすぎないであろうが、朗誦はより強力に人の心を惹きつけ、そして朗誦は人の心を情念で満たすのである。(二七)

ここで興味深いのは、劇詩とはまず書かれたテキストであり上演は二次的なものにすぎないという前提によって役者は不当に扱われてきた、というルヴェックの考えである。劇詩は伝統的に栄冠を勝ち得てきたが、それを体現する俳優の見事さは体よく褒められてきたにすぎない、と彼は言う。ヴォルテールの見解が例外としてあげられている。ルヴェックは、ヴォルテールがデュクロ嬢に向けた言葉に賛同し、これを引用している。

あなたはラシーヌとお分けください
私たちの称賛から、当然の報酬を。(p.11)

役者は長年にわたり分相応な称賛を受けてこなかったというルヴェックの意見には、おそらく誇張もあろ

二六　J.-J. Engel, *Ideen zu einer Mimik*, 2 vols. (Berlin, 1785-6).
二七　[Pierre-Alexandre Levesque de la Ravaillère,] *Essai de comparaison entre la déclamation et la poésie dramatique* (Paris, 1729), p.9.

う。一七世紀のフランスには、世間から高い評価、尊敬を受けた役者の複数の実例があるし、(ルヴェックも指摘するように)ボワローが『詩法』のなかの一章を演ずる芸術に充てているのも、当時、演技者の重要性が認識されていたことを示している。〈49〉それでも[右記の]ルヴェックの『比較の試論』は、一八世紀が進むにつれて力を得てきた信条の初期の一例として興味深い。

アリストテレスの見方は、確かに劇上演の大義を損なった。しかし、ルヴェックがヴォルテールの名前をあげたことで思い出される(ヴォルテールは『哲学書簡』で、役者に対する道徳主義者らの屈辱的扱いを非難する)また別の見解も、同じく上演の大義を脅かした。それは、ボシュエの『演劇《コメディー》についての格律と考察』(1694)のなかで、演劇《ドラマ》について言わねばならないこと、として要約されている。〈二八〉ボシュエの見解は当時の演劇擁護者たちとは真っ向から対立するものであるが、演劇は生《なま》であるが故に公序良俗にとりわけ悪影響を及ぼす恐れがある、と述べているのである。彼は、反道徳的な主題が扱われた場合、演劇と絵画を比較すると、人の情念に与える影響は演劇のほうが絵画より大きいと言う。ボシュエにとって、不動の絵画は観る人を適度に熱くするにすぎないが、舞台の役者の所作は人の心に忍び込み強大な感情を引き起こす、というわけである。

本書において私が強調するのは、役者の台詞の雄弁さよりむしろそのパフォーマンスの視覚的次元であり、演劇およびその他の実演芸術におけるアクティオの重要性である。第一章では、ディドロの時代に広く普及した、現実知覚における目で見たものの直接性にまつわる諸思想を検討し、それらの思想を舞台演者のアクティオの直接性と関係づける。そして第二章では、役者の語る身体について、古代の弁論家および一八世紀の弁論家の語る身体と比較しながら検討する。この第二章およびそれ以降の章では、芸術どうしの相互関係——一八世紀美学で盛んに議論されたテーマである——に関する所説には、例えば演技といった特定の芸術の地位をより権威ある芸術との類似性を示すことで証明したい、という思いが少なくとも部分的にはあった、という説を追求してゆく。これらの所説は、ホラティウスの『詩論』の「詩は絵画のごとく **ut pictura poesis**」というお決まりの類比を反復することで人が思うようになっていったよりも、芸術作品の比較評価においてはるかに重大な役割を果たしたのである。

　このような関係性の理論には長い歴史がある。ホラティウスと同様に、アリストテレスも絵画と詩の共通点を示唆しているし、一六世紀の中頃から一八世紀の中頃にかけての美術や文学の論考では、両者の密接な関係が繰り返し指摘されている（当時、詩といえばたいてい劇のことであった）。両者は自然を模倣しようとする点で互いに似ている、ただしここでいう自然とは普通の自然ではなくすぐれた自然である、という仮定がしばしば立てられた。しかしながら、ホラティウスが『詩論』で「詩は絵画のごとく」というフレーズとともに言わんとしたことは、雄弁も絵画も時には精査を要し、時には細部にこだわらずに遠くから眺めることも必要だということ、これがすべてであった。[二九][50] 後の理論家たちはこの問題をさらに推し進め、絵画と詩にかぎらず、あらゆる芸術は基本的に似ていると主張した。シャルル・バトゥは、『同一原理に還元された諸芸術』（1746）[51] のなかでこの類似性を示そうと試み、やはり、諸芸術は自然の模倣

二八　A. Vulpian and Gautier, *Code des théâtres* (Paris, 1829), p.183; Bossuet, *Maximes et réflexions sur la comédie*, 4th editions (Paris, 1930), p.10; Jean Dubu, 'Bossuet et le théâtre: un silence de l'Évêque de Meaux', *Journées Bossuet: La Prédication au XVIIe siècle*, ed. Thérèse Goyet and Jean-Pierre Collinet (Paris, 1980), p.201.

二九　Wesley Trimpi, 'The Meaning of Horace's Ut pictura poesis', *Journal of the Warburg and Courtauld Institutes*, 36 (1973), 1-34 を参照。

を目的とするという点で一致している、と主張した。しかし批評家たちは、『聾唖者書簡』でディドロも述べているように、バトゥはこの自然が何であるのかを説明していないので、彼の論考はこのテーマの美学の理論にはほとんど何ももたらさない、と評した（Diderot, *Lettre*, p.81）。一八世紀には、根拠は何であれ、視覚芸術と文学芸術は本質的に同じであるという見方に反対する人たちがいた。例えば、シャフツベリ、デュボス、ディドロ、レッシングは、視覚芸術には時間の次元がなく空間の次元のみであるが、言語を媒体とする芸術は物語の時間あるいは説明の時間を必要とする、ということから反論を展開した。(三〇) それでも、この類似性の理論はこの時期の美学的議論で重要な役割を担っていたのであり、演じる職業の社会的地位を主張しようという当時の取り組みのなかで、よく引き合いに出された。

パントマイムと舞踊はいずれも演者の身体の動きとアティチュードを伴うが、これらに関する章では、なぜこの種の実演芸術が一八世紀のフランスで人気を集めたのか、重要な副次的理由のひとつを詳しく検討する。フランスには宮廷舞踊の伝統があったので舞踊はアカデミーの地位を得ていたのだが、庶民の興味を顕著に引いていたのは、さほど洗練されていない形式の舞踊であった。当時の教養人で、踊ることから生ずる熱烈な集団的歓喜について語ったのは、ルソーだけではなかった。舞踊は、定期市での曲芸師たちの無声の茶番やイタリア人劇団のアルルカンの身体活力と同様、言葉は使わずアクティオのみを強調するのであらゆる人に語りかけた。この点、理論の上では舞踊は無声の芸術である絵画に近かった。絵画と詩は等価であるという考えに反対する人たちは、これに関連して、絵画は（少なくともその再現形式においては）直接的にコミュニケーションするが、詩の媒体である言葉は全くの約束事であり、即座に理解することはできない、と述べることもあった。もちろん、絵画であっても観る側に解釈の努力を要求するという側面は重要であるが、しかし、絵画は意味を直接伝達するという見方、絵画に描かれた人物の魅力には、舞台や定期市の屋台で言葉を用いずに演ずる者たちの魅力と通ずるものがあるという見方には、確かに真実が含まれている。

（広い意味での）見世物が字の読めない人に訴える力をもつことは、一八世紀末のフランスで重要な展開をみせたもうひとつ別の社会制度の人気も説明する。それは、一見視覚芸術にも実演芸術にも関係のないように思われるものである。一七八九年のあの出来事の後、国民議会の審議は、真面目な政治評論家や議論好きの教養人に楽しまれただけでなく、大衆にもある種の娯楽として大きな人気を博した。その人気の要因のひとつに、議員の振舞いが「役者がかって」いたことがあげられよう。弁護士であり革命の指導者であったエロー・ド・セシェル[52]のように、議員のなかにはプロの舞台実演家からレッスンを受けていた者がいたことも知られている。政治家たちは民衆や同僚たちを感動させようと決意すると、古代の弁論家たちの著作をもとに弁論の技術を磨き始める、ということもよくあった。実際、議員は「弁論家 **orateurs**」とも呼ばれた。国民議会や国民公会での演説の成功はまずは演説の内容にかかっていたが、当時の著作家たちの多くは、例えばミラボー[53]の秀逸な演技の腕前など、視覚的次元の果たした役割にも大いに注目している。政治解説者たちはふつう小馬鹿にしながら、国事を司る「俳優たち」のことを語り、民

三〇　文学と視覚芸術の関係についてはとくに次を参照のこと。W. G. Howard, 'Ut pictura poesis', *PMLA*, 24 (1909), 40-123; Rensselaer W. Lee. 'Ut pictura poesis: The Humanistic Theory of Painting', *The Art Bulletin*, XXII (1940), 197-269; Rémy G. Saisselin, 'Ut pictura poesis: Du Bos to Diderot', *Journal of Aesthetics and Art Criticism*, XX (1961-2), 144-56; および E. H. Gombrich, 'Moment and Movement in Art', reprinted in his *The Image and the Eye* (Oxford, 1982), pp.40-62.

衆は彼らの戯けた振舞いを愉快な見世物を無料で見物するつもりで見ていたことを語る。演説家たちのアクティオには、古代の弁論家のもつ威厳も見られたかもしれないが、とりわけ、多くの革命家たちが政治に巻き込もうとしていた「庶民」に訴えることが、計算されているように思えた。こうしたことに対して、スイスの有力なジャーナリストのマレ・デュ・パン[54]や反革命家エドマンド・バーク[55]など、保守派の観察者たちは異議を唱えた。しかし、政界と演劇界のつながりのすべてが、面白半分にあるいは侮蔑の念をもって眺められた、またそう見られてもおかしくなかった、というわけではない。例えば、役者モレはミラボーを大いに称賛し、彼には凡人を超えた演劇の深い感性があるとみていた。また、ジュリ・タルマ[56]のサロンを頻繁に訪れた多くのジロンド党員とタルマの付き合いも、極めて敬意に満ちたものであった。しかし、国民議会の審議が無教養層に呼んだ人気を考えると、そこでは耳で聴いたことと同じく目で見たことも、あるいは、耳で聴いたこと以上に目で見たことが重視されることにより、大衆劇場の騒々しい楽しみに似たものが求められ見出されていたことは明らかである。

大衆の心をつかみやすい「見世物芸術」として、革命指導者たちによって施行された社会制度がもうひとつある。それは、一七八九年以降に、彼らが既存の制度に従来とは違う新規の目的を与えたものである。祝祭は旧体制の宮廷世界においてその役割を担ってきたが、それが大衆のために催されることはほとんどなかった。祝事は、王室と側近たちによる王室と側近たちのためのものであった。ところが革命下のフランスでは、祝祭は万人に向けられた重要な準演劇プロダクションとなったのであり、このことは祝祭で行われた演し物《パフォーマンス》の性格にみてとれた。理屈の上ではそれはあらゆる種類の芸術――音楽、イメージ、言葉――を組み合わせたものであったが、解説者たちはその実行においてパントマイムと舞踊の果たす役割を繰り返し強調した。当然、祝祭の理論家たちはたいていは、これらが観客の知性よりも感覚に作用するのは好ましいとしていたのであり、つまり、彼らの見方は一八世紀のアクティオの観念が属する伝統に則っていた。例えば、ボワシー・ダングラ〈57〉による国民の祝祭に関する試論は、人を政治的、道徳的に教育するという目的を達成する手段として、感覚を魅了するだけでなく理性を呼び起こすことの重要性も軽視はしないが、「精神と理性に働きかけるのに劣らず、魂と心にも語りかけなければならない。どちらも啓蒙し、育成しなければならない[三一]」と強く主張している。多くの解説者たちの所見は、一般国民のための見世物について以前ルソーが書いた「人々の心が、どれほど自分の目に従い、そしてどれだけ祝祭の荘厳さに巻き込まれるものか、それは信じ難いほどだ[三二]」ということに共鳴しているように思われる。その一方で、革命祭で参加者が身体演技に没頭するのは恥の丸出しだ、と批判する人もいた。例えばグロベールは、祝祭が単なるパントマイムの寄せ集めになってはいけない、見世物に焦点をあててしまっては祝祭の根幹にある精神的なメッセージに傷がついてしまう、と述べた[三三]。けれども、しばしば抽象的である宣伝内容を効果的に広めるためには[三四]、こうした視覚的要素が最も重要だということを、主催者たちはよく心得ていた。

三一　Boissy d'Anglas, *Essai sur les fêtes nationales, adressé à la Convention nationale* (Paris, 12 messidor an II/30 June 1794), p.13.

三二　J.-J. Rousseau, *Considérations sur le gouvernement de Pologne*, in *Œuvres complètes*, ed. Bernad Gagnebin and Marcel Raymond, 4 vols. (Paris, 1959-69), III. 962-3.

三三　J. Grobert, *Des fêtes publiques chez le modernes* (Paris, an X), p.34.

三四　William Olander, 'French Painting and Politics in 1794: The Great *Concours de l'an II*', *Proceedings of the 10th Convention on Revolutionary Europe. 1750-1850* (1980), II. 21-2 を参照。

このことは、右で考察した他の要因とともに、なぜ一八世紀のフランスにおいて、とくに世紀も終わりに近づくにつれて、役者の地位ということが議論の俎上に上ってきたのか、そのいくつかの理由を示している。革命原理のひとつには万人の平等があったので、祝祭で推進しようとしたような双方向的な努力はとくに重要であり、演じる側を受け身の観客から隔てる障壁を取り払うことはとくに重要であった。ルソーは仲間との間に障壁をつくることに反対して交流の必要性を指摘したが、この必要性は他の著作家たちにも取り上げられている――ラ・ルヴェリエール＝レポー〈58〉の著作のひとつに、まさに『国民の祝祭で行われるすべてのことに、あらゆる観客を参加させる手段に関する試論』（革命歴六年）という表題のものがある。この書でレポーは、民衆の関与は祝祭の成功には不可欠であると説き、「国民の祝祭が行われるのは観客である民衆のためであり、それが誰であれ、主要関係者である少数市民のためではない」と述べている(三五)。民衆は参加者ではなく傍観者だという考えは心得違いだ、とレポーは言う。「祝儀挙行の際、出席者の全員が同等に参加するわけではないのは私も認める。それでもある程度までは全員が参加する」（p.13）。異なる地区の観客が上手く関わることで、二千ないし三千人の市民が同時かつ活動的に参加でき、「同時に同じ感銘を味わい、同じ喜びを分かち合う。さらに言えば、少しの間全員に彼ら自身役者になってもらいたいと思うのだ」（p.14）。レポーの他の著作『祭礼、市民の祝儀、国民の祝祭についての考察』でも、同じように、祝祭に参加する市民は「可能なかぎり彼ら自身が役者にならなければならない」という見解を述べている(三六)。カーニヴァルの様子が思い浮かぶ。カーニヴァルでは、階級の違い、役者と観客の違いといった区別なしに人々は振る舞う。ルソーの演劇嫌いは、『ダランベールへの手紙』で、観客と舞台の隔たりという点からも説明されている。劇場とは「嘆かわしくも暗い洞窟のようなところに少数の人を閉じ込め、沈黙と無活動の状態で、彼らを不安に陥れ、身動きできなくさせる」機構である、と彼は主張するのである。〔三七〕〈59〉同様の意見を、メルラン・ド・ティオンヴィル〈60〉が、革命暦二年葡萄月《ヴァンデミエール》四日（一七九三年九月二五日）の国民公会で、ある祝儀の企画に対して所見を発言するなかで述べている。「この祝祭には、民衆が主人たちが演ずるのを見ようと平土間にいる、というようにはみえない。そこには舞台装飾も石膏像もないのだ」。〔三八〕国民の祝祭に関するルキニオ〈61〉の意見にも、従来の役者と観客という区別をなくしたいという願いが

三五　L. M. La Revellière-Lépeaux, *Essai sur les moyens de faire participer l'universalité des spectateurs à tout ce qui se pratique dans les fêtes nationales* (Paris, an VI), p.9.

三六　L. M. La Revellière-Lépeaux, *Réflexion sur le culte, sur les cérémonies civiles et sur les fêtes nationales*, in J.-F. Dubroca, *Discours sur divers sujets de morale et sur les fêtes nationales* (Paris , an VII), p. 41. このような考えの初期の表現として、デュ・ポンのカール・フリードリッヒ侯爵への手紙（バーデン、一七七二年一二月三一日付）を参照。「民衆の見世物は祝祭だ。無為に過ごす祝祭ではない……民衆が単なる観客ではなく俳優であるような……祝祭だ。じっとしている観客はそこでは無気力で軟弱でしばしば退屈なだけだが、役割をもち、称賛に値し、それを受けるような者たちは、決して退屈せず、彼らの役割が真に高貴さと美しさをもつなら、彼らはその役割に深く浸るのだ。現在ヨーロッパでこれほど多くの市民劇がつくられているのは、見るよりも演じるほうが実際快いからだ。そして国中の女性が演劇よりも舞踏会を好むのは、見るよりも見られる側にいたいからだ……。人は行動するようにできている。非情で残酷な暴君であり、世界の破壊者である退屈が入り込むことのできない見世物を民衆にもたらしたいのなら、それを与えるのは民衆自身でなければならない。(*Carl Friedrichs von Baden brieflicher Verkehr mit Mirabeau und Du Pont*, edited by Carl Knies, 2 vols (Heidelberg, 1892), II. 17-18.)

三七　J.-J. Rousseau, *Lettre à M. d'Alembert sur les spectacles*, ed. M. Fuchs (Lille and Geneva, 1948), p.168.

三八　Mona Ozouf, 'Le Simulacre et la fête révolutionnaire', *Les Fêtes de la Révolution: Colloque de Clermont-Ferrand, juin 1974* (Paris, 1977), p.324 を参照。

含まれている。「それぞれが、同時に役者であり観客でなければならない」〈三九〉と。

革命暦二年花月《フロレアル》一八日（一七九四年五月七日）、画家ダヴィッドは最高存在の祭典〈62〉のための企画を国民公会に提出した。彼は、頂上に自由の木の茂る巨大な山を組み立て、その斜面に市民が集まり愛国歌を歌う、という構想を描いた。国民公会が承認したダヴィッドのこの指示書きでは、一般の男女と子供が祝儀に関わることを重視している。彼らの声は祖国への賛歌のなかで重なり合い、山全体が生命の鼓動のようにみえる。家庭の徳と市民の徳が混じり合い、母親たちが初《うぶ》な赤ん坊を抱きしめ、幼い息子を抱き上げて天に掲げ、自然の創造主を称える。娘たちも同じく、つつましやかな捧げ物として「これほど若い年頃で所有する唯一の物」である花を空へと投げる。そうこうするうちに、息子たちがすぐにも勇気を見せようと、剣を抜いて父親たちに示し、専制君主の抑圧には屈せず自由と平等を守るために戦おうと誓う。最後に、集まった人たち全員が抱擁し合い、熱い友愛を確認する。「彼らの思いはもはや一つだ。それは「共和国万歳」という総勢の叫びとともに最高存在のもとに達するのだ」〈四〇〉。

これらのものとは対照的に、ド・モアの著作『祝祭』では、通常、祝祭とは一つの行為《アクション》であり、祝典の執行者たちが役者となり、祝事が主題、市民が最前列席《ストール》の観客となるような一種の劇である、と述べられている。しかし、このような祝祭の見世物と舞台の劇との間には明確な違いがある。祝祭では主題は役者自身に関わりのあることなので、彼の役は彼には自然であり快適なものなのだ。

彼が見せるのは彼自身の喜びであり悲しみである。彼が我々に描いてみせるのは彼自身の快楽であり苦悩である。彼が我々に話すのは彼自身の幸運であり不運である。つまりそれは、彼が公表する彼の

幸せであり、彼が嘆きそれに関して我々の関心を引こうとする彼の不幸なのだ。(四一)

これに対して、舞台の役者は彼が演ずる役柄に一時的に関わるに過ぎない。彼の本当の興味は、観客から受ける称賛であり、支払われる報酬なのだ。ド・モアは次のように述べている。「これ［彼が演ずる役柄］が、彼が我々に与える祝祭［舞台の劇］での崇拝の対象になるものだが、彼にとって祝祭［舞台の劇］の目的は報酬であり、そしてとりわけ観客の賛同と称賛なのだ」(p.10)。ド・モアは、さらに［個別の］公的祝祭と総祝祭を対比する。〈63〉彼は、総祝祭は公道を舞台にしたゲームであり (p.12) そこでは、［個別の］公的祝祭に見られるような何もしない観客はいない、と言う。筋書《アクション》きは全員に共有され、一人一人がみな演じ、参加する。ド・モアは次のように要点を繰り返して自分の主張を明確にする。「つまり総祝祭では、個人がみな役者でありまた役者とみなされる。役は予め割り当てられている。各人または少なくとも各組は、そこでそれぞれの役割を果たさなければならない」(ibid.)。(四二) 最後に彼は、総祝祭が社会全体で行われても、全共和国で役者の数が多過ぎることもないし、演じる場所が広過ぎることもない、と記している (p.13)。

三九　Joseph-Marie Lequinio, *Des fêtes nationales* (Paris, n.d.). p.12.

四〇　*Procès-verbaux du Comité d'instruction publique de la Convention nationale*, ed. J. Guillaume, 7 vols. (Paris, 1891-1907), IV. 347-50.

四一　[Charles-Alexandre de Moy,] *Des fêtes, ou quelques idées d'un citoyen français relativement aux fêtes publiques et à un culte national* (Paris, an VII), pp.9-10.

四二　一方ノヴェールは、国民が同時に役者であり観客であることは可能であるかどうか疑問に思っていた。(*Lettres sur les arts imitateurs en général, et sur la danse et particulier*, 2 vols. (Paris, 1807), II. 251).

役者がしばしば革命思想の代弁者として崇敬されたことも、この時代における演ずる職業の威光を示唆するものと理解してよい。革命思想は、例えばコルネイユの『シンナ』やヴォルテールの『ブルトゥス』など、フランス革命よりかなり前に書かれた戯曲にも見られたが、こうした作品が存在するのは、それらの示す共和主義的な感情はフランス古来のものであり、よってフランスの舞台で表現されるに相応しいからである、と一般に理解された。政府はチケット代を払えない市民のために、こうした劇の無料公演を企画した。[四三]役者タルマは、とりわけ彼がコメディ＝フランセーズ（革命が進むと国民劇場[64]と呼ばれるようになった）を去ってより革新主義的な共和国劇場[65]に移った後には、国民に誇大に賛美されたが、確かにそれは、彼が劇で「革命的」な役を演じていたことと切り離すことはできない。[四四]

この時期にわたって劇公演や役者に示された特別な好意を説明する要因としてさらにあげられるのは、演劇は感覚印象の統合によりその効果を働かすので、一つの感覚のみに作用する他の芸術よりも観る者により多くの思考や感情を喚起すると感覚主義哲学の支持者たちが主張できる、という通念であった。しかし、感覚論者たちは、他の人たちと同様に、演劇はアクティオその他の視覚的要素を多用するので観客に特別強烈な印象を与えることになる、と論じることもまた可能であった。その後、革命に伴い、演劇と役者に格別好都合な状況がもたらされた。旧体制下における王の公認劇団の特権が廃止され、あらゆる種類の演劇スペクタルが自由に上演できるようになったのだ。それによって、一七八九年以前に公認されていたよりも多くの劇場ができ、より多くの観客が演劇を観ることができるようになったのである。

しかし、一八世紀後半における演技とくにアクティオについての議論は、そうならないよう留意はしたが、図式化されすぎるきらいがある。役者の養成学校をつくろうという試み、とくに演技の原理を規則としてはっきり示そうとする試みの裏には、それによってこの職業がアカデミーの地位に値することを証明したいという思いがあったのは確かであり、これについては最終章で検討する。その一方で、この時代の身振りや動作に関わる文化的展開のなかには、この問題とほとんど関係づけられないものも見られる。およそパントマイムの人気はそのひとつであり、ノヴェールらによる舞踊改革もまたそのひとつである。ノヴェールが行為《アクション》を描くことを重視した新しいバレエ様式を創造したのは、弁論術のアクティオを引き合いに出して舞踊に古典的威光を与えたかったからではない。彼はただ、当時バレエの動きとされていた身体運動に対して我慢がならなかったのだ。当時、絵画や彫刻の「アカデミック」な側面に人々が不信を抱いたのと同じ理由から、ノヴェールは単なる名人芸としての踊りを非難した。ディドロも、当時の画家たちが創造力を殺し技巧に没頭するのを批判した一人であり、彫刻家の友人ファルコネに対して、芸術では出

四三　公安委員会は、一七九三年八月四日から九月一日まで、悲劇『ブルトゥス』、『ギヨーム・テル』、『ガイウス・グラックス』を、「革命における栄えある出来事、自由の守護者の美徳」の足跡を辿る他の作品とともに、パリの劇場で週に三回演じること、そのうちの一つは共和国がお金を出すこと、を命じた。(*Procès-verbaux du Comité d'instruction publique de la Convention nationale*, II. 688).

四四　大半が保守派であったコメディ=フランセーズでは、初めはマリ=ジョゼフ・シェニエの「革命的」な『シャルル九世』を上演することを尻込みしていたが、とうとう説得され上演した。タルマが主役を演じ、役の感情そのものになっていると観客は感じた。彼と他の座員たちの間の緊張が高まった。タルマは「『タルマ万歳。良き愛国者。俳優は貴族だ、縛り首にしろ!』という叫びのなかを」、人々に通りを劇場まで運ばれていった、と話す座員もいた。タルマによれば、この座員たちの言うことは事実とは異なる、という。*Exposé de la conduite et des torts du Sieur Talma envers les Comédiens Français* (Paris, 1790) を参照。国立図書館所蔵のものにはタルマによる手書きの注釈がついている。そのひとつに右記の否定の言葉が書かれている。

来栄えと同等あるいはそれ以上に着想を重視してしかるべきだ、と反論した。(四五)ノヴェールもまた、彼のアクション・バレエの物語展開といったより大きな芸術的構想に何ももたらさない、単なる技巧的な腕前を修練することを批判した。彼は、芸術的構想こそが舞踊家がその技能をふるうべき対象である、とみていた。この新しいバレエ様式の名称が示すように、アクティオはまさに舞踊の素材であり、創作に不可欠な要素ではあったが、ノヴェールは古代の弁論家たちの精神に則ってこれを重視したわけではなかった。彼は、「孤立した」動作は舞踊を駄目にすると考えた。ディドロが画家に、学校式のポーズをとるモデルへの執着を捨て、動きや街路の生活の形態に目を向けることを勧めたように、ノヴェールも舞踊家たちに、日常世界に途切れなく展開する生きた所作を手がかりにすること、人為的なものではなく自然なアティチュードの観察から舞台のパフォーマンスを造形すること、を熱心に説いたのである。

本書が議論する一八世紀の演劇の諸側面から示される結論は、歯切れがよいものではない。一八世紀の末までには、フランスでの役者のおかれた状況は、それ以前のどんな時代よりも確実によくなっていたと思われる。一七九〇年代の半ば、一七世紀につくられた諸王立アカデミーが一七九三年に解体された後に、芸術と科学を包括するアカデミーであるフランス学士院が設立された。〈66〉フランス学士院の芸術部門は役者を会員に迎えた。多くの解説者たちが惨めな(公的虐待とはいわずとも)公的無視とみてきたことが、ついに是正され、地位の向上をみたのである。しかし、これも一時的なものでしかなかった。役者プレヴィルがパリを去り、非居住会員にならざるを得なくなったとき、代わりにグランメニル〈67〉が会員に選ばれた。〈68〉しかし、グランメニルはアカデミー会員に選ばれた最後の役者となった。一八〇三年より、役者は会員資格から外されたのである。その年の一月二三日の法令により、アカデミーに従来は三つであった「部門」が、物理・数学部門、フランス語・フランス文学部門、古代史・近代史部門、芸術部門の四つになったのだが、朗誦芸術からは芸術部門に代表を出すことはできなくなった（ナポレオンがタルマの友人であり賛美者であったにもかかわらず、許されなかったのである）。また、他の証拠が示すように、一八世紀末になっても相変わらず「役者じみている」とは、今日でもそうであるが、侮蔑を意味した。法律の上では役者の「不名誉」は濯がれ、国家最高位の人たちも役者との友好を育んだが、何世紀にもわたって付き纏ってきた偏見は役者業に重くのしかかり続けた。理論によってそして法令によってその社会的地位は確立されてきたものの、革命後のフランス社会はなお、役者に下級市民という汚名を着せ続けた。役者やその支持者たちが、演技という芸術のもつ威厳と古代起源という伝統の古さを精力的に主張してきたのにもかかわらず、多くの人たちはなお舞台の役者といえば身持ちの悪い輩を連想し、その職業も、科学者、作家、画家、音楽家、そしてなんと舞踊家より格下とみなされるのが常だったのである。

四五　Diderot and Falconet, *Le Pour et le contre*, ed. Yves Benot (Paris, 1958), p.187ff. とくに p.202 を参照。

第一章　説得と視覚イメージ

演劇で身体による語りの諸理論が発展した時代は、とりわけ視覚によって現実を知覚することが重視された時代であったとしても、何ら不思議はない。さまざまな理由から、語る身体は人々の心を捕えた。役者が身振りや動作に力を入れだしたのは、何より嫉妬深い王の公認団体によって役者の活動が制限されたからだとか[1]、もっと単純に、定期市やブルヴァールの劇場の役者たちがイタリア喜劇の芸人たちから受け継いだのだとか言われたが[2]、いずれにせよ演劇の解説者たちはある同一の見解を繰り返し強調した。彼らは、目が捉えたものは他の感覚が捉えたものより人に強い影響を及ぼす、と主張した。つまり、当時の他の多くの著作家たちに倣ったのである。もちろん、批評家たちは視覚イメージにこうした訴求力があるという説を否定することはできたし、実際否定する人もいた。それでも、この時代の実演芸術に顕著であったアクティオへの広い関心は、感覚知覚一般、とくに視覚による知覚に関する経験論的思想が、ディドロの時代に真剣に受け入れられていたことを示す指標となっている。語る身体への関心を焚き付けた大衆文化の重要性も、それが「見世物芸術」の見物に与えた影響力とともに、もちろん無視するわけにはいかない。これに関しては後の章で考察しよう。この章では、知覚についての哲学者の見解、そしてそれが芸術の説得力に関する一八世紀の理論にどのように影響を与えたのかということに、的を絞っていきたい。

「人が理解するのは感覚の働きによる」とは、啓蒙の時代の思想であるが、これが普及した要因のひとつに、ロックの経験論哲学の影響を考えることができる。例えば、フランスで美学の著述が多数書かれる発端となったデュボスの『詩と絵画についての批判的考察』といった著作にも、ロックの影響が感じとれる。詩や絵画はどのように人を説得するのかを問うデュボスの『考察』の研究の背景には、精神は感覚を通して知識を獲得する、というロックの主張があった。デュボスによると、芸術は感覚に与えた印象を通してさまざまな信念を誘発する、そして人はみな感覚器官をもつので芸術は誰でも受容できる。デュボスは、学あるエリート識者は一般の人よりも芸術に対して鋭い評価を下すであろうことを説明するのに、『考察』におけるこの考えを精緻化するのだが、その一方で、知性よりも感覚にアピールする芸術の訴求力を重視することで、庶民の「大衆」趣味をも睨んだ芸術受容、という新しい見方を可能にしたのである。以後の著作は、『考察』が流布した考えを足場に、芸術の「感覚的」な特質つまり芸術が感情《フィーリング》を喚起する力は、それが理性に訴える力以上に評価されるべきだ、という信念を打ち立てていった。このとき、視覚のもつ特殊な力が他の感覚のものよりも重視された。

もちろん、視覚芸術の力とくにその感情喚起力の重要性は、それまで何世紀にもわたって強調されてきた。とりわけ、それは宗教の教義への信仰心を誘導するのに利用されてきた。イエズス会（その有名な学校演劇公演[3]ではパントマイムその他のアクティオが演じられた）そして一般のカトリック教徒は、イメージの力を信仰心を助けるものとして重視した。彼らは、理解するとは正しいイメージをもつことにあると考え、イメージの投影を知識獲得の最も端的な手段とみなした。イエズス会の創始者イグナチオの『霊操』にある訓練のひとつ――「場所の構成」――に、観想行為のひとつとして、参加者を「飼い葉桶」や「十字架」などの心像をつくることに集中させる、というものがあった[4]。こうした方法によって礼拝者は祈りの意義を感じとるようになる、とイグナチオは説いた。プロテスタント教徒たちは、言葉以外の方法で神を表現するのは偶像崇拝同然であるという理由で、こうした視覚に頼るやり方をしばしば激しく非難した。例えば三位一体は、文字通り「イメージ不可能な」ものとしてよく語られた。カトリック司教のボシュエでさえ、「祝典のカテキズム」について次のように記している。

> 秘蹟が可視的に体現された他の祝典では、そこで与えられるイメージを通して集中することができるのに対して、神について語るとなると、あるいは崇めるべき三位一体に集中するとなると、この祝典ではいかなる知覚可能なイメージも与えられないことを人々に告げて注意を集中するよう仕向けることから始めなければならない。神に関わることや位格《ペルソナ》の三位一体に関わることは、人の感覚や知性を完全に越えているのだから。（一）

視覚芸術の力は、フランスでは他のヨーロッパ諸国と同じく、人々に君主制に対する信頼と恭順の念を吹き込むのにも使われてきた。一七世紀のフランスに絵画と彫刻のための公認アカデミーが設立されると、後にとくに革命期になって制度的保守主義の嘆かわしい産物と批判された、王室称揚の作品の創作が奨励された。これら二つの例――礼拝におけるイメージの使用と、社会・政治的効果を狙ったイメージの配備――は、目で見たものの影響力を唱えたのは、経験論哲学者たちが決して初めてであったわけではないことを示している。それでも、一八世紀を通してこの考えが広く浸透したのは、当時流行したこの哲学思想

一　Antoine Arnauld の *Réflexions sur l'éloquence des prédicateurs* (Amsterdam, 1695), pp.83-4 に引用。

に大きく負っていた。

次に、人の情念と種々の感覚知覚の関係が、芸術のもつイメージ力との関連で問題にされた。しかし、感情の喚起は美的経験の本質をなすという考えには何も新しさはなく、それは古代の詩論や哲学では顕著な見方であった。プラトンは、感情は理性に対抗し思慮ある判断には向かずそれ自体悩みの種である、と主張し、劇詩は理性を堕落させるとしてこれを非難していた（後にアリストテレスがこれに異議を唱えた）[二]。『国家』においてプラトンは、悲劇、喜劇の作家は理性の声を聴かぬ感情《フィーリング》をもてあそび、その上演は知的とはいえないやり方で感動を引き起こす、と非難した[5]。すでにみてきたように、後の書き手たちが劇場での役者の身体所作と関連づけたような視覚的訴求力は、目で見たものは感情に影響を及ぼし易いという理由で、とりわけ危険とみなされたのであろう。しかしアリストテレスにとって、感情的な反応には知的な認識それ自体が関与している、つまり、感情的な反応は単純な身体的な感覚や欲動とは区別され得るものだった。アリストテレスの主張により、弁論術の理論においても感情に訴えることの価値が認められるようになり、それは弁論家の営為の正当な側面として重視されるようになった。後に弁論術の理論が他の諸技芸に応用されると、それらの効果もまた感情を喚起するかどうかという点から検討された。

一八世紀の哲学者たちが情念について考察すると、彼らの結論はたいてい、情念のもつ知的要素、さらに言えばその知的源泉が情念に価値を与える、というアリストテレスの思想の影響を受けていた。一方、彼らは、自らは動かされずに他者の感情を喚起することの研究も行った。例えば、ディドロの『俳優についての逆説』における「冷徹な」役者は、理性に支配された感情、効果の計算や制御のできる感情を見せることで、観客を感動させることができる。この対話体の著作でディドロは、感受性に欠ける役者は役柄に感情的に入り込む役者よりも優れている、という見方を提示している。前者は熟考、観察しながら意志を拠り所に演技できるが、後者の演技は公演のたびごとに変化する共感状態に左右されてしまう。観客を魅了し、役作りに成功するのは制御された演者であり、情念に支配された役者ではない。[三]『逆説』によれば、感受性は真の天才の特質ではない。役者は「あなた方観客を揺さぶるときには自分自身に耳を傾けなければならない。そして……役者の才能のすべては、あなた方が考えているように感じることにあるのではなく、感情を表す外的な記号を詳らかに示し、あなた方を欺くことにある」(Diderot, Œ, p.312)[四](観客の感情も同じく理性に支配されているのかどうかという問題は、『逆説』では扱われていない)。説教師や弁護士だけでなく役者の技術をも問題にする一七、一八世紀の弁論術では、説得が最大限の効果を発揮するには演者と観客双方の感情を調べる必要がある、とよく力説された。次の章でみるように、この手の制御で望ましいのは、話し手のアクティオを厳しく抑制することだとしばしば考えられた。もっとも、こうした抑制が必要とされたのは、通常、舞台よりも教会や法廷においてではあったが。

感情的な反応は、アリストテレスにとっては身体的な感覚でも欲動でもなく、魂に属する感覚集合の作用のひとつであった。アリストテレスが悲劇の効果であるとした感情のカタルシスとは、単なる生理的な

二　W.W. Fortenbaugh, *Aristotle on Emotion* (London, 1975), p.18 を参照。

三　*Paradoxe sur le comédien*, in Œ. p. 309. 後の『逆説』からの引用はこの版による。

四　この見解は『百科全書』の「天才」の項目に書かれていることとは正反対である。執筆はサン・ランベールであるが、ディドロも執筆に噛んでいるというのが通説である。この項目によると、天才は他の人たちより強い情念に左右され、「熱狂 enthousiasme」に支配されている、という。

反応ではなく、それには心的な反響も含まれていた。[五]『考察』においてデュボスは、劇芸術は観客に自分の抱いた感情の性質を自覚させるので、理性を堕落させるどころか啓発的である、しかも劇芸術は観客と劇中人物との間に劇的な距離を置いてこれを自覚させてくれる、ということを示唆している。それ故、ラシーヌの描くフェードルの死の場面を、観客は沸き起こる感情を後々引きずることを心配せずに享受できる、とデュボスは言う（Dubos, I. 28）[6]。苦痛は表面的なものであり、幕が降りるとともに消える。劇の主役のように、感情を体験する人自身はカタルシスの意味がわかる立場にはないが、距離をとる観察者は感情を浄化してしまう（例えばI. 631）[7]。このように、劇は、カタルシスの厳密な意味において、情念を「浄化」する。デュボスが『考察』において、観客を感じ入らせる芸術の力は本質的に観客が情念の原因にとらわれないことによる、と述べたとき（I. 23, 25ff）[8]、彼はアリストテレスの伝統の枠内で議論していたのであった。劇芸術は、実際に苦しみを味わうことなく我々に感情を観察させることで、我々を楽しませてくれるのである。

もっとも一八世紀後期の「感傷主義者たち」には、演劇を観ながらこうした超然とした態度をとるのは実際には不可能だし望ましくない、と思えたことも理解できよう。『逆説』では芸術家の自己制御を称えたそのディドロも、別の所では、芸術の享受者は演劇、絵画、小説によって引き起こされる感情にどこまでも浸るべきであり、芸術が喚起する（とディドロのいう）人道主義的な衝動を実生活において活かすにはなおさら完全に浸るべきだ、とも主張しているのである。しかし一八世紀のフランスにおいて感傷主義者たちは合理主義者でもあり得たのであり、ディドロ自身はこうした二面性をみせていた。それ故彼は、芸術に自らを捧げることを激賞する『百科全書』の「天才 génie」の項目に賛同することも、このような自棄状態を超越した芸術家の無関与精神、観察精神を『逆説』のごとく称揚する、断章「天才について」を著すこともできたのである。〈9〉ブルジョア出身の劇作家ディドロにとって、観客が劇を観て感情的に反応するのは望ましいことであった。観客は登場人物の人生に引きずりこまれて強く共感させられ、情念を喚起することは有害であるどころか有益であったからである。一方、ルソーの見解はこれとは違っていた。彼は、一七五八年『演劇《スペクタクル》についてのダランベールへの手紙』のなかで、演劇が人に善行の衝動を起こしたとしてもそれは束の間のことだ――それは悪徳が美徳に払う敬意以上のものではなく、それによって現実の生活で善行がなされることなどあり得ない、と言う（Rousseau, *Lettre*, pp.33-4）。〈10〉デュボスもこうした可能性を考えたが、強調しないことにした。

弁論術の効果（信念を誘発すること）を上げるには聴き手の感情を掻き立てることが重要だ、とは古代の弁論家たちも力説していたが、（六）彼らには弁論術の精神的な目的のほうがその芸術的魅力より大事だった。後者は前者を容易に達成するための手段に過ぎず、あくまでも前者に付随するに留まった。弁論家は聴き手に喚起しようとする情念を自らも経験するようにもみえたが、ある意味では、ディドロの『逆説』の冷徹な役者のように、それに影響されることはなかった。弁論術は、ある一八世紀の解説者が言ったように、感情を喚起することを教えながら、その理性的性格によって感情の効果を制御したのであろう。（七）

五　Jacob Bernays, ‘Aristotle on the Effect of Tragedy’, *Articles on Aristotle, 4: Psychology and Aesthetics*, ed. Jonathan Barnes, Malcolm Schofield, and Richard Sorabji (London, 1979), p.156を参照。

六　Cicero, *De oratore*, I.v.17, viii.31, vii.53, xv.67 (cf. Aristotle, *Rhetoric*, 2.i-xi), III.xiv.54; *Orator*, xxxvii.130-xxxviii.131; xl.138; *Brutus*, xlix.185を参照。

七　J. P. Papon, *L'Art du poète et de l'orateur*, 6th edition (Paris, 1806), p.154.

聴衆を確実に感動させるのには、古代の弁論家も、教会、法廷あるいは劇舞台における古代弁論術の模倣者たちも、情念に関する知識を必要とした。話し手が、聴き手を対抗する情念から逸らせる、〈八〉あるいはこれを拭おうとする場合にも、この知識は必要だと主張された。過剰な身体表現をすると、感情を表現することと感情に浸ることとの間の一線を越えてしまったととられかねないので、弁論家や役者の側の感情の身体表現は制限された。ここには、もし現に彼が情念に取り付かれれば、彼は合理性を失い客観的に感情の質を導くことはできなくなるという前提が根本にあったのではないかと思われる。弁論家のアクティオに限って言えば、情念の身体表現に関する諸見解、そして情念を話者から聴衆に伝える際の身体表現の重要性に関する諸見解は、一八世紀でも古代におけるように、外部の見えと内部の感情的な（あるいは見かけ上感情的な）状態の間には直接的な関係があるという前提に基づいていた。こうして、身体による感情伝達ないしは説得の生理学に注目が集まった。

人は情念を抱くことよりも抱かずに生きることのほうが苦痛であること、感動したいという欲求を満たすための手段を絶えず求めているということは、デュボスにとっては自明であった（Dubos, I. 11）〈11〉。芸術とは、無難に人に疑似経験をさせるひとつの幻想であるから、人を巻き込んでも苦痛を与えることなく、情念の衝動を体験させてくれる。詩や絵画は、じっくり観賞しているうちに観者に感動を与えてくれるような世界の出来事を模倣するが、模倣物は人に不快感を与えない。感情を体験して、行動に出るのが日常であるとすれば、確信を得るのが芸術である。であるから、芸術では人の関心を呼ばないものではなく、感情に関わるもの、そしてそれ故必ず人間生活と明確な関係をもつものを主題にしてかまわない、というより主題にするのが望ましい。デュボスは、ティティアンやカラッチは偉大な芸術家であっても、彼らの風景は人間から隔絶されているようにみえ感情に触れてこない、と言う。偉大な画家たちは、鑑賞者の関心を引かなければならないことをよく心得ており、人の姿を描き入れることで確実に作品に注目させるのだ。「プッサンが繰り返し描いた通称アルカディアと呼ばれる風景画は、人物が描かれていなければこんなには称賛されなかったであろう」と（I. 50）[12]。

一七一九年にデュボスが力説した、芸術作品は万人に影響を与える力があるという考えは、その後一八世紀の思想家たちに繰り返し主張された。革命期に時の政治的指導者たちは、マリ＝ジョゼフ・シェニエ[13]の『ガイウス・グラックス』やヴォルテールの『ブルトゥス』のような「共和主義」を表現する演劇の無料公演を企画することで、演劇はとりわけ強力に感情に訴えるという考えを実践で示した。しかし一八世紀初期には、問題の諸理論の中心には平等主義的な衝動はあったにもかかわらず、感覚論の教義に問題が生じ始めた。それまでは理性と感覚の質的違いとして表現されていた知識の序列の観念は、もはや通用しなくなったのだ。それで信念の質の違いを区別することが必要になり、人が経験する異なる種類の感覚に関する諸理論が生み出された。ディヌアールの『身体による語り：説教師の所作』（1761）では、弁論術のプロヌンティアティオの概念が声の雄弁から身体の雄弁へと拡げて用いられているが[14]、説教を聴く聴衆の大部分は知性が不十分なので効果的に教えを吹き込むには彼らの感覚を刺激する必要がある、という従来の見解が述べられている。しかし、庶民は「精神よりも感覚によって」導かれるといっても（**Dinouart, p.15**）、最も直接的理解をもたらすのは視覚であると考えられ、それ故演者の与える印象のなかでも身体

八　Villiers, *L'Art de prêcher* (in Dinouart, *L'Éloquence du corps*, 2nd edition (Paris, 1761), pp.352-3).

による語りは決定的影響を与える要素となる。ディヌアールとやや似通った立場から、マルモンテルは『文学原論』の」「説教 chaire（éloquence de la)」の項目で、教会の説教師が大勢の人に語るとき、説得するには言葉そのものが「感覚的」でなければならない、と述べている。つまり、説教師の言葉はイメージ、絵《タブロー》、動きに満ちていなければならない、ということである。[九]

マルモンテルの解説が示唆する、言葉は絵画のように機能し得るという考えを検討する前に、説得の一要因となる視覚印象の直接性について彼が想定していることを、より包括的に追究しておく価値はある。デュボスは、訴訟を起こした原告がしばしば、犯人に対する裁判官たちの負の感情を煽るために、彼らの訴える犯罪を絵にして裁判官たちに提示した、というクインティリアヌスの報告を思い起こしている (Dubos, I. 35-6)[15]。より後の著作では、絵画的イメージは——一八世紀のフランスのように、芸術が単純に何かの再現とみなされている場合には少なくとも——内容の理解に「翻訳」を必要としないということが強調された。このように、視覚芸術の直接性は、純粋に慣習に基づいている音声言語の間接性とは対照的であった。こうした見方もまたその起源は古代哲学にあり、例えばプラトンの『クラテュロス』にも読むことができる。道徳主義者たちの多くは、視覚芸術の直接性は望ましからぬ影響を及ぼし得ると考えた。ディドロらは、鑑賞者の眼前に対象を生き生きと提示して現実と捉えさせようとする画家の危険な能力は、その実態を絶えず暴いておかなければならないと考えていた。一七〇七年に、オランダの画家ライレッセは『大絵画本』[16]でこの問題に注目し、猥褻な絵画は別の媒体で表現された同程度に猥褻なものより有害である、と主張した。とくに性的なことが扱われているときには目は最も有能な感覚の伝達手段になるからだ、と彼は言う。[一〇]ディドロの美術に関する著作がライレッセの影響を受けていることは知られているが、彼は『絵画についての断章』のなかでこの非難を繰り返し、[17]「淫らな絵画《タブロー》や彫刻はおそらく悪い書物より危険である。前者は実物に近いのだ」と主張する。（一一）同様の懸念を、教会、法廷、政治集会、そして演劇のアクティオの解説者たちでさえも述べている。

デュボスは、視覚は心が最も信頼をおく感覚であり（I. 375）[18]、絵画は他の芸術形式よりも人の感覚に迅速に作用する、とはっきりと述べている。人に信念を抱かせるあるいは想像を喚起する最も効果的な方法は、目あるいは心の目を使わせることであり、そうすれば絵が「我々の心を一気に襲撃する」[19]と彼は力説する。サンサリックは一七五八年に『精神に対して描く技術』という三巻本を刊行し、視覚的手段は弁論家がうまく説得するのに最も魅力的な方法を提供し、それは「味気なさを避け、その結果退屈を避ける最も確かな手段」である、と記している。（一二）ただし彼がここで言っているのは、語りをアクティオで補助することではなく、絵画的効果をもつ言葉、あるいは絵画的効果を生む言葉の使用法についてである。

言葉とイメージを結びつけようという伝統は古典古代からあった。ライレッセは、他の多くの人たちと同様に、演説では、修辞の彩を使って絵のように写実的に表現すれば話の内容の物的現実を印象づけることができる、と述べている。というのも、人間の弱い知性は純粋に知的な観念を把握することができないからである。人は知覚したものを現実として受け取る。つまり、人にとって存在することとは知覚するこ

九　Marmontel, *Éléments de littérature*, 3 vols. (Paris, 1879), I. 260.
一〇　Gérard de Lairesse, *Le Grand Livre des peintres*, 2 vols. (Paris, 1787), I. 200.
一一　*Pensée détachées sur la peinture*, in Œ, p.769. 以下、『断章』からの引用はこの版による。
一二　[Dom Sensaric,] *L'Art de peindre à l'esprit*, 3 vols. (Paris, 1758), I. i.

となのである。デュボスは、話を聴いているうちに、実際目の当たりにするかのように話の主題を聴き手の心に浮かび上がらせるというクインティリアヌスの話力について語る。一七世紀、ベルナール・ラミはこの考え方を受け継ぎ、転義《トロープ》 trope を「話の内容が感じられる絵」と定義し、話者が話の対象を明確に聴衆の心にもたらし話の内容を目の当たりに感じさせる技術は、ヒュポテュポーシス hypotyposis と呼ばれる、と述べた。[一三] 古典的な概念であるエナルゲイア enargeia すなわち鮮明さとは、見事な戯曲の上演時ではなく単に読んでいるときに感じられる生き生きとした性質を指して、アリストテレスが用いた言葉であるが、[20] この言葉が弁論家たちによって話術についても使われた。

弁論術の適切さに関する一七、一八世紀の議論の多くは、弁論とくに説教において「実感されるイメージ」を使うことの適否に集中した。ジベールはオルナートゥス ornatus[21] に関するフランソワ・ラミとの論争のなかで、こうしたイメージは聴き手に話題の現実性を印象づけるのに役立つと述べ、悪習と闘うには、陰喩、比較、誇張その他この種の修辞の彩を使ってその悪習を実際に示す(「場面にする mettre en scène」)ことほど効果的な方法はない、と彼に反駁した。[一四] イメージは、とくに教訓的な話では(「虚 vanité の性格」を与えかねないので[22] (ibid., p.18)控えめにしなければならないとしながらも、慎重に使えば、話が生き生きするうえに、精巧さ、力強さ、気高さ、美しさ、明快さが添えられるであろう、とジベールは述べている (ibid., p.12)。

こうしたイメージと言葉の世界の相互関係の理論は、芸術の理論と実践に重要な影響をもたらした。デカルト主義哲学でも、経験論哲学でも、人が何かを理解するときに観念の果たす役割が強調され、言語そのものは「現象学でいう」「イデアチオン ideation」として働くと考えられていた。イメージの明晰性、判明性は確実性の基準となり、それ故知識の基準となった。ロックやホッブズにとっても、デカルトと同様に、言葉の役割はイメージを喚起することであった。そしてこの考え方は、弁論術の理論や芸術価値一般の理論のなかで推し進められていった。劇においても、このような哲学思想（少なくとも、ディドロのような哲学者兼劇作家が抱いた思想）は上演の理論と実践、とりわけ道徳に関わるような抽象概念を舞台で表現するのに利用された、と考えられる。言葉は事物を目に浮かぶようにするとみなされたのであり、それで直接的で視覚的なイメージの重要性が強調されたわけである。こうした仮説から、ディドロの劇作品において通常矛盾とみなされていたこと、すなわち彼の「ドラマ」は回りくどく冗長だが、その元となる理論では、舞台では台詞を減らしパントマイムを増やす必要性が力説されている、ということが幾分説明されてくる。

サンサリックは、画家でない詩人はへぼ詩人であり（Sensaric, I. iii）、同じ意味で画才に欠けた弁論家は「饒舌家」であるかあるいはせいぜい冷たく抽象的な「理窟屋」にすぎない、と主張した。この見解は、一八世紀の多くの思想家に認識されていた理性と感性の乖離をうまく言い当てており、約束事である言葉は何よりもまず知性に訴え、感覚は物質世界や経験的実在に注目させる、というはるか昔に確立された信念に立ち返らされる。サンサリックは、絵画的イメージで話を飾り立てることは厳しく抑えるべきであり、

一三　[Père Bernard] Lamy, *De l'art de parler*, 2nd edition (Paris, 1676), p.74, pp.89-90; Pierre Zoberman, 'Voir, savoir, parler: la rhétorique et la vision', *XVII*^{e} *Siècle*, 133 (1981), 410ff も参照。

一四　Balthasar Gibert, *Réflexions sur la rhétorique, où l'on répond aux objections du Père Lamy, bénédictin*, 3 vols, (Paris, 1705-7), III. 10.

「堅固さ」よりも「華やかさ」を優先するのは控えるべきであるとしながら、それでも、古代そして現代の偉大な弁論家たちは、視覚的要素が語りに明晰さを添えるのをうまく活用したことを認識すべきだ、という。デモステネス、キケロ、ボシュエ、ボワローの演説では、「すべてがイメージであり、すべてが自然に則して描かれている。それらは想像力にも理性にも語りかけ、魂を高揚させるとともに精神も楽しませる」のだ（I. iv）。ここでサンサリックが、これらの人たち全員が細密画家のような小心で過度に細部にこだわる描法を避けた、と記していることは重要である。つまり彼らは自由で大胆な筆遣いで描いたのであり、ホラティウスの『詩論』における弁論様式と絵画様式の比較が思い出される。絵画と詩の等価性について書くなかで、彼は、法廷での話者（語りは細心の注意を要する）と近寄って細部を観るべき絵を描く画家と、公開討論会での演者（語りは離れて聴かれ、精緻な仕上げはされていない）と大胆で粗い筆づかいを用いた、離れて観賞すべき絵を描く画家とを対比している[23]。

話し手や書き手の言葉の使い方によってその喚起力の大きさに差があり得るように、視覚描写の形式によって内容がどれほど直接的に表現されるかに差が生じる、ということには当時多くの人が同意していた。素描が提供する解釈の自由度は完成した絵から得られる解釈の自由度よりもずっと大きい、とはよく言われていた。こうした絵の見方は視覚芸術に古くからある伝統に属するものだが、一八世紀には、無意識的で自然なもの、広く想像力を働かせる余地をもつ未完のもの **non finito** への嗜好が高まることで、特別な力を得た。この点については、音声言語の本質的間接性と比較することも可能であろう。実際、一八世紀の思想家のなかには、この考えを、大多数の「完成された」視覚芸術と大多数の言葉の芸術の間の決定的相違の理論へと発展させていった者もいたが、このとき注目されたのは、言葉の明晰性であるよりも言葉が示唆する力であった。後にみるように、この時代の多くの批評家が劇場パフォーマンスにおいて無言の演技あるいは部分的にしか言語を使用しない演技を好んだことの背景には、想像力を働かせることへの嗜好があり、かくして彼らは、パントマイムは面白い、と謳ったのである。

文学は視覚芸術とは根本的に異なる方式で機能する（そこでは、視覚イメージの曖昧さよりもその本質的明晰さが問題になる）という考え方が、この時代の多くの美学の著作にみられる。このトピックに関する議論には、作家が使う時間記述や時間分析に対して、絵画や彫刻の非時間的描写の可能性について扱っているものもみられる。ここでとくに重要なのが、バークそしてレッシングが展開した、文学は視覚芸術がもつような直接性を求めない、という考え方である。（一五） 文学の主要な関心事はむしろ内的な質、すなわち雰囲気、思想、その他触れることのできない状態を描くことにある。バークは『崇高と美の観念の起源』において、文学は視覚芸術のようにイメージを通して伝えるのではない、明確な像は表さずに事物の効果を示すのだ、と主張している。（一六）（後に示すように、絵画でも象徴記号などを使って効果を示すことはあるのだが）。つまりバークは、絵画や彫刻でいう模倣と同じ意味では詩は模倣芸術ではないとして、〈24〉 詩は共感を通して作用する、ということを示すのである。一方、音声言語は情態を伝えることができる。しかもうまくやれば、感情を喚起した対象が何であるのか読み手、聴き手に正確に示すことなく、言葉は効果を発揮する。バークにとっては、言葉で現実を詳細に描写してしまっては、注意を細部に逸らし説得の妨げ

一五　E. Allen McCormick, 'Poema pictura loquens: Literary Pictorialism and the Psychology of Landscape', *Comparative Literature Studies*, 13 (1976), 199 を参照。

一六　Gita May, 'Diderot and Burke: A Study in Aesthetic Affinity', *PMLA*, 75 (1960), 536.

になるだけなのである（この議論もまた、右記のホラティウスの『詩論』での議論を思い起こさせる）。これに関連してバークは、よい詩はリズムと音で主題を伝えいつも何かを言わずに残しておく、ということを示すのに、『イーリアス』第三巻におけるヘレネーの描写を引用している（May, art. cit.）。

絵画は観る者に即座に作用するが文学には時間が必要であり即座には理解されない、という考え方は、当時の人たちに大変重要視された。一八世紀のフランスの画家たちは、それでも時間という絵画の制約に抵抗したのであるが、その仕方については後の章で述べることにしよう。〈25〉一方、絵画は即座に理解されるということを否定する著作家や美術家もいた。こうした見方は、絵画を、単なる外面を描写する芸術とするのではなく、その隠れた意味を根気よく追求することで徐々に把握されるべき深みをもった芸術へと高めよう、という目論見から出されることもあった。アレゴリーあるいは象徴記号を使った絵画は外面から理解しようとしてもうまくいかないのは言うまでもないが、このような作品の弱点は、批評家たちが力説するように、絵画が表現するものをどう説明してみたところで反論が成り立つということだ。一方、観る者を徐々に完全な理解へと導くような絵画は高く評価された。そうした絵は意味が不可解なのではなく、多層的に表現されているのである。一七九一年『ジュルナル・ド・パリ』に宛てられた手紙の匿名の著者は、ダヴィッドの《ジュ・ド・ポームの誓い》は、観る者にその主題を即座に理解させないことで、独特の強い効果を生んでいる、と述べている。（一七）一見、主題は革命初期に限定されているようにみえ、うわべはヴェルサイユでの唯ひとつの出来事を描いているのだが、この絵の意図は革命のいきさつを示すことにあった（口絵2）。この著者によると、ダヴィッドは古代の詩の巨匠たちが使った技法と類似の技法を用い、選り抜いたエピソードによって、一八世紀の哲学の最も栄えある諸側面を彼の主題と結びつけ、理性と啓蒙の進歩を告げているのだという〈26〉。後にみるように、フランスのパントマイム支持者たちはパントマイムと絵画とをたびたび比較し、絵画と同様、パントマイムも直《ちょく》に言ってしまうのではなく暗示ができると述べ、これによってパントマイムを評価したのである。カンバスと同じく舞台においても、目で見たものは想像力を抑えるのではなくこれを喚起し、観る者が理解に達するよう思考を導いてゆくのである。

　視覚による現実理解についてのディドロの考えは、『生理学原論』に面白く書かれている。この書には、外象はどのように知覚されるのかに関する彼の見解が詳しく述べられており、主な論点はここでも、視覚イメージは即座にではなく時間を追って把握される、ということにある。例えば、一本の樹木の部分と全体の正確な観念をもつには、人はまず自分自身の内部に注意を向けなければならない。すなわち、想像力が「内的な目」にすべてを描写するのであり、「人は自己の内部でも進めている……多少なりとも広がりのある領域を経過しながら」〈一八〉〈27〉。このイメージを得る過程は、静的ではなく逐次的であることをディドロは強調する。というのも、ディドロの興味は知覚の解剖学ではなく生理学にあるからだ。こうした見る者の想像力が徐々に対象の知覚と結びつくという見方は、アクティオは言葉よりも喚起的だとみなす『聾唖者書簡』におけるディドロの役者観察の記述を想起させる。それはまた、ディドロがノヴェールと同様に、視覚芸術あるいは実演芸術のモデルとして、活力なきアカデミー式のポーズより生きたモデルを好んだことを読者に想起させ、彼の知覚理論と彼の美的感受性には共通の基盤があったことを示唆している。

一七　MS *Lettre aux auteurs du 'Journal de Paris'*, in Bibliothèque nationale, *Collection Deloynes* (以下 *Deloynes* と表記), vol. XVII, no. 435.

一八　Diderot, *Eléments de physiologie*, ed. Jean Meyer (Paris, 1964), p.226.

『生理学原論』によると、視覚のプロセスは非常に素早く、見る者は自分の外部で樹木全体を見たと思ったときには、それを同時に自分の内部で見ていると確信するのだが、ディドロは、それはどちらも正しくないとする。同じことが、真実といった抽象的なものの知覚についても言うことができる――これがディドロの「ドラマ」における主要な関心事であり、また、後に示すつもりだが、『私生児についての対話』にみられるように彼が視覚印象に重点的に取り組んだことの主な理由のひとつである。こうした抽象的な特質は、主題が体系的に進んでいくことを通してしか知ることはできず、しかも「真実は全体のイメージと強く結びつき得るので、非常に厳密な部分の詳細からは肯定も否定もできない」のである（Diderot, *Eléments*, p.235）。やはり「真実を知る方法はひとつしかない。つまり、部分ごとに進み、正確に全体を列挙した後にしか結論は出せない」（ibid.）。ここでディドロは、精神の進行とは経験の継起であるにすぎない、とも指摘している（「迅速さは天才の特徴」ではあるのだが（p.236））。読者は再び、役者の身体の語りによってもたらされる逐次的な開示を思い出されたい。ディドロの知人であるグルーズの物語画でもそうであるが、視覚イメージは、即座には主旨が把握できないような、ひとつのストーリーを告げるのである。

重要なのは、ディドロ自身が精神生活における視覚の最重要性を確信するかのように、この著作でディドロが想像力について言及するときにはすべて視覚の観点からなされている、ということである。ある箇所に記された彼の「想像力」の定義も、次のように完全に視覚的である。「不在の対象をあたかも存在するかのように描き出す能力、知覚可能な対象から喩えに使えるイメージを借用する能力。ある物を抽象的な言葉に結びつける能力」（p.250）。想像力は対象と結びついているが、記憶は記号からなるにすぎない（その指示様式は完全に慣習的であるとディドロはみている)。さらに、彼は想像力を「内的な目」と呼び「想像力の大きさはその視野の広さによる」(ibid.)とする。ディドロによると、盲人はたとえ見ることはできなくとも「想像」する。「彼らには想像力がある。欠陥は網膜にしかないのだから」。ディドロは最後に、このことを描画芸術と関連させ、同じ対象を同じ技量で描いた二つの素描を比較すれば想像力を測ることはできるであろう、と書いている。画家たちはそれぞれ「自分の内的な目と想像力、そして外的な目に応じて、違ったモデルを思い描くであろう。素描は二つの器官であるそれら〔内的な目と外的な目〕の間にあるであろう」(p.251)。このすべてから、また彼のその他の著作に読める多数の裏付けから判断すると、ディドロ自身の想像力が非常に絵画的なものであるのは明らかである。実際、知り合いの画家たちはこの点で彼の明敏さを称賛した、と彼は『サロン』で述べている。「シャルダン、ラグルネー、グルーズ、その他物書きたちに決してへつらわない画家たちが、私は、ほとんど頭のなかで整理された通りにイメージをカンバスに移すことができる唯一の物書きである、ということを私に請け合った」と(Diderot, *Salons*, III. 109)。同じ一七六七年の『サロン』でこの主張がまた別の形で取り上げられ、ディドロは、自分の文学的想像力は何よりも視覚芸術によって形成されたものである、と述べている。

美術作品を観てきたおかげで、私の想像力はかなり前から美術の真の規則に従ってきた。……私は、カンバスに配置するかのように頭のなかでフィギュールを配置する習慣を身につけた。……ものを書くとき、おそらく私はそれらフィギュールを頭のなかに運ぶのであり、私が眺めるのは大きな壁の上なのだ(ibid., p.110)。

第三章で示すように、時おり視覚芸術の解説も手がけたもう一人の演劇理論家メルシエの想像力もまた、少なくとも彼がその著『演劇について』(1773) において絵画と演劇の比較を多数行っていることから判断する限りでは、絵画的であった。それ故ここで、一七九七年に彼が『ジュルナル・ド・パリ』に投稿した一連の記事で言明した絵画への反目について書くのは妙な気もする。メルシエの新しい見解とは、絵画は断定的で言葉ほど想像力に訴えないので文学は絵画よりも優っている、というものだ。「絵画は人間精神のなす児戯である。絵画は書かれた言語のなかにしか存在しない。その言葉は残ってゆく。何と言おう、それは実を結んでいく。目覚める世代がそれを理解するであろう」(革命暦五年 雨 月《プリュヴィオーズ》一四日/一七九七年二月二日、p.537)。よく聞かれる議論である。すなわち、絵は想像力を束縛するのに対して、言葉を読んだり聴いたりして知性を使うと、事物を思考し連合するための豊かなイメージが創られる、というわけである。メルシエは、美術館を訪れたときのことを語り、自分の頭は「この巨大な陳列室」より豊かであるという。「内的な絵」を育めば、誰でもメルシエが自身の内部に見ているものを見ることができるが、「被造物のこの粗末な模倣は、内的感覚をもたない人のために作られるにすぎない。内的感覚の世界では、内的な絵がその豪華さと果てしなく蘇る豊かさをみせるのだ」(ibid.)。『ジュルナル・ド・パリ』の後の号でも、メルシエは視覚芸術への攻撃を続け、言葉にはより優れた分析力がある、という彼の考えを力説する。はじめは、彼は自分の主張は議論するまでもないとして、「言葉、発話、語り」は自然をそのまま再現し、他のあらゆる手段は偽りであることを暴いてしまう、とだけ述べる。「未開人も演説をすればラファエロよりよく描けるのだ」と(革命暦五年 実 月《フリュクティドール》一〇日/一七九七年八月二七日、p.1399)。しかしその後、彼は、絵画は経験の継時的特質を記録することができないので、現実を伝えるには不完全な媒体である、と論じていく——シャフツベリ、デュボス、レッシングの美学理論の延長上にある見解である。（一方、まさにこれができるのが演劇だ、と一八世紀の解説者たちはよく指摘した）。現実を捉えるのには各人が自分の想像力を使うのが望ましい、とメルシエは強調する。「自然物を完璧に表現するのには、物をバラバラにしない知的な見方が必要だ。この同じ対象の再現したもの、完璧に模倣したものは、我々のなかにしかないだから」（pp.1399-1400）。言葉を変えれば、絵画の明晰さとは知性にとっては当てにならずまた人為的なものである、ということだ。この意見は、これまでみてきたように、芸術に対するプラトンの異議と関連づけられるが、メルシエの異議の根源には間違いなくプラトンがいる。

　メルシエが、完成した絵画より素描を評価したと知っても驚きはしない。絵画芸術はその主題を完璧に表現しようとすればするほど無力になったが、これに対して「素描はいわば文章《エクリチュール》を書くことに似ている。画面《タブロー》をつくるのは私なのだ」と彼は書く。一貫してというわけではないが、彼はパントマイムと台詞劇の関係は素描と絵画の関係にあると主張し、ディドロの精神に沿い、劇芸術はパントマイムにおいて完成する、と述べる。しかし、この主張に『ジュルナル・ド・パリ』の別の投稿者ヴィルテルクが反応し、「台詞を言わないパントマイムの役者は、自分が表現しようとする着想を描かなければならない。だが、彼にも着想が必要だとしても、それを書く作家や、それを声にする役者以上にもっているのでなければ、彼らより上だとは言えない。」（革命暦六年熱月《テルミドール》二七日／一七九八年八月一四日、p.1372）と言い返す。ヴィルテルクは、コルネイユ、ラシーヌ、ヴォルテール、モリエールといったメルシエが上演を望まない劇作家たちよりもパントマイム役者が多くの着想をもち得るとは、とうてい思えない、と続ける。彼は、パントマイムには本質的に限界があるとみている（ディドロが、パントマイムには台詞が併用される必要があると強調して以来、多くの書き手がそう考えるようになった）。

例えば、もしシェイクスピアの戯曲の、あのシーザーの死の後のアントニーの美しい台詞から生じる驚くべき効果を、無言で、顔の表情と身振りによって生み出さなければならないとしたら、どんな名優であっても多少は戸惑わずにはいられないと私は思う。この場合、すべてが目に語る。シーザーの血まみれのガウン、演壇の下に横たわる彼の遺体、友人たちの恐怖心、民衆に見せる彼の遺書、共謀者たちの動揺、見物人たちに滾《たぎ》る不安。ここでは人はすべてを目で見るのであるが、しかし人は聴きもするのだ。

ヴィルテルクはさらに、人は受け身で受け取った感覚よりも自ら作り出した感覚をより好む、というメルシエがたびたび繰り返した考え方を攻撃し、ジェラールが描いたプシケの絵を例にあげる。（紛らわしいのだが、メルシエによるジェラールの絵の称賛も『ジュルナル・ド・パリ』に掲載されている）。ヴィルテルクは、この画家が素描の段階を越えて描き続けたのは正解であり、「もし、絵画芸術が素描のみに限られていたとしたら、この絵《タブロー》で私を魅了するすべての詳細を、私は自ら想像することができるであろうか？」と述べる。「絵《タブロー》や彫像を思い描くには、生まれながらの画家、彫刻家でなければならない。レクレム同志（すなわちメルシエ）が断言するように、想像力だけで美術家の素案を完成させることができるというのなら、なぜ、非常にうまくいっているところでやめてしまい、あとは賛美者が創るはず、と言わぬのだろう？」（ibid.）と彼は力説する。結局、メルシエの理論だけが彼自身の偉大な芸術に対する嗜好を認めないのだ、とヴィルテルクは結論する。つまりメルシエは、ジェラールの作品を褒めておきながら彩色画全般は批判せねばと思い、一七世紀のフランスの劇作家に入れ込んでおきながらその作品の上演を非難するのだ。ヴィルテルクは、メルシエのパントマイムの議論での最も顕著な矛盾については指摘していない。少し前に、彼は視覚芸術より言語芸術のほうが好きだ、と言明したばかりだったのだ。

劇上演にとってこの議論の重要性は、伝統的な劇（すなわち対話劇）は言葉と造形イメージで構成されるということ、そして後者の重みが一八世紀が進むにつれどんどん増していったことにある。アクティオは、役者が朗誦する言葉の説得力を増すと主張された。俳優術について著したサンタルビーヌは、一七四七年、劇の上演では観客を説得し信じさせる力をもつすべてのものが視覚的、聴覚的に提示される、と述べている。従来通りに上演された演劇を観ると、想像力で補う必要がないのでこの上ない喜びを感じる、と彼は主張するのである。

この素晴らしい芸術（絵画）がいかに見事でも、それは単なる外面でしかなく、やがて、それが我々に与えるのは現実の幻影であるとわかる。絵画はカンバスに息を吹き込むのだと空しく豪語するが、それは画家の手による生命なき産物にすぎない。これに対して劇詩は、それが生み出す存在［登場人物］に思考と感情を与え、演技を通して彼らをしゃべらせ行為させる。絵画によって魅了されるのは目だけである。演劇の魔法は目、耳、精神そして心を魅了する……こうした理由から、演劇という芸術は我々に最も完全な快楽を与えてくれる芸術のひとつである。他の自然の模倣術では、その力不足はおよそいつでも我々の想像力で補われなければならない。だが、俳優の模倣術では、我々はそれ自体からいかなる補填も求められることはないのだ。(一九)

しかしこれで実際に、劇は、本質的に一つの感覚にしか作用しない他の芸術に比べ、より説得力をもつ修辞的芸術になるのかどうか、それは疑問である。カトルメール・ド・カンシーは、オペラについて書くなかでデュボスに反論して、複数の感覚に作用する芸術が個々の感覚を動かす力は、唯ひとつの感覚に作用する芸術がこれを動かす力よりも弱い、と述べている。(この点については後に議論しよう)〈28〉。しかし、劇では登場人物は生きているのだから、劇はむろん視覚芸術と関連するものの、これにはない特殊な力をもつ、と捉える一八世紀の解説者もいた。反道徳的な内容を扱う演劇と絵画では演劇のほうが潜在的により有害であるというボシュエの見解、同様の違いが音読された詩と黙読された詩の関係にもあるとするルヴェックの見解については、すでに触れた。おそらく二人とも想像力の喚起ということに何ら価値を認めていないからであろう、彼らは、人は自ら進んで関与した芸術に最も深く感動し得る、ということの重要性を考えていないのだ。

しかしすでにみたように、この示唆を与え思考を喚起するという特質は、演劇の無言の演技においてまさにディドロが高く評価したものである。『聾唖者書簡』のなかで彼は次のように書いている。

演技 jeu という劇場特有の用語から……これまでに何度かあったある経験を私は思い出す。その経験により私は、動きと身振りについて、世界の全書物から得る以上の知識を得たのである。……(舞台で)

幕が上がってすぐ、すべての観客が静まり耳を澄ますとき、私はといえば両耳に指をあてた。周囲の観客たちは少々驚いた。彼らは私のすることを理解できず、劇場に来たのに劇を聴かない変な人という風に私を見ていた。そう思われたところでおよそ気にせずに、役者の動作と演技が私の覚えていた台詞と一致していると感ずる間は、私はあくまでも耳を塞ぎ続けた。身振りではわからない、あるいはそう思われたときだけ、私は台詞を聴いた。……しかしこれもお話しして……おきたいのだが、私が耳を塞いだまま悲痛な場面で涙を流すと、そのたびに周囲の人たちは驚くのだ。(Diderot, *Lettre*, pp.52-3)

その二年後に、ホガースは『美の解析』で、演劇公演で身体所作が実質上言葉と切り離されたときにこれがもつ説得力について、類似の観点から述べている。彼は、英語は全くわからないがあらゆる動作や身振りに精通した一人の外国人が、英国で観劇することを想像した。このとき、この男が主に各役柄の動きから劇を感じとるであろうことは明らかだ、と彼は書く。例えば、老人の動きが年相応か不相応かは彼にはすぐわかるであろうし、パンチ、アルルカン、ピエロ、道化役者が示すような野暮な動きのラインを見れば、低俗あるいはおかしな人物だとわかるであろう。同様にして、ホガースが絵画的美の秘訣として打ち出す「蛇のようなライン」を描く気品ある動きは、紳士か英雄の礼節ある振舞い、と判断されるであろう(Hogarth, p.152)〈29〉。

一九　Rémond de Sainte-Albine, *Le Comédien* (Paris, 1747), pp.14-15. デュボスも、オペラで得られるような感覚印象の統合は、観客に対する作品の効果を増すと考えている (I. 65)。

サンタルビーヌの演劇の見方は、演劇のアクティオの訴求力に関するホガースの理論をはじめ、当時の有力な理論の多くと逆行している。たとえ事実に基づいていたのだとしても、ディドロのような思想家が価値判断のひとつにすることはまずなかったであろう。すでに述べたように、ディドロにとって最も偉大な芸術とは、想像力に最大限働きかける芸術であった。(二〇) 舞台の演者が身体の語りで言葉の語りを増強し(ディドロはそうみている)、そしてそうすることで観客に解釈を要求するとき、演者は観客に、より濃密な美的経験をさせることになる。ディドロはその時代とともに、芸術の享受は知性のみならず感覚にも依存すると信じていたのであるから。この見解は、一八世紀にはそれ以前のどの時代よりもはっきり述べられるようになったが、この時代に生まれた考えであるわけではない。古代の哲学とくにプラトンの芸術観に対するアリストテレスの応答が、これを詳しく扱ってきたのだが、一八世紀の思想家たちは、先達たちが出した結論を利用して、観者の情念を喚起することのプラス面を強調する芸術反応理論を発展させていった。このとき、情念はとくに視覚刺激によって喚起されると考えられた。この点、視覚優位は芸術の訴求力を庶民のものにした、と彼らは力説した。直接理解され得るものは、みなに理解され判断され得るからである。極めて視覚的な想像力をもったディドロが、自分自身の作品で(とくに、コメディ=フランセーズに代表される特権の要塞を離れ、庶民の前で演じられることを望んだ彼自身の演劇で)目で見たものの重要性を強調して、新しい視覚的要素をフランスの演技に導入しようとしたのは、もっともなことだった。他の人たちもまた、言葉だけではなく視覚イメージをも含む演劇の訴求力を確信した。

当時の人たちの間で意見が異なるのは、劇と他の芸術形式の相対的な価値についてである。サンタルビーヌの意見はカトルメールのものとは逆行し、おそらくディドロにも反対されたことであろう。サンタルビーヌは従来の劇の直接性を評価し、それを多様な感覚に訴える働きによるものとみなしたのだが、ディドロは、間接的な手段で作用して観る者に積極的な関与を促す、いや観る者を余儀なく関与させる芸術に高い価値を置いた。このことは、彼が明確に述べるのではなく暗示するパントマイムを好み、未完の作品一般を好んだ、その理由を説明している。さらに、ディドロは、メルシエの言葉に含意される、視覚イメージはきまって断定的で直接的なので言葉が伝えるイメージよりも知的に劣っている、という考えを認めなかった。むしろ彼は、あらゆる視覚経験――劇場、展覧会あるいは外的世界での経験――は種々の生理器官を通してもたらされること、また、時間をかけて対象を見ていると初めて見たときより複合的に見えてくること、を示そうとした。この見解は、限定されることなく広がるアクティオのイメージに対する、ディドロの特別な愛着を浮き彫りにしている。『生理学原論』には、知覚のメカニズムに対する彼の興味は、演劇のみにとどまらず他の視覚経験へも及んでいたことが示されているのであるが。

『サロン』や『絵画論』を通して我々は、いかにディドロが静的な作品を非難したか、そしてそれを、いかに画家が生きたモデルを観察する意欲や能力がないことと結びつけたか、を知っている。彼は、これこそが王立絵画彫刻アカデミーで行われていた「人体デッサン」という方法の、最大の欠点であるとみていた。そこでは、生徒はポーズをとった生気のない人間の姿を観察し、模写しながら七年もの歳月を費やした。

二〇 『聾唖者書簡』の補遺のなかでディドロは、音楽は詩や絵画よりも強く魂に語りかけると力説している。「どういうわけで…この自然を模倣する三つの芸術のうち、表現が最も恣意的で最も正確さに欠けるものが、最も魂に強く語りかけるのであろうか？ 対象をあまり示さず、より多くの解釈の自由を我々の想像力に任せるので、あるいは感動させるのに振動を要するので、我々の心を揺さぶるには音楽は絵画や詩より適しているのであろうか？」(p.102)

すのである。本当は、彼は生徒たちに動的形態の研究から学ばせ、視覚のもつ逐次的本性を理解させたかったのである。〈30〉美術作品にみられる「動き」に対するディドロの強烈な関心の現れとして、例えば彼がグルーズの活気ある物語画に対して過剰な熱狂をみせることなどは、現代の読者は残念に感じるかもしれない。しかしそれらのことが、視覚で知覚するとき精神と感覚は常に経験の連続を通り抜ける、という彼の信念の反映である限り、少なくともそれらは、彼のアクティオへの関心をその根底で支える理論と一致しているのである。

第二章　身体所作と説得力

一七、一八世紀のフランスの弁論術書の多くは、説教師、弁護士、判事、議員に対してだけでなく役者にも向けられているが、舞台でのパフォーマンスと他の分野での弁舌の類似性を必ずしも認めているわけではない。弁論術のなかでも演者の身体所作に関することは、古代の人たちに最も説明をなおざりにされた側面だ、と多くの弁論術の論考が記している。当時の著作家たちはきまって、アリストテレスとキケロは弁論家の身振りと動作についてほとんど何も言わなかったが、デモステネスは弁論術は一にも二にも三にもアクティオだと考えていた、と述べている。[一][1] 一七、一八世紀の解説者たちは、弁論術のこの部門をきちんと研究した唯一の古代の修辞学者はクインティリアヌスであった、と繰り返し記している。[二] そのため、アクティオについて彼らが自分の意見として述べていることも、実際は『弁論家の教育』におけるクインティリアヌスの見解に基づくものであることが多いのだが、[2] 古典の教義を超えようという試みも、とりわけ一八世紀の後半には多々みられるようになる。一八世紀のフランスでは劇場パフォーマンスの身体的側面に対する関心が高まっていったことはすでにお話ししたが、この時代になぜ「身体表現」を重視する風

一　例えば、Le Gras, *La Rhétorique française ou les préceptes de l'ancienne et vraie éloquence accommodés à l'usage des conversations et de la société civile: Du barreau et de la chaire* (Paris, 1671), p.269 を参照。

二　とくに、Michel Le Faucheur, *Traité de l'action de l'orateur ou de la prononciation et du geste*, ed. and rev. by Conrart (Paris, 1657), p.11 を参照。ル・フォシュールは、クインティリアヌスの規範は法廷弁論家のためのものである、と述べている。

潮が醸成されたのかについては、後の章で戻ってきて検討することにしよう。この章では、演劇と演劇以外の（教会、法廷、政治集会における）口演の関係に関するより一般的な問題を、身体による表現という観点から検討してみたいと思う。

ルイージ・リッコボーニ[3]は一七三八年の『朗誦についての考察』において、朗誦術を、さまざまな発声法に身振り表現を合わせた技術であり、話の根底をなす思想をより強く伝えることを目指す、と定義している。[三] 彼は、古代の巨匠たちはこの点よき模範になると考え、彼らがその主要な原則を定めてきたのに (p.4) 現代人の多くはその教えを無視してしまっている、と言う。そして、弁論の達人は言葉の雄弁さに加え「外貌」の雄弁さを備えている、身体で語る技術は、説教師、弁護士、アカデミー会員、研究成果を聴衆に披露する諸学会員、座談家、聴衆に自分の著作を朗読する作家、役者といった人たちには不可欠の技術である、と続ける (pp.6-7)。

言葉であれ他の手段であれ、あらゆる弁舌の目的が聴く人、見る人を説得することであるのは、当時の書き手たちにとっては自明であり、弁論家の目的は、人を教え、楽しませ、感動させることだというキケロの見解が[四]、弁論の目的達成法に関する後の多くの議論のなかで盛んに述べられている。これら三つの目的がそれぞれどの程度追究されるべきなのかは、弁舌の型によって異なるとされた。演劇は弁舌のひとつである、とルイージ・リッコボーニやその他の一八世紀の演技術の著者たちははっきり述べているが、伝統的に一目置かれている語りと比べて、演劇をどれだけ積極的にこれと対等なものとみなすかは、解説者によってさまざまである。キケロやクインティリアヌスの弁論術書は主に弁護士育成のために書かれたものだが、一七、一八世紀のフランスの手引書は一般により広い領域に向けられている。一七世紀のイエズス会修道士ラパンは、政治に適した弁舌と教会での弁舌という二つの型に分類しているが、(五)一八〇二年のデュブロカの論考は、政治、法廷、教会の三つの弁舌の型をそれぞれ互いに全く異なるものとして扱っている。(六)

伝統的な弁論術の教義の演技術への拡張は、早くも一七〇八年のグリマレの『叙唱論』でなされているが、(七)有言無言に演技は後から加わった分野であると認識されていたことから、再三抑制されてきた。アクティオを弁論術の全体系のなかの一要素として認めることにはやぶさかではなくとも、弁論で役者がかるのは好ましくない、と多くの人が述べている。説教師や弁護士の話し方で「演劇的」な要素が目につくと、それはたいていその人の弁舌様式を非難する根拠とされるのである。次の章で、一八世紀のフランスにおける絵画評を参照しながら、この重要な問題に戻ってこよう。絵画評においても、様式や主題に演劇性がみられると、ふつう非難されている。

一八世紀初期の著者不明の論考「よき堅固なる説教」(1701)は、演劇型の説教を悪い説教の手本とみなし、

三　Louis [Luigi] Riccoboni, *Pensées sur la déclamation* (Paris, 1738), p.3.

四　Cicero, *Brutus* xlix. 185:「弁論家が達成すべきは私の考えでは三つある。聴衆を教え、楽しませ、感動させることだ」。

五　[Père René Rapin,] *Réflexions sur l'usage de l'éloquence de ce temps* (Paris, 1671), p.51.

六　Louis Dubroca, *Principes raisonnés sur l'art de lire à haute voix, suivis de leur application particulière à la lecture des ouvrages d'éloquence et de poésie* (Paris, 1802), p.403.

七　Peter France and Margaret McGowan, 'Autour du *Traité du récitatif de Grimarest*,' *XVIIe Siècle*, 132 (1981), 303-17, とくに p.304 を参照。

この著者が考える教会に適したより本物で簡素な方式をこれと対比している。興味深いことに、この著者は、弁護士の弁論様式と役者のパフォーマンスが、教会の説教がかつて有していた純粋さを汚したのだ、と非難している。彼は、ナジアンゾスの聖グレゴリオが能弁で愛嬌ある聖職者とみられぬようにしていたことに言及し、ある説教のやり方を次のように軽蔑的に記している。「彼ら（説教師たち）は法廷の弁護人席から聖域に呼ばれ、劇場から説教壇にやってきたのだ。言ってみれば、今日世界には二種類の舞台があるといった様子である。ひとつは劇場の舞台、もうひとつは教会の舞台」(八)。未来の説教師、弁護士に向けられた著書、ミッシェル・ル・フォシュールの『弁論家の実演論：発声と身振りについて』（1657）では、宗教は霊的で無形なものを扱うはずであるから、アクティオに心を砕くのは神父らしからぬとみる人もいる、と述べられている（Le Faucheur, pp.16-17）。ただし、ル・フォシュール自身はこの意見に賛同していない。彼は、弁護士の唯一正当な目的は、身振りなどによる魅惑的な飾りを使わずありのままの真実を表現することだから、弁護士には身体の語りなど必要ない、というよく聞かれる意見もとりあげていくのだが、裁判官たちは必ずしも明確に理解するとは限らず、弁護士は身体表現を使って裁判官たちの注意を喚起する必要があるのではないか、と述べるのである（pp.30-3）。弁論では、自然は技術の助けを必要とするのであり（p.43）、発声法のみに頼るより、身振りと音声のプロヌンティアティオ〈4〉も使ったほうがより強力に聴き手の感覚に響く、というのがル・フォシュールの考えなのである（p.187）。コメディ=フランセーズと共和国劇場で演じ〈5〉、フランス学士院の芸術部門の会員に選出された最後の俳優グランメニル〈6〉は、始めはパリ高等法院の弁護士として仕事していたというのだから興味深い(九)。

一六七五年、ルネ・バリーは『説教師の全所作についての新・話術ジャーナル』を上梓したが、そのなかの対話に、時代錯誤的ではあるが、ソクラテス、エウセビウスらが優れた説教師の特質について議論するくだりがある。エウセビウスは、説教師の外貌は重要であり「間抜けで無邪気で温和なマイム役者」では人を感動させることも説得することもできないので、顔は厳めしく風貌には威厳がなければならない、と言う[一〇]。聖書の言葉の大いなる真理を伝えるのであっても上手く使えば修辞効果も有効であろう、と対話者たちは一致する（p.11）。バリーは他の一七、一八世紀の著作者たちと同様に、弁論家は他者を感動させたければ自分も感動していなければならない、という古典的な観念を力説する。ただ、ネリの聖フィリップは「意のままに涙を流した」（p.114）ので聴衆はいつも当惑させられた、という彼の引く例は、話者が見せるのは本当の感情ではなく作られたものである、ということを示唆している。後ろのほうの対話で、ソクラテスが、当時の説教師たちの退廃について、彼らは社交漬けにされた世界の産物だ、と不満を述べる。真剣な者だけが説教壇に立つべきなのに、しばしば「路地や集まりや劇場にやって来る話好き、要するに、我々を回心させることよりも快く刺激しようという人たち」（pp.115-16）がみられる、というのである。一方エウセビウスは、後の時代には俳優に必須とされるようになった属性を、説教師に望ましいものとみている。

八　*Règles de la bonne et solide prédication* (Paris, 1701), p.217.

九　Albert Soubies, *Les Membres de l'Académie des Beaux-Arts depuis la fondation de l'Institut*, 3 vols. (Paris, n. d.), I. 208-11 を参照。

一〇　René Bary, *Nouveau Journal de conversations sur toutes les actions publiques des prédicateurs* (Paris, 1675), p.2.

> 言葉で説くのとほぼ同じように顔でも説かなければならない。眼差しは時には恐ろしく時には愛情を込め、額には時には皺を寄せ時には寄せずに。顔の雰囲気は話題の性質と合っていなければならないからだ……身振りは話題に対応していなければならず、天について語りながら地を見ていては頭が話から逸れてしまっていることになる、とある神父は言っている。(pp.124-5)

バリーが後に出版した、説教師と弁護士にとって望ましい口調と身振りについて扱った著作『上手く生き生きと語るための手引き』(1679)は、アクティオの精密な観察を提示している。例えば、率直さを伝えるには、話者は両腕を大きく開き掌を外に向ける。「なぜなら、率直さは魂の襞を広げ、外に向けられた両手がその広がりを表すのであるから」(二)。ここでの外的な表現と内的な状態との関係は完全に象徴的である。しかし、ある情熱に満ちた状態を示すのに指をおなかに置くのは「心(ここではおなかに宿る)が情念の本拠であるから」という例では、彼は明らかに感情と身振りのより直接的なつながりを前提にしている。彼が詳述するいくつかのアティチュードは、素人の読者や観察者にも、この最後の例よりもさらにわかりやすい。例えば、神的な鋭気に満ちた説教師は、眉をひそめ、体をかがめ、「説教壇を行ったり来たりする」(p.106)という具合である。しかし、こうした身体動作を非難する声も聞かれた。一七世紀末にアントワーヌ・アルノーが出版した『説教師の雄弁についての考察』は、別の書き手デュボワ=ゴワボーが示した、弁論術(アクティオを含む)は教会から追放すべきだという見解に対し、反論を挑もうとしている。アルノーは、聖職者が身体コミュニケーションをする必要性を確信して書いている。その六年後に出た『よき堅固なる説教の規則』の著者(不明)も、アクティオは思慮深く使えば、これに頼らない説教師がいかに流暢で気分を昂揚させる言葉で話したとしても、より聴衆を強く感動させるであろう、と説教壇における身振りや動作の使用に賛同している。

一七、一八世紀の物書きたちは、説教には啓発されるだけでなくこれを楽しみたいという聴衆がいても、これも共同体の敬虔な行為の一つのあり方なのだと、しぶしぶながら認めた。一六七一年、ラパンは『現代弁論術の活用法についての考察』のなかで、役者が舞台で演じるかのごとく若い説教師が説教壇に立つのを見るのは日常茶飯事であり、友人や親戚たちは劇場に招待されるかのように観覧チケットをもらっている、とこぼした（Rapin, pp.79-80）。プレヴォの小説『マノン・レスコー』には、一八世紀前半のこうした慣行の興味深い例を示している。デ・グリュの礼拝の公開試験にマノンが出席する様子が、こうした観点から語り手に描かれているのである。

> 神学校において公試を受けるべき時がきた。私は名士諸氏に出席の栄を賜わらんことを懇願した。その結果私の名前はパリの全区に拡がり、ついに私の不貞な女の耳にまで届いたのである。僧名を帯びている理由から、はっきりと私とは知らなかったのであるが、好奇心のほとばしりか、またはおそらくに私を裏切ったことの悔恨か、そのいずれであるか私には決してわからなかったが、そんなに私のによく似た名前に興味を抱かせたのであった。彼女は二三の他の女たちとともにソルボンヌに来た。[一二]
> （河盛好蔵訳）[7]

一一　René Bary, *Méthode pour bien prononcer un discours et pour le bien animer* (Paris, 1679), pp.77-8.

説教における演劇性の問題は、ディヌアールの『身体による語り：説教師の所作』(1761) でも話題にされている。ディヌアールによると、若い説教師たちの多くは神父になればすぐ雄弁家になれると思っており、また話を演劇的所作を使って補強するので、彼らの説教はしばしば世俗的な人を喜ばせキリスト教徒を憤慨させるような喜劇に堕する、という (Dinouart, p.xvi)。後のほうでは彼は、演劇のせいで (小説や「くだらない作品」もまた元凶であるが) 司祭の生活は俗臭に汚され、聖職者たちは享楽主義者や自由思想家がやるように、はしたなく聴き手に阿るようになった、という見解を詳しく説明する。「甘い声、繊細で軽快な身振り、華美な雰囲気で彼らは語る。これは説教をする人かそれとも朗誦をする俳優か、とあなたはあやぶむのではなかろうか。彼らは俳優のような外貌と物腰をしている……そこにいるのは……全市民に見世物として自らを晒す演説家なのだ」(pp.137-8)。身体所作は説教に必要ではあるが、聖職者は古代の異教徒の弁論家のように手軽に役者を手本にすることがあってはならない、現代の劇場は聖職者の出入りすべき場所ではない、とディヌアールは言う (p.3)。その一方で彼は、宗教の原理は人間の性向と相反するので、聖職者は可能なかぎりの訴求力をもって語られなければならない、とも言う (p.8)。身体所作と語りの関係は、田園地帯に対する日の光のようなものである。田園は夜になっても魅力的で快適だが、そのあらゆる美しさ、多様な色彩を露わにするには太陽が必要だ (p.14)。説教者のアクティオも、十分効果を発揮するには、彼が使えるあらゆる手段が総合的に利用されなければならない。身体所作の素晴らしさは、顔の表情、声、身振りを通して、人の思想の高尚さ、感情の気高さ、言葉の華麗さを引き立たせることにある (p.32)。これに関連して、ディヌアールは後にアクティオにおける「諧調」の概念に触れ、これを、身体の動き、顔の表情、手振り、声の響きが論じられている内容の性質と一致することで生じる調和、と定義する（p.78）。しかし、役者との比較に戻ってくると、彼は再び警告調となるのだ。役者は自分の発する言葉が真実であるかどうか確信はないのに役を演じることもあるが、説教師の話は彼の信念の誠実な表現でなければならない、と（p.40）。ディヌアールは、教会には舞台パフォーマンスを律する適切さとは違う適切さがある、と書く（p.79）。説教師には威厳が必要であるが、それはある種の劇には当然なくてもよいものだ。「マリオネットのような外見と声をした非常に背の低い弁論家は、説教壇を離れ、カロ〈8〉の版画にでも出たほうがよかろう」（p.219）。彼は最後にこう言う。説教者はすべてに中庸を保つことを忘れてはならない（一三）。「労働者にも役者にもなるなかれ。身振りはやり過ぎもだめだし、少な過ぎてもいけないのだ〈9〉」（p.249）。

トゥリュブレの『聖人たちの称賛演説および弁舌全般とくに説教についての考察』では、法廷と教会の弁論術が比較され、弁護士、説教師それぞれ独自の目的が区別される。弁護士は、何よりもまず精神に語りかけ精神を照らすよう努め、時には聴き手の知性を魅了しながら、常にこれを納得させるように努める。一方、説教師は、感情と心に訴えて聴衆を説得するように努める（一四）。弁護士は「論理家」であることを目指し、説教師は「感動させる人」であることを目指す（p.322）。トゥリュブレもまた演技のことを仄めかしなが

一二　Prévost, *Histoire du Chevalier Des Grieux et de Manon Lescaut*, ed. Frédéric Deloffre and Raymond Picard (Paris, 1965), p.43.

一三　役者タルマは説教のスタイルに影響を与えたと言われている。Regnault-Warin の *Mémoires de Talma* (Paris, 1804), p.252 は、サン=スュルピスの神学生が、声の抑揚と身振りの雄弁な使用法について彼に助言を求めたことを報告している。

ら、説教師が「説教をしながら劇をしてしまう」傾向に対するイエズス会神父のセルッティの警告を引用している。説教師は人を教え諭すのであり楽しませるのではない、論理的に語って人の琴線に触れるのであり演じて人を魅了するのではない、使徒たるべきであり曲芸師であってはならない、教会でキリスト教を説くのであり劇場でこれを演じるのではない(p.284、脚注)。

フランス革命後、教会はその権力の多くを剥奪され、その精神的影響力も一部失ったが、それでもこの種の警告がやむことは決してなかった。イエズス会弾圧の後もイエズス会の教育メソッドが長らく続いたのと同じように、役者じみた説教師に対する強烈な非難は一九世紀になっても続いた。この手の著書としては古典であるモリーの『説教についての試論』(1810)は、劇場での所作と説教壇での所作の本質的違いを説明している。舞台では対話や身振りにコントラストを必要とするが、「ひとり聖なる演壇で語るときにはコントラストは許されない……要するに、演劇の流儀ほど悪趣味で説教壇の雰囲気に反するものはないのだ」[一五]と。これを示す例として、モリーは、俳優ルカンが大コンデの葬儀で弔辞を読んだときの「嘆かわしさ」を回想している。説教師の所作は劇の朗誦をする役者より生気を抑えてとは言わないまでも、役者ほど掻き乱れぬようにすべきであることに、ルカンは後になってから気づいた、と彼は書いている(pp.276-7)。

それでもなお解説者たちのなかには、フランスの偉大な説教師たちの成功や説教への情熱は、役者的な感受性に負うところもあったのではないか、とみる者もいた。俳優ラリーヴ[10]はその著『朗誦講義』(1804)のなかで、役者が自ら観客の情念を呼び覚ました公演に鼓舞されるのとほとんど同じように、ブルダルー、ボシュエ、マシヨンといった偉大な司教たち[11]は、自分の説教に信徒が感動するのを見て喜んだ、という考えを示している。「宗教がまさにブルダルー、ボシュエ、マシヨンといった人物を輩出したというのであれば、それはおそらく偏に、彼らが、自分の説教文を公の場で読むこと、多くの聴衆に自らが与えた深い感動と聴衆に流させた涙を目の当たりにすることに、魅力を見出したことのおかげである」[一六]と。

ボイエルデューは一八〇四年、今の人は説教師の言うことには冷たいほど無関心だが、それでも、政治集会や舞台で行われた革命劇の演説で、宗教の大いなる真実を伝達する説教の説得力に匹敵するものは何ひとつなかった、「どんな劇舞台も、どんな法廷弁論も、自然の支配者の名のもとに語るひとりの司祭の語りが自ずと生みだす、本物の力強い関心を与えることはできないのであろうか」と述べている。[一七]マルモンテルは、革命前に書かれたのでボイエルデューのように革命時との比較はしてはいないが、『文学原論』の「弁論家 **orateur**」の項目のなかで、古代ギリシア、ローマの共和制の伝統が生きるヨーロッパ唯一の国（イギリス）でしか、政治が将来の弁論家に弁舌の題材を提供していない、と述べている。[一八]他の国では、

一四　Trublet, *Panégyriques des saints, suivis de réflexions sur l'éloquence en général et sur celle de la chaire en particulier*, 2nd edition, 2 vols. (Paris, 1764), pp.321-2. Sanlecque の *Poème sur les mauvais gestes* (contained in Dinouart, op. cit.), p.444 も参照。

一五　Charles S. Maury, *Essai sur l'éloquence de la chaire*, new edition, 3 vols. (Paris, 1827), p.276.

一六　J. Mauduit-Larive, *Cours de déclamation* (Paris, an XII [1804]), pp.326-7.

一七　Marie-Jacques-Amand Boïeldieu, *De l'influence de la chaire, du théâtre et du barreau dans la société civile, et de l'importance de leur rétablissement sur des bases qui puissent relever en France leur ancienne et véritable splendeur. Ouvrage politique et moral* (Paris, an XII/1804), pp.5-6.

弁論家は（教会で語る）宗教的道徳か（法廷で用いる）市民法、自然法の勉強に専念するほかない〈12〉。アテネでは、演壇は重要な国事が議論されるいわば劇場であり、アクティオすなわち身体による伝達は演壇で行うパフォーマンスの一部であったのに、近代人は「政治の場で」語りのそうした補助を使うのは適当ではないとするのだ。しかし、一七八九年の出来事で引き起こされた変化が、旧体制にはいなかったタイプの政治家志願者たちに、新たな機会をつくることになった。革命集会が演説の場を開き、多くの解説者たちは、これを古代の公共広場そして劇場にも匹敵するものとみなしたのである。この現象は少し詳しく検討する価値がある〈一九〉。

革命の到来により、多くの観察者たちは、日常的な政治行動を舞台での劇の展開と関係づけるようになった。ジャーナリスト、時代の回想録作家、そして集会の演者たちでさえもが、自らの政治的信条に合わせて、当時の状況を悲劇、喜劇、笑劇あるいはメロドラマになぞらえた〈13〉。多くの議員がプロの演劇関係者あるいはその経験者だった。コロ・デルボワ〈14〉は元役者であり、アヴィニヨンのある一座で座長をやっていたこともあったが、ある証言によると、あまり観客には好かれてはいなかったらしい。『革命で一役を果たしたさまざまな人物についての知られざる気になる逸話』の著者は、デルボワは「地方の多くの劇場で口笛でやじられ、リヨンで芝居をやっていたときには、いつも週三回やじられ罵倒され口笛を浴びた。劇場が週三回しかやっていなかったからである」と記している〈二〇〉。マレ・デュ・パンはコロのことを、そのキャリアを通して劇作家たちによって創造され、コロ自身により体現されていった「気まぐれな暴君」のようなものだ、とみていた。「陰気な陰謀家、気取った朗詠家で、そのセンス悪さと悪癖により不評、しかし彼は演劇的な気取りを決して失わなかった〈二一〉」と。コロは劇作も行い、一七八九年以降は愛国的、国家主義的な調子のものばかり書いていた。ファーブル・デグランティーヌ〈15〉も劇作家であり役者であったが、『気になる逸話』によると、彼はいずれの分野でもほとんど成功しなかった。この書の匿名の著者は、大胆にも舞台に出ていくファーブルの厚かましさには仰天させられた、と述べている。「フルリー、プレヴィルやその仲間たちのように才能と道徳心をもった俳優は、かけがえのない立派な市民といえようが、デグランティーヌのように（俳優として）凡庸で、反道徳的かつ凶悪であれば、卑しい道化師でしかない」(p.61)。メルシエも、『新しいパリ』に次のように書いている。「私はプルティエ〈16〉を見た。彼は壺振りであり、定期市芝居のステントールであり、渋面役者であり、作家でもあり、おまけに人民の代表であり、多くの栄光の甚だしきに至っては、ジャーナリスト、そして法の友である〈二二〉」。

一八　Marmontel, *Éléments de littérature*, III. 70.「弁論家 orateur」の項目。古代ギリシア、ローマでの政治的弁論に不可欠な特質については、Dinouart, p.13も参照。ルソーは『エミール』で、古代の弁舌においては視覚的効果が驚くほど利用されていたことを示している。つまり人は話すというより「示した」のである。古代ローマの弁論家についてルソーは「彼らの間では、すべてが機構であり、表示であり、儀式であった」と述べている。（*Émile ou De l'éducation*, (Paris, 1964), pp.399-400,［今野一雄訳『エミール』（中）, 岩波文庫, 1974, pp.237-238］。

一九　より詳しい説明は, 私の論文 'The Dramatising of Politics: Theatricality and the Revolutionary Assemblies', *FMLS*. XX (1984), 193-212 を参照。

二〇　*Anecdotes curieuses et peu connues sur différents personnages qui ont joué un rôle dans la Révolution* (Geneva, 1793), p.34.

二一　Mallet du Pan, *Mémoires et correspondance*, ed. A. Sayous, 2 vols. (Paris, 1851), II. 45.

二二　L.-S. Mercier, *Paris pendant la Révolution, ou Le Nouveau Paris*, 2 vols (Paris, 1862), II. 447.

『近代フランスの起源』においてテーヌは、一七八九年の出来事の後に政府の役職を狙う一団のなかにいた役者たちのことを語っている（役者の他に、彼は弁護士、パンフレット・ライター、ジャーナリストをあげている）[二三]。役者がその技能を用いて、国民議会で登壇する議員たちが頭角を現せるように演説の補助手段を開発してきたことは、なるほど広く知られていた。彼らは、例えば、革命の重要人物となった弁護士のエロー・ド・セシェルに助言をした[二四]。これに関連して、ルメルシエも彼のパンフレット『第二のフランス演劇について：劇朗誦に関する注意書き』（1818）のなかで、役者の熟練した語りはあらゆる種類の弁舌を含むので、教師、弁護士、議員そして民主的政府の組織に属する人たちはみな、言葉、趣味、弁舌、詩、人間の情念を学ぶ学校として劇場に通うべきだ、と主張している。ギャリックが下院を訪れたときの話も時おり語られた。このとき、すべての議員が彼から朗誦術のレッスンを受けたことを、フォックスが明かしている[二五]。

　これより前から、フランスには、後に国民議会や国民公会の議事進行とも関連づけられることになった演劇的なものが、すでに存在していた。高等法院での審議の傍聴は、とくにパリでは、観劇とどこか似ているとみなされていた。反対派の発言はブーイングされがちだったし、審議は建前では非公開だったが、特別に許可された人たちは小さなボックス席「忍びの間」からこっそり傍聴することができた[二六][17]。一七八九年に国民議会が発足すると、その審議は盛んに演劇に見立てられるようになる。マルモンテルは回想録に、最も重要な国事が三つの階級で審議されるヴェルサイユの総会用の部屋は、民衆を招くために設えたようなバルコニーに囲まれ、彼らはそこで討論を傍聴し、ある党派を支持し、対立党派をそしり、演壇は役者たちが喝采される舞台と化していた、と記している[二七]。しかしネッケル[18]は、このような総会を

「穏やかで、印象的、厳粛で、尊く、庶民が楽しめる見世物」(ibid.) として構想していたのだ、とマルモンテルは続ける。ヴェルサイユにおいても、後のパリにおいても、[19] 国民議会は二千人収容できる巨大な広間で行われ、スピーチの内容が理解されるには、演者は大声で身振り手振りを交えながら話さなければならなかった。アーサー・ヤングは、彼が傍聴したある審議の間じゅう、百人を超える議員が総立ちでそれぞれが聴衆の心を掴もうとしていた、と述べている（Taine, op. cit., pp.144-5)。ここでは、演者のアクティオの技術は明らかな強みとなったのだ。

さらに、当時の多くの書き手が、国民議会は大衆娯楽劇の発信源として本職の劇場に取って代わった、と主張している。『パリの見世物施設について』(1790) の著者は、コメディ=フランセーズ（国民劇場）[20] の運命について、時代がよくなかった、という見方を示している。（上流階級の）昔ながらのパトロンたちの多くは国外に逃亡してしまうし、外国人はもはやパリにはやっては来ない。そのうえ、自治体や街区で頻繁に行われた政治集会は、都市住民の有閑層にまさに劇場の代わりとなる多様な面白い見世物を無料

二三　Hippolyte Taine, *Les Origines de la France contemporaine*, 6 vols, (Paris, 1876-94), II. 116.

二四　ユエルヌ・ド・ラ・モートは、役者を除名するのは公正ではないことを示そうとしたために、弁護士としての登録を抹消された (*Libertés de la France contre le pouvoir arbitraire de l'excommunication*, 1761)。その後、彼は演劇の一座に加わった。

二五　*Journal des théâtres, de la littérature et des arts*, 24 pluviôse an VII (12 February 1799), p.298.

二六　Chareles Aubertin, *L'Éloquence politique et parlementaire en France avant 1789* (Paris, 1882), pp.186-9.

二七　Marmontel, *Mémoires*. ed. John Renwick, 2 vols. (Clermont-Ferrand, 1972), II. 356.

で提供する。[二八]（国民議会も初期の頃は、その傍聴バルコニーはおおかた富裕層が占めていた。それが、コメディ＝フランセーズの客には決してならなかった「大衆」に置き代わったのは、しばらくしてからである）[二九]。役者フルリーはその回想録[21]で、革命によって演劇が不利益を被った（彼はそう見ている）のは、国民の利害関心が絶えず変わっていき人々の日常の娯楽が変わったこと、また非常に多くのパリ人（とくに富裕層）が他国へ移住したことによるものであろう、とこの著者（不明）の主張を裏付けている。[三〇]　ここでフルリーは「あらゆる見世物」で「不利益を被った」と言っているが、彼の議論の対象となるのはコメディ＝フランセーズであり、昔から「大衆」見世物を提供してきた芝居小屋や、現在の共和国フランス人の関心により合ったレパートリーをもつ新設の共和国劇場は当てはまらないように思われる。

　ミラボーのものとされる日付無記載のパンフレット『国民の幻灯機』（内的証拠により一七八九年以降の執筆とされる）は、ヴェルサイユとパリでの一連の出来事を、政治的に重要な場面の画像を幻灯機で投影するかのごとく描写し[22]、当時の政治稼業とは一般に、言葉の娯楽であると同時に視覚的な娯楽でもあるとみなされていたという考えが浮き彫りにされている。あるスライドでは「第三身分会議場での大人形芝居」が公開される。「新作見世物」のひとつである。[三一]　明らかにこれは、一七八九年の五月、六月に三部会が召集されたときの様子を示すものである。このとき三つの階級が別個の部屋に分けられた。二千人の傍聴人が第三身分の会議場の周りを埋めている。できることなら「弁論家たち」に話をさせたいところであり、「手段があれば」させるであろう。彼らが実際にやった演説より、うまく演説させたいところだが」とスライド解説者は言う[23]。スライドを進め、一七八九年六月二三日（この日、ルイ一六世は国民議会をつくるという「第三身分」の決定を反古にしようとした）のスライドでは、家族と大臣たちに囲まれた国王が映し出される。「財務の天才」――貴族の反対をおして「第三身分」からの代議員数を倍増したネッケルのこと――の不在が目立つ。彼がこの見世物を組織し監督したのだ、と著者は我々に語る。だが、操り人形たちは糸が見えないときのみ拍手を浴びるのだ。ネッケルは幕の後ろにいて、劇が成功しなければ、自分が作者であるとは認めないのだろう。[三二]『新幻灯機』という続編では、政治が大衆娯楽であることの証拠を示すかのように、場面は、未曾有の大スペクタクルといわれた一七九〇年七月一四日の連盟祭の光景である。[24]

バレール[25]の回想録も、政治的出来事を演劇的に眺める当時の傾向を示す一例を加えている。バレールは一七八九年一月にラングドック三部会の公開審議で、多くの外国人を惹きつけたある見事な演説を傍聴したときのことを回想している。識者たちが称賛するあのフォックス流の雄弁さで、アイルランド人の大司教ディロンが語ったのである。バレールは言う。

> 私は、著名な喜劇役者プレヴィル氏のとなりにいた。彼はとくに集中して演説の機知と語りぶりを聴いていたが、それは彼が演劇の傑作からは思いつけないようなものだった。……(最後に、プレヴィルはバレールに演者をどう思ったかを伝えた)。彼は私たちに言った。うーん、見事に役を演じたな

二八　*De l'organisation des spectacles de Paris* (Paris, 1790), p.67.
二九　Roger Garaudy, *Les Orateurs de la Révolution française* (Toulouse, 1939) p.20 を参照。
三〇　*Mémoires de Fleury de la Comédie-Française*, 6 vols. (Paris, 1835-8), IV. 305.
三一　[Mirabeau,] *La Lanterne magique nationale* (n.p., n.d.), p.16
三二　ミラボーがネッケルを嫌っていたということについては、G. Chaussinand-Nogaret, *Mirabeau* (Paris, 1982), p. 128 を参照。

……彼ら名役者たちがいつも喜劇と喜劇俳優たちばかり見ているというのは、やはり本当だな。(三三)

ミラボーの名はよく政治の演劇化と結びつけられた。フルリーは、コメディ＝フランセーズの同僚のモレがある日政治集会を訪れたときのことを語る。〈26〉ミラボーの語りぶりは、身振りも言葉も特別な輝きを放ち、モレは感銘を受けた。

ミラボーの声、身振り、器官。その情熱、その言葉の豊かさ、半ば開いた深淵から出てくる、偉大で恐るべきそのイメージ、深淵の深さを示すために前方に向けられた、こわばり怯えた手、もう一方の手は、救命板を掴む男の仕草をしながら演壇を掴んでいた。(Fleury, IV. 167)

ミラボーの「人を惹きつける演説所作」はモレを唖然とさせた。彼は、ミラボーが演壇から降りたとき、この議員に「ああ、伯爵殿……なんたる演説！(三四) なんたる声！ なんたる身振り！ ああ、ああ、あなたは天職を誤ったのだ！」と言い切った(ibid.)。いみじくも、ミラボーにこの演説のきっかけを与えたのは、シェニエの悲劇『シャルル九世』を全国連盟祭で公演すべきかどうかという議論だった。〈27〉［エティエンヌ・デュモン〈28〉の『ミラボーについての回想』もこの印象的な光景を報告しているのだが、興味深いことに、ミラボーのこの演説が彼の他の非常に多くの演説と同様「代作」であったことを暴露している。(三五) この偉大な弁論家は、つまり、自分の演説の起草者ではなかったという点で役者と同じだったのだ。］

デムーランは彼の『フランスとブラバンの革命』〈29〉の第28号で、国民議会でのミラボーのパフォーマンスはこの点、二人組みになって一人は台詞をもう一人は身体演技を担当していた古代ローマの役者のようであった、と述べている（Demoulins, pp.184-5）。ミラボーの側近の一人デュ・ロヴレイは、彼のことを「我々が長年上等な役をやらせたマネキン」と評している（Dumont, p.36）。しかし、一七九二年九月の『メルキュール』誌は、彼は自発的にしゃべり出すときが一番すごかった、と断言している（p.82）。彼の身振り、顔の表情、「彼のあらゆる外的所作」が全聴衆を震撼させ高揚させた。そして「彼の熱い動作は……彼の言葉を加速させた」（ibid., p.74）。デュモンは、ミラボーが安易な効果を嫌っていたことに触れ、彼は「オペラ的」な朗誦スタイルを不快に思っていた、と記している（p.157）。多くの批評家が、彼のアクティオの素晴らしさについて所見を述べている。トゥシャール＝ラフォスは、ミラボーはジロンド派のヴェルニョー〈30〉（彼の「身振り」はわざとらしくも演劇的でもなかったのだが）よりも優れ、彼の体の動きはしなやかで明確で、それが彼の語りに魅力を添えていた、と書いている。[三六]

三三　B. Barère de Vieuzac, *Mémoires*, 4 vols. (1842-4), I. 238.

三四　ド・フェリエールは次のように記している。「ミラボーには弁論家の素質もあったうえに、弁論の技術をよく研究していた。彼は、才能ある者は精神に語りかけるより感覚に語りかける、ということを知っていた。それで、彼の身振り、視線、声音、身仕舞や髪型まで、すべてが人間の心の深い理解に基づいて計算されていた」。([C. E. de Ferrières,] *Mémoires pour servir à l'histoire de l'Assemblée constituante et de la Révolution de 1789*, 3 vols. (Paris, an VIII), I. 89.)

三五　Étienne Dumont, *Souvenirs sur Mirabeau et sur les deux premières Assemblées législatives*, ed. J. Bénétruy (Paris, 1951), p.120.

三六　Georges Touchard-Lafosse, *Histoire parlementaire et vie intime de Vergniaud, chef des Girondins* (Paris, 1848), p.20.

『憲法制定国民議会でのミラボー』と題するパンフレットの匿名の著者はこう述べている。ある同時代の人が、ミラボーの身振りは的確で明瞭であると評し、演壇での彼の態度には気品があり、その眼差しは情熱に溢れていたと記している、と。[三七] ジラルダンによると、ボズ〈31〉は彼の眼差しの輝きを捉え、ミラボーの肖像画にこの男の有名な醜さのすべてを写しながら、これを見るに耐えるものにしたという。[三八] ほとんどすべての解説者が、ミラボーが肉体的には冴えなかったことに言及しているが、彼らの大部分が、それは国民議会での彼の成功の妨げにはならなかった、と結論している。（ルカンも同様であったことが思い出される）。[三九] 話し出すと、その力強い語りぶりが彼の存在全体を偉大にした、とネポミュセーヌ・ルメルシエは言う。彼は真の美しさを帯び、その活力こそが優雅であり、彼は彼の魂によってすっかり変貌した。[四〇] ルメルシエは次のように書いている。ミラボーの身振りは彼の内面によって制御され、力強く素晴らしかった。彼の内面は、その威厳ある歩き方と誇りある物腰にも表れていた。そして「堂々と、顔を歪めることなく、その才能が、燃える眼差し、額の筋肉の振動、胸がいっぱいで息も絶え絶えの顔、そして口元の動きを、迫真性があり、激しく、ドスの利いた、皮肉たっぷりの語調と調和させた」(ibid.)。ミラボーとルカンの二人をいっしょに見たことのある人たちが、「二人は演劇的気質が一致しているので」きっと間違えられることもあっただろうと言った、とルメルシエは続ける（p.38）。メリルーの『ミラボーの生涯と仕事についての歴史的試論』（1827）は、ミラボーの身振りは「傑出していた。的確で、気高く、はっきりしており、時には激しさを帯びるが、いつも演説の語調と調和していた」と述べている。[四一] 一方デムーランは、ミラボーが時おりみせる芝居がかった振舞いには面食らわされ、ミラボーが国民議会の総会で、話を聴かせるために静粛を求めていろいろ試みたがうまくいかず、派手な動作に訴えたときのことを記している。彼は聴いてもらえないとわかると、視覚を使おうと決し、帽子をかぶる代わりに椅子の上にのぼった(『フランスとブラバンの革命』第55号、113)。しかし、デムーランによると、この動作をもってしても注意を引くことはできなかったという。

ミラボーはタルマの友人であり、タルマは彼を大いに称賛した。ミラボーが死去したとき、タルマはショッセ・ダンタン通りのこの弁論家の家の扉に次のような銘を彫らせた。

> ミラボーの魂はこの家屋に住まわった。
> 自由なる人々よ、涙せよ。暴君たちよ、目を伏せよ。[四二](口絵3)

オータンの司教[〈32〉]はミラボーの最期を次のように[エティエンヌ・]デュモンに報告した。彼は、死因となった病の最後の発作を起こした後、完全に平静を取り戻すと、人生の最期を劇で演じた。「全員が彼に注目

三七　*Mirabeau à l'Assemblée Constituante* (Paris, 1848), p.5.

三八　Stanislas Girardin, *Mémoires et souvenirs*, 2nd edition, 2 vols. (Paris, 1829), I. 113.

三九　ラクルテルは「何より、彼[ミラボー]はあの著名な役者ルカンに倣ったのだ。彼は自らの欠点でさえも利用することを心得ていた。彼の容貌の醜さは悲劇性を帯びていたが、気高く見えるときにはその醜さは消えていた」と書いている。(Charles Lacretelle, *Dix Années d'épreuves pendant la Révolution* (Paris, 1842), p.36.)

四〇　Népomucène Lemercier, *Du second théâtre français, ou Instruction relative à la déclamation dramatique* (Paris, 1818), p.37.

四一　Mérilhou, *Essai historique sur la vie et les ouvrages de Mirabeau* (Paris, 1827), p.ccx.

した。彼は国民劇場の偉大で高貴な役者のように語り振舞い続けた」(Dumont, *Souvenirs sur Mirabeau*, p. 170)。

一六世紀末から一八世紀末にかけて、個々の領域での弁論術の位置付けに、大きな関心が示されている。説教師や政治家あるいはその志願者たちの弁舌は、いろいろな意味で制限されていたものと考えられる。説教師には弁論術に頼ることは妥当かどうかという問題があり、政治家は当時の政治環境では弁舌を揮う余地が限られていたからである。語りに身体所作が伴うと、聴衆の知性のみならず感覚にも訴えることで話題の品位を落とす恐れがあることは、程度の差はあれ、説教師、弁護士、政治演説家たちには留意されている。そして、彼らには節度が必要なのだということが、俳優には節度がないこととよく対比された。(四三) アクティオは直接性を高めるので弁論家の話の説得力が高まると考えられるが、高め過ぎたり芸術的になり過ぎたりするのは好ましくない、と言明する書き手もいた。後者の意見は、古代に遡る弁論術の芸術性に対する疑念一般と関係している。古代の解説者やその後継者たちの目には、雄弁には飾り立てや「見せかけ」が伴う可能性があり、それは聴衆を魅惑して不快なこともあり得る真実から目を逸らさせるので、雄弁は慎重に用いなければならないとも映ったのである。華美で信頼の置けない弁舌への疑念については、ここでは立ち入った議論はしない。これが、芸術の虚偽性あるいは模造性に対するプラトン以来の不安とつながるものであることに留意すれば、それで十分である。一八世紀には、従来型の劇の虚偽性は、ディドロのような写実主義劇作家により議論の俎上にのせられたが、より伝統的な雄弁の領域とくに説教のように道義的に信頼性を必要とした領域では、こうした虚偽性は当時の人たちに少なくとも同じように激しく非難されたのである。

弁護士にとって、真実をありのまま述べるということは、聴く者――裁判官であれ陪審員であれ――を議論の力で説得するということに比べれば重要ではない、という見解を、法廷での弁論術に関する複数の著者が述べている。しかし、話者が話すのが宗教の教義であればそうとは言えない。この点、劇芸術は説教よりも法廷弁論に近い、と感じられるであろう。そしてこのことがまさに解説者たちが劇芸術に向けた不満となったのである。なかでも最も注目すべきは『演劇《スペクタクル》についてのダランベールへの手紙』においてルソーが示した不満である。『フェードル』の議論のなかでルソーは、偉大な芸術家ならば、善悪の判断をしたいという観客の普通の衝動を止めてしまうように促して、特殊な事例ではもっともに思われても常には妥当とはいえないような反応（例えばフェードルへの共感）を引き出すことができる、と主張する。[33]こうして、まっとうな道徳的感情が損なわれてしまう。興味深いことに、この問題は、一八世紀フランスの「ドラマ」の劇作家の理論と実践によって、近代の批評家たちに対しても提起された。ただし、正反対の理由によってである。「ドラマ」では道徳的な問題が（非芸術的な形で）あまりにもはっきりと提示され、正

四二　Émile Duval, *Talma. Précis historique sur sa vie, ses derniers moments et sa mort* (Paris, 1826), pp.79-80. Duvalはまたタルマについて「我々の民衆擁護派の演説家たちの激しい討論を目の当たりにしている間、彼は自分の情熱が燃えあがっていくのを抑えようとはしなかった。当時彼はブルトゥスだったのであり、ずっと後になってからカエサルになった」（p.116）と記している。著名な共和主義者たちがジュリ・タルマのサロンに集まったこと、彼女がジロンド党員に好意を寄せていたことについては、Alfred Copin, *Talma et la Révolution* (Paris, 1887), p.100を参照。

四三　公演で役者が見せた誇張されたアクティオへの非難については後で議論する。

しい行為には誤った行為に対してあまりにも絶対的な優位が与えられる、ということでは概ね一致している。その結果、観客は登場人物の道徳的ジレンマなるものをたいていつまらないと感じてしまうのである。ルソーの『ダランベールへの手紙』の議論は、これよりずっと以前の一七五〇年の『学問藝術論』で述べられた芸術に対する不信全般の一部をなしている。ルソーは、私のここでの関心事である、役者が身体の動きやアティチュードで台詞を補強すること、については議論していない。しかし、ルソーの同時代あるいはその前後の時代の人たちは、こうした議論を、とりわけ演劇のアクティオと関連づけて所見を述べるのであれ、演説術における身振りと動きの価値に関する通説から演劇を論ずるのであれ、実に盛んに行っているのである。

キケロの非常に曖昧なアクティオの定義――「アクティオとは声と動きから成るので、それはいわば身体による陳述である」(Cicero, *Orator*, xvii.55)――は、あまり踏み込んだ検討がなされぬまま、一八世紀の議論でたびたび繰り返されてきた。しかし一八世紀の間、そして一九世紀に入ってからも、さまざまな状況に応じた多様な身体運動を規則に還元して弁論術のこの部門の指導を容易にする、アクティオの学が構築できるのではないか、という興味が膨らんでいた。こうした方式は、始めのうちは、説教師、弁護士、政治家――大学が養成した自由学芸の専門家――を目指す人々のために構想されたが、若い役者を訓練する学校がつくられるだけの社会的地位を演技という職業が獲得したとき、その原理は理屈の上ではそうした学校の教師たちでも使えるものであった。(四四)

弁護士であり議員でもあったエロー・ド・セシェルは、朗誦術(彼はこれを古代のアクティオと注釈している)(四五)について、効果的な身体所作の基本原理は法廷でも劇場でも同じである、という見解を述べている。彼は、役者を観察することから自身多くを学び（p.416）、クレロン嬢からレッスンを受けてさえいたことを自ら明らかにしている（p.403）。ディヌアールの『身体による語り：説教師の所作』という手引書は、このテーマに関するごく一般的な知識を豊富に提供しているが、個別詳細な規則も提示している。内容の多くは、著者が示唆するように、古代人による関連の著作（異教徒の著作を当時の人がどのように引いたのかを示す面白い例である）および一七、一八世紀の先達たちの教えから引かれている。一七世紀のイギリスの作家の著作は、フランスの解説者に言及されることは滅多にないのであるが、身体コミュニケーションの規範に重要な貢献をしていた。聾唖者教育への尽力で知られていたジョン・バルワーは、一六四四年、演説における手と腕の使い方を具体的に示した『カイロロジア』と『カイロノミア』を公刊した。一六〇四年にはライトが〈34〉、弁論家と役者は外的所作の実質について大筋意見が一致している、と指摘していた[四六]。エリザベス王朝時代の演技は、身体のアティチュードと動きを通して精神を表現することを目指していたが、一七世紀後半から一八世紀のフランスの理論家たちと同様に、エリザベス王朝時代の人々も、心身は表裏一体であると捉えていた。彼らにとってアクティオとは、身振りを通して、身体の生理的分泌の状態および心の様相を示すものであった（p.100）。

ディヌアールが記した、身のこなし、頭や肩の動き、顔の表情のいくつかは（Dinouart, p. 227ff.）、明

四四　第六章を参照。

四五　Hérault de Séchelles, ‘Réflexions sur la déclamation’, *Magazin encyclopédique, ou Journal des lettres, des sciences et des arts*, I (Paris, 1795), 396-416 (p.396).

四六　B. L. Joseph, *Elizabethan Acting* (Oxford, 1950), pp.2-3 を参照。

らかに、ルブランがアカデミーでの講演[35]で「情念《パッション》の表情」のイラストを使って解説した、あの有名な類型学を基盤にしている。[四七] デュブロカの『朗読術についての理論的基礎、とくに弁論作品と詩作品の朗読への応用』も、同じくこれを基にしている。この著作は、まずは人前で朗読する人に向けられているが、実際には、言葉やその他の手段を通して「心に触れ、説明し、説得し、教え、感銘を与え、あるいは楽しませ」(Dubroca, p.vii) ようとするすべての人に向けられている。これを念頭に、デュブロカは「朗読するときの顔つき、身体アティチュード、適切さ《ビアンセアンス》の規範、身振り」について、かなり詳しく記している。初めの三つの章で、心に触れ、理解をもたらし、耳を虜にする方法を扱った後に、「目を楽しませる方法、あるいは朗読者の外的所作の方法」へと進み、そして身体表現の規則は、弁論家（分野は特定されていない）、プロの俳優、演説家、そして単に効果的に朗読したいという人たちにも等しく役立つ、と述べている（p.356)。

外的な所作について、彼は身体表現の三つの領域に準拠して議論している。身体アティチュード、顔の演技、身振りの三つである。パフォーマンスの種類によってはあまり顔の表情を変える必要のないものもある、とデュブロカは言う（p.361)。歴史的、哲学的著作の朗読がこれに当たる。しかし「感情の作品」とくに大きな効果を狙った演説は、演者は話の雰囲気を顔の表情に醸し出すことが要求される。目について取りあげている箇所では、彼はとりわけ演劇に言及している。「目と顔の表情は演劇的朗誦の魂である。燃えるような人物のその情念が表現されるのはまさにそこである」（p.518)。古代の人たちは仮面をつけて演じたので顔の表情のことは考えなかったが、現代人は仮面をつけず小さな劇場で演じるので古代人より有利である、と（ibid.)。デュブロカは、絵画芸術を、顔の表情で感情を明確に表現する芸術の典型と考え、次のように言う。「名画に描かれた個々の人物がどんな感情を抱いているのか言い当てるのは、最も判断力に欠く人でも容易なのはなぜか？ それは、画家が各人物の態度、物腰に、適切な性格を与えているからである」(p.363)。デュブロカは、アクティオに言葉を伴う芸術でも同様の身振りが使えるのか、何においてなら所作を空間に描写するだけでなく時間においても描写できるか、と考えてみたりはしない。彼は視覚芸術から他の例をあげ、ルブラン、ル・シュウール、プッサン、ダヴィッドの絵では「人物はみなパントマイム役者みたいなものであるが、一連の関連する身振りによってではなく、一つの身振りだけで表現してしまうのだから見事なものだ」(p.384) と述べている。

自然と技術の問題は、アクティオにおいても朗誦の他の側面においても、一八世紀の演技の理論家たちによって繰り返し提起されている。演劇の退廃を論じたカイァヴァ〈36〉の論考では、一七世紀の演技様式を振り返って、モリエールが改革に乗り出す以前に顕著にみられた過剰な演技について記述している。「混乱、腕のねじれ、歌うような朗誦、不自然で気取った演技、あるいは「冷やかし」の演技、モリエールが現れ、これらの悪すべての疫病神としてこれらを根絶するまで演劇界に蔓延していた、うんざりするような単調さ」についてカイァヴァは語る。[四八] それでも、当時の多くの人は、モリエール独自の演技様式における身

四七　これらについては、Dene Barnett, 'The Performance Practice of Acting: The Eighteenth Century', *Theatre Research International*, new series, II (1976-7), 157-86; III (1977-8), 1-19, 79-93; V (1979-80), 1-36; VI (1980-1), 1-32 も参照。

四八　Cailhava de l'Estendoux, *Les Causes de la décadence du théâtre* (Paris, 1807), p.11.

振りと所作については、その重要性を語ったのだ。[四九] 一八世紀には、ルイージ・リッコボーニが、聴き手の大多数は話し手から離れているのだから、説教や政治討論の場合と同じく演劇公演でも、動作は自然にやるより幾分大きくやってかまわない、と記している。それでもなお、誇張には慎重さが必要だとリッコボーニは強調する（Louis Riccoboni, pp.29-30）。適度とは相対的なものなので、解説者の間で演技の好みが一致せずとも不思議はない。すでにみてきたように、抑制の必要性という点で、確かに演劇は他の形式の公的語り《パブリック・アドレス》とよく対比される。後の理論家、イギリスのオースティンは、政治演説家は他者の意見を形成するためには常に感情を抑えなければならないが、役者は彼らほど自己抑制する必要はない、と述べている（Austin, pp. 241-2）。役者は個性を強く押し出してかまわないのであり、彼らを縛るのは品性の限界だけである。クレロン嬢は、デュメニル嬢[37]の演技様式について、ライヴァルの彼女にも取り柄はあるのは認めながらも、時おり身振りが大袈裟になる、と述べている。「彼女の身振りは女性としてはしばしば激しすぎた。それらは丸みも柔らかさもなかった。しかし、身振りはいずれにせよめったにやられなかった」[五〇]と。これに対して、タルマはデュメニル嬢の演技の自然さを称え、クレロン嬢の演技様式については、彼以前にディドロもそう評したように[38]「すべて予め準備され計算されてしまっている」と批判している。[五一]

自身も元役者であったダヌテール[39]も、やはり「自然の規則」を推奨し、演劇のパフォーマンスは日常の振舞いにできるだけ近づけるべきであるという意見を示している。ダヌテールは、役者にとっての理想の状態とは、演じているということを忘れるくらい役に没頭することだ、としている。その結果、身振りは無意識になり、普段の社交のように自然になる。生き生きとした面白い会話の後で、そのときの身振りが良かったとか悪かったとか言うことはできないが、それはその会話が自然で自発的なものだったからなのだ、[五二]と。悲劇は伝統的に主役に気高さが要求されるのだが、その悲劇の身振りであっても穏やかで自然であるべきだと彼は言う。ここでも、ダヌテールは役者の忘我を勧める。それによって演ずべき役柄の演技ができるようになり、身体の語りが台詞と調和するからである。役者がある役に溶け込むことができる、つまり感じる心をもっているのなら、必ず正しい身振りになるのであって、考えすぎはまったく危険である、と（ibid.）。ダヌテールは、身振りにも中庸がある、と書いている。役者はこわばってはいけないが、腕を振り回したり、悶えたりしてもいけない（p.206）。この助言は、当時の修辞学者が説教師や他の演説家たちに与えた助言に非常に近い。それはサンレックの風刺的な著書『悪い身振りについての詩』における見解と同じであり、この書で彼は説教師に説教壇では節度をもって振舞うよう勧めている。

身振りと意味〔(言葉)〕から同じだけ

四九　Roger Herzel, 'Le Jeu "naturel" de Molière et de sa troupe', *XVIIe Siècle*, 132 (1981), 279-83 を参照。

五〇　Hippolyte Clairon, *Mémoires*, new edition (Paris, 1822), p.290. しかし、ジョフロアはこれを否定する。「デュメニル嬢は身振りを節約し、台詞は非常に簡素に言い、時には怠惰ですらあった」。(Julien-Louis Geoffroy, *Manuel dramatique à l'usage des auteurs et des acteurs* (Paris, 1822), pp.224-5.)

五一　François Talma 'Réflexions sur Lekain et sur l'art théâtral', in Henri-Louis Lekain, *Mémoires* (Paris, 1825), p. x, Diderot, *Le Neveu de Rameau*, ed. Jean Fabre (Geneva, 1963), p.54 も参照。後の『ラモーの甥』の引用はこの版による。

五二　J.-N. Servandoni d'Hannetaire, *Observations sur l'art du comédien et sur d'autres objets concernant cette profession en général, avec quelques extraits de différents auteurs et des remarques analogues au même sujet*, 2nd edition (Paris, 1774), p.205.

耳と目が魅了されなければならない。
身振りと意味が常に秘かに関係し合っていれば
身振りが言葉を打ち消してしまうことなどひとつもない。（五三）〈40〉

一八世紀の演技の解説者たちはしばしば、彼らの見解は演劇と同様オペラにも当てはまると言明したが、それでも、高貴なオペラは演技者に大袈裟な身振りを喚起する、とたいていみなされた。例えばファヴァール〈41〉は、一七六三年二月六日の手紙で、オペラは不自然な演技様式を助長していると述べ、王立音楽アカデミーの学校出身でまだオペラ座の舞台に出演したことのないある若い女優について、「彼女はまだオペラ座の大きな身振りを演じたことがない。非常によい。より自然に演じるであろうから。」と述べている。（五四）しかし別のときには、オペラ歌手は歌を印象的な身体所作と結びつける努力をしていない、と書いている。彼はロゼッティ嬢の初舞台について、彼女は驚くべき声をしているが演技のことはまるで無知なのが露呈された、と評している。「彼女は、ただもう両腕を上げて、こんな危うい場所に身を置く自分に驚きながらも、立派な娘としての誇りのためにそれを掲げるばかりなのだ〈42〉」(I. 84-5)。彼女と同じときに初舞台を踏んだ歌手ジョリ氏も、同じように批判されている。「彼も所作ができない」と (ibid.)。ファヴァールは、この種の見世物では演技は欠かせない、と力説する。イタリア人だけは演技せずともやっていける。イタリア人は嵐の音をハミングしながら衣装の襞を整えてしまうのであるが、フランス人は沈黙そのものも表現にすることを求めるのだ (ibid.)。（五五）ドラはソフィ・アルヌー〈43〉を「唯一のオペラ女優」としているのだが、彼の詩『演劇の朗誦』〈44〉のオペラの節で、オペラ歌手は表情や身振りで最高の表現を見せずにすますことは許されない、と記している。それでも、後にオースティンが述べているように、オペラではレチタティーヴォでの対話が聴き取れないので、筋を追う気がすっかり削がれてしまう恐れもある（p.248）。それでドラは、レチタティーヴォ（筋の大部分はそこで展開する）は本来、歌うのではなく朗誦すべきである、と提案していたのだった。

それでも書き手のなかには、劇場パフォーマンスでは身振りを使うとしてもごくわずかしか必要としないときがある、ということを強調する者もいる。悲しみで落胆しているときには所作は実質できなくなるし、考え込んでいるときにもできない、とデュブロカは言う。劇場では、怒り、軽蔑、プライド、激怒といった感情は、目だけで表現するべきだ、と彼は書く。これらにはどんな顔の表情、頭の動き、身振りを付けても効果を弱めてしまうであろう。哀れな父親や威厳ある王を身振りをせずに演じる役者を非難する人は、「威厳には腕はない」〈45〉という規則を忘れているのだ（Dubroca, p.517）。『美の解析』のなかでホガースは、絵の余白が全体の構成に大きな美をもたらすように、演技にも時おり動きのない状態が絶対的に必要である、と述べている。シェイクスピアが「ひっきりなしに空を切る」〈46〉と呼んだものから解放されることが現代の舞台にはぜひ必要なのだ、というのが彼の意見であった（Hogarth, p.152）。

リーニュ公〈47〉は、一七七四年、モリエールの改革以前の演技様式を駄目なものにしていた粗野な身振りは、一世紀を経た後にも歴然と存在し続けていた、と述べている。彼は、腕の振り回しと首振りの多用が特徴

五三　Louis de Sanlecque, *Poème sur les mauvais gestes*, in Dinourat, *L'Éloquence du corps*, pp.443-4.

五四　C.-S. Favart, *Mémoires et correspondance littéraires, dramatiques et anecdotiques*, 3 vols. (Paris, 1808), II. 65.

五五　Dene Barnett, 'La Rhétorique de l'Opéra', *XVIIe Siècle*, 133 (1981), 335-48 も参照。

であったモンドリー[48]の演技について、ドービニャックが記していたことを思い起こし[五六]、現代の俳優にみられるアクティオについて、次のように述べている。「すべてを表現したがり、事物を身振りにしてしまい、言葉を弄び、あちこち動き回り、ギョロ目をぐるぐると回し、手足を掻き回し、俳優というよりもむしろ痙攣を起こした人のようであり、この狂人たち……これほどひどいものもない」（p.120）。一四年後、ルヴァシェール・ド・シャルノワは、バロン[49]とルクヴルール嬢のことを回想し、称賛している[五七]。彼らは、悲劇を高貴にかつ自然に演じる様式に観客を馴染ませたのである。これは、彼らの身体が悲劇の引き起こす恍惚を伝えることができなかったというのではなく、彼らの放縦な態度（これが正当に称賛された）は深い感情の産物だったのであり、興奮した脳の産物ではなかったということだ。彼はラリーヴを、現代の観客の過剰趣味に迎合して、悲劇が観客に喚起すべき哀れみの情を起こせなくしてしまっている、と批判する。ヘラクレスはその苦悩を操る犯人を想起させてはだめなのだ、と彼は力説する。ヘラクレスがその苦悩を自分の内部に留め、言葉にならないうめきや半ば抑制された叫びからのみそれが漏れてくるのならば、英雄としてますます際立つであろう（p.25, note 15）。後のデュブロカのようにルヴァシェールは、観客の注意を引きつけておくのには顔の表情だけで足り、対話を補完するのも表情だけで十分であろう、という考えを述べる。彼は大袈裟なパントマイムや、関心を高めると誤解されているのだが、しきりに跪くことには反対する。明確な発声に合わせた顔の演技だけでたいてい十分なのだ（p.35）。

　演劇への眼識を養い続けヨーロッパで最も影響力のある演劇評論家へと昇りつめたジョフロアは、その人生を振り返り、一八二二年に刊行された著作のなかで[50]、二流の役者が己の感受性の欠如を隠すやり方を非難してこう述べている。「渋面、叫び声、不自然な姿勢、反復する身振り、パントマイムの威光……これが、

「一生懸命」と言われる代物なのだ」(Geoffroy, pp.16-17)。残念だがこの演技様式は今後残っていくであろう、この様式は大衆を感動させるのだし、真の感受性をもつ役者ほど稀なものはないのだから、と彼は言う。また別の所では、彼は、(タルマが属する)新世代の役者は身振りを乱用していると非難し、彼らは「本能と咄嗟のインスピレーション」による演技に拘り「劇芸術のクエーカー教徒」になっている、と書いている。[五八] タルマのオイディプスの演技については、ジョフロアは「彼の風采と無言の演技は、身振りを除けば称賛に値する」と評している(ibid., p.224)。

これらに関する最も完全な議論は(他所の大部分も演技の議論に引けをとらないが)、劇場支配人ドルフイユ[51]の著作『分野別・俳優術原論、演劇の学習者と愛好家のために』に読むことができる。彼が身振りについて書く所見のすべてには、制御すること、控えめにすることの必要性が強調されている。「無言の演技」(ないしは「ジュ・ド・テアトル jeu de théâtre」[52])は、指示なしで即興で演じてよいとドルフイユはしているが、このとき役者は感受性が試され、たちまち真のありのままの姿になる。しかし、この種の演技では、誇張、やり過ぎはいけない。[五九] 身振りの節で、ドルフイユはこの言葉を非常に広く定義している。「演劇で身振りとは、あらゆる動作や記号、顔の演技、アティチュード、無言の表現のことをいう」(Dorfeuille, IV. 4)。ドルフイユは、役者は自分の演技を真実で自然なものにするよう常に努力すべきであるという信

五六 [Prince de Ligne,] *Lettres à Eugénie sur les spectacles* (Brussels, 1774), p.114.
五七 [Jean-Charles Levacher de Charnois,] *Conseils à une jeune actrice* (n.p., 1788), p. 24, note 14.
五八 Julien-Louis Geoffroy, *Cours de littérature dramatique*, 6 vols. (Paris, 1825), VI. 280.
五九 [Dorfeuille, i.e. P.-P. Gobet,] *Les Éléments de l'art du comédien, considéré dans chacune des parties qui le compose, à l'usage des élèves et des amateurs du théâtre*, 9 vols. (Paris, an VII-an IX), III. 31-3.

念から、身振りは習えるものではなく下稽古すらすべきでない、と断言する。彼の手引書がアクティオの事細かな指示を次々と提供していることを考えると、これは意外に聞こえるかもしれない。例えば第四巻では、優美な祈りの身振りとして、次のような詳細な解説が記されている。「両腕を胸の高さに上げ、約一フィート広げる。優美さとは個人的なものではあるが、頭を前に傾け、目も俯き加減に、祈りがよりひたむきになるときには両手を近づけそして合わせる。祈りが終わっても、身体はこの姿勢を保ち、祈りの効果を待つ」(ibid., pp.23-4)。他の箇所では、顔の表情の重要さが強調される、それまで弁論術の本に記されてきたような手の動きの数々が詳述される、など解説は続く。すべての身振りは真実で自然であるべきだというドルフイユの信念は、異なる芸術媒体には独自の「真実」があることを言うなかにも、明確に述べられている。彼は、画家がカンバスに描いたもの、彫刻家が大理石でつくったものはモデルとして、動きで表現する役者には必ずしも適さないとする。よって、軽率な模倣はやめさせる。画家や彫刻家を模倣したポーズはきまって冷淡であり演技の参考にはならないのだ、と彼は書いている(ibid., p.38)[六〇]。身振りは感じよく、動きはしなやかに、アティチュードには真実を与えるように役者は精進すべきだ、と力説していることから、ドルフイユの理想の役者とは、自然さと勤勉さを兼ね備え、自然に生長するとともに研究も重ねる役者であることがわかる(ibid., p.5)。彼は、身振りが夥しいのは欠点でしかなく、役柄としてまだ定まっていないか何らかの本質が欠けていることのしるしなのだと指摘する。気取った態度は目の敵にし、悲劇俳優には、扱われる主題のシリアスさに適った重みと大きさを要求するのである。「身振りはあらゆる所で成熟し、そして明瞭流麗で、高尚でなければならない。投げ出すようにも慌ただしくもならないように」と(p.8)。それだけではなく、悲劇の筋が展開して混乱、崩壊の局面に達したときでさえ、役者は動きにバランスを求めなければならない。適切さが、幾何学的、調和的均衡を維持せよと命ずるからである（p.10）。とりわけ、身振りはあくまでも補助であることを役者は忘れてはならない。それは言葉の代替ではなく、言葉を強化する手段なのだ（これは、より初期の解説者たちも強調してきた点である）。声を差し置いて身振りに注目を集めようとしてはならない。身振りはむしろ声の動因にとどまるべきであり、声を補完するのではなく支えなければならない（p.11）。このように、ドルフイユは俳優術に役立つ規則は存在しないというクレロン嬢の見方からは明確に距離をとり（I. 34）、アクティオは教えることが可能であり、また教えることが望ましいパフォーマンスの一側面であるとはっきりみなしている。

一八世紀末の学識ある観察者たちにとって、当時、役者という職業は弁論術と関わる他の職業と同等の配慮を受けてしかるべきものであった。知識人たちは、役者の語る身体は、より社会的地位のある教会や法廷の演者たちの語る身体に似ている、つまり、個々の分野においてアクティオの使用頻度は異なっても、その本質は変わらない、と考えていた。であるから、ドルフイユのような解説者からすれば、アクティオの技術を使う職業人すべてに共通する教授原則を仮定することは、まったく筋が通っていた。初期の書き手たちの間にもまた、語りにおける身体表現の役割については大筋の合意があった。宗教の厳格な話であっても、話者の表現の技能によって真実味が増す、ということは概ね認められていた。演劇性を帯びると説教師、いや政治家でさえも非難されることがあったが、役者の技能を多少身につけることでコミュニケーション力――聖職者、政治家、弁護士の活動に必要な要素である――が伸びるという考えは、それなりに

六〇　第三章を参照。

広く受け入れられていた。聴衆の注意を引いて維持することの必要性は広くに認められていたが、話者が芸術性を求めると道徳的な意図は伝わりづらくなるかどうかという問題が、より真剣に議論されるべく残されていた。理由は明らかだが、この問題は、聖職者には他の演説家たちよりもさし迫ったものとして感じられた。しかしながら、身体コミュニケーションの既存の教義のほとんどが非キリスト教起源であり、またキリスト教徒は演じる職業に偏見を抱いていたがために、説教師の間であるいは彼らの宗教集会においてアクティオなるものはきまって不信感を生んだのだ、というようには考えるべきではない。言語的なものであれ身体的なものであれ、弁論家の雄弁の起源は古代に遡ることを聴衆や観察者たちがみな知っていたわけではないにしろ、理論家たちにとっては、この古代起源ということが、演者の活動に威光を与えたことには間違いないのだ。次の章で検討する絵画の理論においても、似たような過程が一五世紀より踏まれ、それがこの芸術の威光を裏付けるのに利用されたのである。

第三章　演技と視覚芸術

すでに見てきたように、ディドロの『聾唖者書簡』では、役者のアクティオを聾唖者の無声の身体コミュニケーションと関連づけて議論している。しかし、聾唖者の生き生きとした身振りは、これよりずっと以前より、別の無声の芸術である絵画における人物の雄弁さと比較されてきた。絵画にはアカデミーの地位が認められており、一八世紀の役者はこれをよく羨ましがった。ディドロの演技論は明らかに視覚芸術に関する知識に影響されているが、彼は視覚芸術の研究を、一七五九年に『文藝通信』[1]の美術評論家として活動を始めるずっと以前から始めていた。[一] ディドロは『聾唖者書簡』を執筆する前に、デュフレノワの『絵画術について』(1668)の広く読まれた訳書(ロジェ・ド・ピール訳)[2]の解説で指摘されている、唖者の身振りと絵画表現の類似性について読んでいたのであろう。[3] 後のディドロの著作、一七七六年の『絵画論』[4]には、ド・ピールに負うと思われる表現に関する所見がいくつか記されている。ド・ピール以前に唖者の身振りと絵画表現について同様の比較を入念に行っているレオナルドの『絵画論』についても、ディドロはおそらく精通していたではあろうが。『私生児についての対話』は、役者と劇作家に視覚芸術の力に直ちに目を向けるように要求している。明らかに、アクティオという無声の技芸は、画家のカンバスや彫刻家の大理石に描かれる身体のアティチュードや表現とある種の類似点があり、役者がこれらから学ぶよう

一　Else Marie Bukdahl, *Diderot, critique d'art*, 2 vols. (Copenhagen, 1980 and 1982), I. 12, 30 (footnote 6) を参照。

助言されたという実例は多数存在する。例えば、『昔のギリシア、ローマそして一七三八年のパリにいた綱渡り芸人とパントマイム役者についてのある友人への書簡』(1739)の匿名の著者は、役者というものは、絵画や彫刻がみせるさまざまな身体アティチュードを模倣して、無声の所作が発する言葉を観客に「聴かせ」なければならない、と記している。〔二〕こうした助言が向けられたのは、世俗の専門劇場の役者たちに対してだけではなかった。一七二七年に刊行されたフランシスクス・ラングによる『舞台演技論』〈5〉でも、イエズス会の学校(その演劇公演には堅固な伝統があった)の生徒たちに、演技の手本として絵画や彫刻作品を研究するよう勧めていたのだった。

しかし、視覚芸術がシリアス劇の公演にもたらした最も顕著な影響で、役者の身振りやアティチュードには関係のないものがある。登場人物の衣装への影響である。絵画の専門学校の教育課程には古代史が含まれており、画家たちは画中の人物に時代に合った衣服を着せることを、役者たちが劇場で的確な衣装を着用する試みを始めるずっと以前から学んでいた。ヴァトーは《フランス人劇団の俳優たち》において、例によって作品名は特定できないが舞台は古代であることがわかる、シリアス劇らしき公演を描いている。主役たちは、新古典主義劇の公演ではおなじみの時代錯誤的な衣装、つまりパニエ〔輪骨が入ったペチコート〕、レース付きの女性用胴着、絹の靴下、羽飾り付きの帽子などをつけている。この絵の主題はずばり何なのか、大いに議論されてきたところだが、ヴァトーはコメディ＝フランセーズ定番の演技様式を揶揄しようとしたということには、多くの人が頷くであろう。コメディ＝フランセーズでのシリアス劇公演の慣習には――一八世紀初頭にルカンとその仲間たちが改革を試みるまでは――パイドラの時代のギリシアやネロ〈6〉の時代のローマで着用されていたと思われる服装を、正しく再現する習慣はなかったのだ。しかし歴史画では、こうした正しさの要求はかなり以前からあった。歴史画で「コスチューム」といった場合、衣服のみを指すのではなかったことも確認しておきたい。デザリエ・ダルジャンヴィル[7]が一七四五年に記しているのだが、「コスチューム」といえば、画家が描こうとしている土地の生活規範、人物キャラクター、流行、風習、武具、建造物、植物、動物の正確な描写からなっていた（Locquin, pp.165-6）。それでも多くの場合、狭義の「コスチューム」［すなわち衣装］の正しい再現が最も重要とみなされた。

一八世紀が進むにつれ、歴史画家の求めたような細部にわたる正確さが、演劇でもシリアスな劇の公演では求められるようになっていった。タルマは、ルカンはこれに関して当時可能であったすべてを行った、と記している（**Talma, p.xvi**）。美術家たちとの交流から刺激を受けていたタルマ[8]は、コスチュームの時代性に細心の注意を払っている僕は一人前の画家だな、と自身を評した（**p.xviii**）。これより前になるが、役者も役柄にあった衣装を着用する必要があるという考えを浸透させるために、クレロン嬢がなした貢献について、ドラが記している。「サルマティア人が愛を告白するのに、大きなパニエをつけて登場することはもはやない」し、ローマの英雄が鬘をつけ白い手袋をして出てきて朗誦することもない、と彼は書いている。[三] 一七九〇年にルヴァシェール・ド・シャルノワが『あらゆる諸国民のコスチュームと演劇の研究』を上梓したが、『メルキュール・ド・フランス』の批評家によると、この本は、時代との整合性を求める画家たちの模範にもなるような、正しいコスチュームの手本を演劇に提供した（一七九一年一二月、**p.88**）。

二　*Lettre écrite à un ami sur les danseurs de corde et sur les pantomimes qui ont paru autrefois chez les Grecs et chez les Romains et à Paris en 1738* (Paris, 1739), pp.6-7.

それでも一八世紀初期においては、コスチュームについては役者より画家のほうが卓越していたことに、疑念を挟む余地はほとんどなかった。

　ここでの議論でさらに興味深いのは、演者たちが舞台でポーズをとり、効果的な表情をするのに、視覚芸術作品を研究して手本とするようにと、一八世紀の書き手たちが舞台演者たちに助言したさまざまな事例である。例えば、『百科全書』におけるマルモンテルの「演劇の朗誦 déclamation théâtrale」の項目（後に彼の『文学原論』に収録）では、役者のアクティオをつくるのに役立つ絵画や彫刻の具体例があげられている。情熱的だが高貴な身振りの手本を探す人には、レーニの激しい「フォルス」[四]そして《パエトゥス》[五]と《ラオコーン》を研究するように薦められている。マルモンテルはさらに、ティマンテスの《アガメムノン》、ル・シュウールの《聖ブルーノの祈り》、レンブラントの《ラザロの蘇生》そしてアンニーバレ・カラッチの《十字架降架》も、劇作家や役者が研究すべき「無声の演技」の例として引いている。これより前にデュボスは、役者たちに《瀕死の剣闘士》という古代のモデルを参照するように言っていたが（Dubos, I. 360-1）[9]、この作品は革命暦七年雪月《ニヴォーズ》二四日（一七九八年一月一三日）の『演劇、文学、芸術ジャーナル』(pp.178-9) でも同様にとりあげられている。役者であり教師でもあったアリスティップ[10]は、役者が研究すべき作品の広範なリストをつくっているが、手本にすべき絵を具体的にあげていない。彼は、純粋で平穏そして神聖な愛の表現で感動させるにはレーニの描く人物像、活力、誇り、尊大、真面目、執拗、無敵を見せるにはミケランジェロ、怒り、暴力、残虐にはルーベンスと、画家の名前をあげている。[六]とはいえ、演劇公演のライヴ性は視覚芸術の不動性とは相容れないのだから、絵画や彫刻はやみくもに手本にしないほうがよい、とするドルフイユと同じ意見の書き手もいる。それでもマルモンテルの示したような助言には、自由学芸の地位にある芸術〔絵画〕の傑作を再現するのが望ましく相応しい職業として、演技を見る目の真剣さを強調する効果がある。なお、舞台実演家は視覚芸術の知識を養うためになる、と謳った役者はタルマだけではなかった——例えばクレロン嬢も、意欲的な役者は素描のレッスンを受けるように、と記している（Clairon, p.270）。ブリザール[11]もベルクール[12]も役者になる前はカルル・ヴァンローのスタジオで修業していた。彼らはルカンと同様、絵が下手で、貧困のため役者に転向せざるをえなかったのだ、とディドロが一七六五年の『サロン』[13]の前書きに記している（*Salon*, II. 58）。役者コルスは、定期市とブルヴァールでの興行主オーディノとしてデビューする前には絵画に専念しており、彼は新古典主義派のヴィアン[14]に師事していた。定期市での最も有名なピエロの一人であった、アントワーヌ・ド・ラ・プラス[15]は、作品はほとんど知られていないが、彼も青年時代から絵を始めていた。最後に、ウァトーと同

三　Claude-Joseph Dorat, *La Déclamation théâtrale, poème didactique en trios chants, précédé d'un discours* (Paris, 1766), pp.23-4. しかし、エティエンヌとマルタンヴィルによると、革命とともに或る基準が脱落した。すなわち、無知な急進的革命家たちを喜ばせるために、ギリシア人、ローマ人、ヴェネチア人、ガリア人を演じるのに役者たちは国民色の衣装で登場した。「フェードルも青白赤三色のリボンで胸を飾らずには、イポリートに愛を告白することはなかったのだ」。（Charles-Guillaume Étienne and Alphonse-Louis-Dieudonné Martainville, *Histoire du Théâtre Français depuis le commencement de la révolution jusqu'à la réunion générale*, 3 vols. (Paris, an X/1802), III. 142).

四　すなわち、おそらく彼の《ヘラクレスの冒険》の四枚の絵のことであろう。現在ルーブルに所蔵されているが、マルモンテルの時代には王室のコレクションだった。

五　すなわち、ローマのルドヴィシ・コレクションの彫刻群像《パエトゥスとアッリア》のこと。ルイ一四世がその複製をヴェルサイユに飾るために発注した。

六　Aristippe [Bernier de Maligny], *Théorie de l'art de comédien, ou Manual théâtral* (Paris, 1826), pp.330-2.

時代のフランソワ・オクタヴィアンだが、彼は大アラール[16]の定期市での一座でそのキャリアを始めた。彼は軍隊ものと「雅宴画」を描き、《ブゾンの祭り》(主題とタイトルはおそらくダンクール[17]の一六九五年の劇からの借用であろう)で一七五二年王立絵画彫刻アカデミーへの入会を果たしている。

劇の上演中に役者が舞台で絵画の再現を試みた、という証言も少数ながら残っている。しかしこうした絵画の模倣は、一つの著名な例外を除けば、それほど本気に行われたわけではなかったようである。その例外とは、一七九〇年、ヴォルテールの悲劇『ブルトゥス』が再演されたときのことである。一七八九年に、ダヴィッドの同タイトルの絵がサロン展に出展されていたが、その絵がヴォルテールの劇で再現されたのである(口絵4)。この公演でブルトゥスを演じた役者が、悲劇の最後の台詞を言いながらダヴィッドの絵に描かれたブルトゥスとそっくりのポーズをとったことを、これに気づいた観客が報告している[七]。これほど明快な例ではないが、この手の絵画の模倣は、これ以前にもヴォルテールの悲劇『ミーノースの戒律』（初演一七七四年）において、寺院のドアが崩されてフラゴナールの《コレジュスとカリロエ》(一七六五年の『サロン』でディドロが詳述している[18])と類似のタブローが現れる、という場面でも行われていた。興味深いことに、このフラゴナールの絵自体、ラ・フォッスの悲劇『コレジュスとカリロエ』(1703)あるいはロワのオペラ『カリロエ』(1712)のいずれかの演劇作品をもとに描かれたものであった[八]。これらの例を除けば、絵画をそのまま真似た演劇のアクティオは、『私生児についての対話』の執筆時にディドロが構想したものよりも、もっと気軽なものだったと思われる。いずれも喜劇からであるが、好例が三つある。年代順にいうと、第一の例、カルロ・ベルティナッツィ[19]の『アルルカンの結婚』では、同年サロン展に出展されたグルーズの絵《村の花嫁》(1761)が模倣された。その年の一一月八日、ファヴァールはジェノバの外交官でウィーンの宮廷劇場の総支配人であったドゥラッツォ伯[20]へ宛てた書簡で、劇の最後——「即興」で演じられた——に登場人物たちが集合して見せたグルーズの絵の生きた再現は、非常に正確で「絵の人物たちに生命を吹き込んだ絵《タブロー》そのものを見ているように感じられる」ほどだった、と記述している(Favart, I. 200)。グルーズの絵と唯一違ったのは、アルルカンが出ていたという点であった。[九] 第二の例は、ボーマルシェの『フィガロの結婚』(1778)。第二幕第四場で、三人の登場人物が集まりタブローを構成するのだが、台本のト書きにあるように、一七六五年のサロン展に出展されたカルル・ヴァンローの版画《スペイン人の会話》がそこで正確に再現される。第三の例は、一八〇〇年にオペラ＝コミック座で上演されたジュイ、ロンシャン、デュラフォワによる一幕のヴォードヴィル『サビニの女たちのタブロー』。オリ

七　『ブルトゥス』は一七三〇年に初演された。Rober L. Herbert, *David, Voltaire, 'Brutus' and the French Revolution: An Essay in Art and Politics* (London, 1972), pp.77-8, および Gerhard Anton von Halem, *Paris en 1790, voyage de Halem* (Paris, 1896), p.312 を参照。ダヴィッドの演劇への関わりについては、David L. Dowd, 'Art and the Theatre during the French Revolution: The Rôle of Louis David', *The Art Quarterly*, 23 (1960), 3-22 を参照。*Vérités agréables ou Le Salon vu en beau par l'auteur du Coup de patte* (Paris, 1789) の匿名の著者が次のように述べている。「この作品はダヴィッド氏をシェイクスピアとコルネイユの間に並べるものである。ブルトゥスのこの頭部を描いたということ、あるいはオラース家のために「彼は命を捧げるのだ」という場面を創作したということ以上に誇れることがあるのか、私は知らない。この二つの驚くべき思索のなかには同じように、市民たちの最も力強い魂の羽ばたきと残忍な崇高さが認められるように私には思えるのである」(p.23)。

八　Locquin, p.236 を参照。Prosper Dorbec, 'Les Premiers Contacts avec l'atelier du peintre dans la littérature moderne', *RHLF*, XXVIII (1921), 502 も参照。

九　グルーズの生徒であったヴァロリ夫人は後に一幕の芝居『グルーズ：村の花嫁』を執筆し、これは一八一三年にヴォードヴィル座 Théâtre du Vaudeville で上演された (Bukdahl, I. 311)。

ジナル台本の記述によれば、作品の終わりで登場人物たちは、前年に披露されたダヴィッドの絵画《サビニの女たち》(口絵5)に倣って配置される。パロディーとしてではあるが、その絵を再現したことを、登場人物の一人が実際に台詞で告げるのである[21](Holmstöm, pp.218-19)。

劇芸術を絵画に近づけたいという思いを綴る『対話』でのディドロの力強い言葉を思うと、彼の「ドラマ」には直接のモデルとなった絵画は存在しないようだと記すのは、期待はずれかもしれない。これらの戯曲では、観客の少なくとも一部を占めるであろうとディドロが想定した、ブルジョア階級の世界を描こうとされていた。(実際には『私生児』の初演は貴族の私邸劇場で行われた)。グルーズの《子供たちに聖書を読んで聞かせる一家の父》(1755)は、『一家の父』が出版される三年前に展示されている。しかしグルーズの絵は、それ以前のジョラや一七世紀のオランダの画家たちの風俗画と同様に、ディドロが好んで扱った社会階級や境遇よりも明らかにもっと「大衆的な」階級や境遇を描いている。『私生児』の主要人物たちは生活のために働いている様子はないし、中産階級の「一家の父」は、義理の娘になる者の社会的身分が彼らと同等であることがわかるまで、息子の結婚を承諾しないのだ。

逆方向の影響力、つまり絵画が劇から受けた影響も、一八世紀のフランスでは確かに非常に目についた。世間は絵画を何かと演劇に喩えたので、サロン展に行くことが劇場に行くことと同様に語られることもあり、こうしたなぞらえは一八世紀末頃にはとくによくなされた。絵画を鑑賞する愛好家や専門家の反応もまた、種々の実演芸術で観客に通常喚起される反応に喩えられた。そうした鑑賞態度をとるとみなされると時として「偽専門家」だともいわれ、このことは、こうした態度が視覚芸術には不適切とみなされていたことを明らかにしている。視覚芸術は演劇ではないのだから演劇のように扱うべきではない、というわけである。『ジュルナル・ド・パリ』は、一七八七年の展示会でのある鑑賞者のこうした反応を、次のように皮肉っている。

オペラグラスを激しく振っているあの彼を見てください。サロン展にいながら、まるでオペラ座にいるかのようです。かつてラモーの作品に拍手喝采し、十年前にはグルックの音楽を誹謗していたのに、今日ではこれを称賛する。そのときと同じ表情、同じ熱狂した調子で、我々の絵を評していますよ。

(*Journal de Paris*, 18 October 1787)

(もちろんこの短い描写には、こういう人の反応はみな流行に流されているのだ、という考えも読むことができる)。サロン展を劇場に喩えた論評には、正確さは劣るものの賛同できなくもないものもみられる。一七八五年の『オブセルヴァトゥール・フィロゾフィック』には「サロン展を見世物のようなものとみなす人たちもいる」とだけ書かれているが、サロン展が大衆娯楽と似ているとひろくみなされているのでなければ、多くの人はわざわざ足を運んだりしないであろう、ということが仄めかされている(pp.5-7)。ここで重要なのは、視覚芸術は知性を磨いてない人でも楽しめるという点であり、後にみるように、これは一八世紀フランスでパントマイムが人気を呼んだ一因でもあった。ここでも、目で見たものは他の感覚で捉えたものよりも人に直接影響を及ぼす、ということが前提にされている。これよりかなり前の『オブセルヴァトゥール・リテレール』の記事でも、同様の趣旨でサロン展と劇場の類似性に触れ、両者が鑑賞者や観客に与える影響が直接的なのは、それらが視覚にアピールすることと関連することを示唆している。

サロン展は幕が上がったばかりの舞台に似ている、とこの記事の著者は言う（vol.IV, 1759）。おそらく、演劇も絵画と同様に直接人に語りかける、という見方の現れのひとつであろう。より軽いサロン評のなかには、批評自体が戯曲とくに人気のヴォードヴィルのような対話形式で書かれたものもみられる。しかしこれらのなかで、対話自身が劇と視覚芸術のつながりを扱っているものはみられない。

　演劇での無言の演技やイメージの訴求力を強調するわけでもなく、絵を演劇のごとく記述し、画家を役者のごとく書いている評もみられる。なかでも、道徳的な場面はよく「ドラマ」と呼ばれ、『秘録』[22]に掲載された次のビルコックの絵画《村人の教育》の批評から判断すると、「ドラマ」は一七八〇年代を通して好かれ続けた。「再び大衆受けを狙って描かれたおなじみの「ドラマ」からだ。だが、最初にあげた絵（ウィルの《ブリュンスウィック公の死》）よりも慎重に扱われており、始めのうちは最初の絵ほどみんなの好奇心を引かない。しかし、作品に近づき思考を巡らすと離れがたくなる」[一〇]。「今年一七六一年に展示された絵画《タブロー》について、愛好家協会の所見」（その年の『オブセルヴァトゥール・リテレール』に掲載）では、画家と役者それぞれの仕事ぶりの等価性から、両者の類似性が指摘されている。この著者によれば、観客に「平俗な娯楽」を提供する役者が得るような人気を、画家グルーズは得ているという。つまり、グルーズの日常的なテーマのほうが歴史画家の「大仕掛け」な絵よりも観る者に即刻アピールするように、娯楽芸人たちのほうが高尚な歴史劇を演じる役者よりも愛着がわく、というわけである。

　サロン批評家の多くは、舞台、カンバスに描かれた絵が全体として似ているということだけではなく、役者と画中人物のアティチュードが似ているということも、通常は欠陥としてであるが、指摘している。批判の中心はたいてい、画家が、舞台演技者のわざとらしい姿を画中人物のアティチュードに写している、というものである。上流社会の歪んだ上品さが、ある種の批評家たちによると役者や舞踊家の動きに波及し、それが画家に不健全な影響を与えていると非難されるのである。ディドロは『サロン』評で時おりカルル・ヴァンローの作品を「演劇性」という視点から論じているが、ヴァンローが舞台や舞踏会から借りてきたと思われる生気のない身振りやアティチュードを描いたときには、とくに辛辣な批判を浴びせている。ディドロはヴァンローの《三美神》を退け「中央の女神は堅い。まるでマルセル（社交ダンスの教師）がアレンジしたみたいだ」（Diderot, *Salons*, II. 63）と述べている。[一一]（ちなみに、ディドロのこの言葉は、『聾唖者書簡』や『私生児についての対話』のような著作に表された彼の身体動作技法に対する興味が一七六〇年代においてもなお続いていたことを示している）。この『サロン』の記事では、演劇性とは自然主義の欠如を意味しているが、それは、ディドロが『対話』でフランスのシリアス劇の公演に蔓延る演技様式の堅さを論じて厳しく非難しているものと同じである。一年後の『劇詩論』では、彼はイタリアの演技様式の身振りの奔放さをフランスの演技様式と対比し、フランス人のものは「堅苦しく鈍重でぎこちない」と述べている。[一二]ヴァンローの絵の評でディドロが批判しているのは、この画家の時代錯誤的な描写に加え、この上流社会にみられるわざとらしさと気取りなのだ。

一七六五年一一月『博学ジャーナル』に掲載されたこの絵画に関する別の記事が、前回のサロン展で、

一〇　[Louis Petit de Bachaumont,] *Mémoires secrets pour servir à l'histoire de la république des lettres en France*, 36 vols. (London, 1777-89), XXXVI, 381-2. この引用およびその他の評論における絵画と演劇の比較に関して、RichardWringley 氏にご教示いただいたことを感謝したい。

一一　第五章を参照。

一二　*De la poésie dramatique*, in *Œ*, p.268. 以下の『劇詩論』の引用はこの版による。

ある解説者（名前は出されていないがディドロのこと）がヴァンローのこの作品の前の版を攻撃し、ヴァンローはその絵を破棄してしまったことに触れている。この記事によると、その解説者（ディドロ）はヴァンローに「我々が普段踊るコントルダンス」（すなわち社交ダンスではない踊り）を踊る美神たちを描くよう勧めたという。『博学ジャーナル』の批評家はこの助言を嘲り――「この批評家は絵画の権威ではあっても、それほどの舞踊の権威ではない、というのが専門家たちの意見だ」――「ヴァンローが描こうとした美神たちのモデルとなるような舞踊家が、我々の劇場にいればよいのに」と述べている。このコメントが何を言わんとするのか正確にはわからない。建前上は歌手であるだけではなく役者でも舞踊家でもあるはずのオペラ座の座員のことを言っているのか、それとも単純にオペラ座外の役者のことを言っているのか。いずれにせよ、優雅さの欠如が批判されているのは明らかである。ディドロがロココ・マニエリスムに対して唱えた異議は、一八世紀がかなり進んでも他の批評家たちに繰り返され、彼が欠陥とみたものは、新古典主義様式の絵画の抑制、厳格さ、線の純粋さと対照をなしたのであった。一七八七年になってもなお、ブシェのロココ的作風の批判が、演劇性という観点からなされている。『ジュルナル・ド・パリ』のその年のサロン評には次のようにある。プッサン、ルブラン、ル・シュウールの後継者たちの「多くがマニエリスムの構成様式に浸り、長い間、自然よりも劇場をモデルにしてきたようである。彼らは疑問を抱くこともなく、後進の画家たちに我々の女優たちの気取りを伝えてきたのだ」。ブシェもそしてル・モワーヌ、ド・トロワも、この批評家に害悪の根源と批判されているが、一八世紀後半における古典主義の復活により、こうした様式の大部分は根絶されることになった。この批評家は、古典主義の進展はケリュス伯の確固たる好古趣味の刺激を受けている、と述べている。

ディドロが画中人物の描写を役者の身振りやアティチュードと比較するときには、多くの場合、画中人物の演技のまずさの糾弾をしている。他の批評家にも、明らかに同じ傾向がみられる。一七七七年のあるサロン評で、ファブリキウスの生涯の一場面を描くラグルネーの作品で、ファブリキウスがブッルスからの贈呈品の受け取りを拒んでいる絵に、否定的な評価が下されている。この高名な執政官の拒否する姿には威厳はあるものの、彼のアティチュードはわざとらしく、この市民＝愛国者の真の素朴さとは全く相容れない、とその批評家は書く。彼は自分の役柄を越えようとする役者のようにみえる、と。[一三] 別の批評家も、この人物について、「劇中の人物のように身構えて」いて彼の態度はファブリキウスらしくなく、よきファブリキウスの時代にみられたローマ人の素朴さがまるでない、と述べている。[一四] ここでも、喜劇ではない演劇公演のアクティオの堅苦しさが、批判の根源にあるように思われる。一七八五年のルスュイールの『批判者：サロン展についての対話』では、これとは別の観点から画中人物を役者と比較している。ベルテルミの《トルクアトゥス》について、大根役者を思わせる、と評しているのである。「下手な役者が歌曲の反復部《リトルネロ》でやるように、目、口、腕を激しく揺するのでは、真実を傷つけてしまう。顔を半ばを隠して怒りの身振りをやらせても、気品がなく、主題が歪められてしまう」(*Deloynes*, XIV, no.329)。つまり、カンバスに大袈裟なアティチュードを描くのは、演劇で粗野な身振りが咎められるのと同じように咎

一三　MS *Mercure de France, Exposition au Salon du Louvre des peintures, sculptures et autres ouvrages de MM. de l'Académie Royale* (*Deloynes*, X, no.191 を参照).

一四　*Lettres pittoresques à l'occasion des tableaux exposés au Salon en 1777*, letter IV (*Deloynes*, X, no.190).

めるに値する、というのである。批評家たちが、画家の描いた絵を、道化あるいは「田舎の劇場の役者」が演じる一場面に喩える例は、他にもみられる。一七七九年にラグルネーがサロン展に出した作品が、ある批評家に、人物の描写が野暮ったいと評された。絵画そのものは的確に構成されてはいるものの、表現と色彩に欠け、「登場人物すべてに性格が感じられない。彼らはブルジョア出身の俳優のようだ」とその批評家は言う。[一五] また、一七八七年にサロンに展示されたシュヴェの《コリニー》[23]であるが、ある批評家はこれを風刺画とみなし、コリニーは「舞台に出てくるジル[24]のようであり、衣装もジルのものを着ている」と言う。[一六] 一七七九年一〇月の『文藝通信』に発表されたある批評は、ラグルネー兄、デュラモー、レピシエ、ブルネ、ルヌらが描いた歴史的偉人たちは、田舎っぽく粗野で、偉人たちがもつべき高尚さに欠け不適切だとして、次のように言う。これらの作品すべてに言うべきこととして何があるであろう。ラグルネー氏のポピリウスはローマの大使にはとても見えない。このみすぼらしい大使が魔法円の内部に捕らえたアンティオコスは、とても国王には見えない。彼らはまるで田舎の役者だ。[一七] シャル作のヘレネーとパリスの絵のなかのヘクトルについても、似たような批評がその何年か前にディドロによって書かれている(Diderot, *Salons*, II. 85)[25]。

たとえ熟練技によって見事に創られた絵画や彫刻であっても、そこに描かれた人物が芸人になぞらえて評されたなら、作品はふつう非難されたも同然である。舞踊家になぞらえられた場合はとくにそうである。舞踊家は総じて型にはまり観客に媚びて余念がない、とされていたのである。『文藝通信』に掲載された一七七九年のサロン評では、クロディオンによるモンテスキューの彫像について、その気取り飾ったポーズはオペラ座の舞踊家をモデルにしたのではないか、と皮肉たっぷりに尋ねている。「これは、人類が失った栄誉を回復させた賢人の肖像なのだぞ！」（XII. 309）。オペラ座やコメディ＝フランセーズの公演に理論上伴う高貴さには近づかず、より世俗的な大衆娯楽を想わせるような絵画は、もっと激しく批判された。一七八七年のサロン展のある評は、ウィル（息子）の《ブリュンスウィックのレオポルド公の死》を「この愛国的な企画は才能を燃え立たせるのにはうってつけだった」としながら、「大公はマネキンみたいで、ニコレ一座〈26〉の軽業師のようだ」と述べている。（一八） ニコレの芝居小屋のアクロバット芸人や軽業師は、シリアスな歴史画のモデルとしては不適切として退けられているのである。それらはおそらく、ディドロが『私生児についての対話』で構想したジャンル「ドラマ」の演技としても退けられたであろう。一七六五年のサロン展に展示されたフランシスク・ミレーの《聖ジュヌヴィエーヴが聖ジェルマンの祝福を受ける風景》を、ディドロは、オペラ・コミックの場面に似ている、と言って酷評し（Diderot, *Salons*, II. 118）、ロスランの絵《領地に戻り家族に迎えられる父》については次のように評している。

　この絵《タブロー》を一目見ると、ある愚考がどうしても浮かんでくる。それは、ニコレの一座、しかもそこで上演されている最も楽しい寸劇を見ている、というものだ。こんな風に思うのだ。ほら、カッサンドルの父親だ。彼だよ。背が高くて、無愛想で、悲しそうで、すすけて、むすっとした様子をしているか

一五　*Ah! Ah! Encore une critique du Salon! Voyons ce qu'elle chante* (*Deloynes*, XI, no.208).

一六　*Tarare au Salon de peinture* (*Deloynes*, XV, no.376).

一七　Grimm, Diderot, Raynal, Meister, etc., *Correspondance littéraire, philosophique et critique*, edited by Maurice Tourneux, 16 vols. (Paris, 1877-82), XII. 323.

一八　*Tarare au Salon de peinture*, part II (*Deloynes*, XV, no.377).

らわかるんだ。白いサテンを纏って進み出る大柄な人物、これはジルザベル嬢だ。そしてお辞儀をしているあの人、それがあの立派な紳士リアンドル氏だ。(Ibid., p.124)（一九）

定期市やブルヴァールのニコレ座の役者たちのアクティオに喩えているのは、この絵では人物の性格付けが粗雑で下品である、と言わんがためである。つまりそれは、歴史画を律する適切さ《デコラム》に反している、ということである。演劇的な特質が高尚で高貴であるべき絵画作品の品位をいかに下げるかということに、サロン展の多くの批評が目を向けている。「演劇」芸術はデリカシーに欠け、「役者」には優雅さや節度の感覚がない、とみられているのである。

演劇性に対するこうした見方は単なる偏見であって、長年演技という職業が軽蔑されてきたその名残にすぎないのか、それともそれはやはり演技様式全般の特性を反映しているのか、断定的に判断することはできない。それでも入手できる資料から言えることは、こうした否定的意見の形成には伝統が担った部分が大きいということである。『私生児についての対話』や『俳優についての逆説』といった著作からも明らかなように、ディドロ自身が役者に対して抱く尊敬の念はかなりなものであったが、サロン評では、演劇性を帯びた絵画には、彼は一八世紀の批評家の誰よりもよく非難を浴びせた。役者として振舞う人物が描かれていて称賛した、という事例も確かに一例みられるが、ディドロがそこで評価したのは、描かれた人物の心理的な適合性にすぎない。アレの《ヒッポメネスとアタランテの競走》を彼は次のように称えている。

勝利はもはや彼（ヒッポメネス）から逃れることはない。彼はわざわざ走りはしない。彼は自分を誇示し、彼は気取り、彼は喜んでいる。つまり、何か激しい舞踊でも踊った後に、舞台袖でなおもぞんざいなステップを楽しんでいる我々の役者たちのようである。彼らが観客にあたかも「全然疲れてなんかいません。もう一度始めからというのならやりましょう。あなたがたは私が疲れきっているとお思いですが、そんなことは全くありません」と言うかのように。この種の誇示はごく自然であり、アレのヒッポメネスにこれが見られても、私は全く問題だとは思わない。(Diderot, *Salons*, II. 85)

この絵については、いずれにしても、ディドロの意見とはいくぶん異なる批評もみられる。グリムは、アレが演劇モデルを選んだのは不適切だった、と述べている。ギリシア人がひとり森林や山のなかで高揚して、オペラ座のヴェストリスやガルデル（当時の有名な舞踊家）[27]のように気取っている、というのは実際あり得ないし、趣味が悪い、と彼は言う (ibid.)。グリムのこの言葉はまさに、一八世紀の多くの実演芸術の批評家に共通した見方、つまり、アクティオが型にはまっていたりわざとらしかったりすれば批判されて当然だ、という見方を固めるものである。

『文藝年鑑』の批評家は、一七八三年に展示されたメナジョの絵を批判し、人物たちのアティチュードが堅苦しく不自然であり、それらは絵画的というより演劇的思考で描かれたように見える、と書いている。

一九　ニコレについては第四章を参照。画家ピエールは、ダヴィッドの『ブルトゥス』を、三人の人物が直線上に並び主役は影のなかだった、と批判した。つまり、彼はその効果をニコレの一座で上演されるようなものに喩えたのだ (Jules David, *Le Peintre Louis David* (Paris, 1880), p.37)。

彼はさらに、二つの芸術形式の慣習は多くの点で似ておらず、演劇は画家のモデルとして不適切と思える、とドルフィユと同様の主張をする。(二〇) しかし、彼がこの作品に向けた批判と同じ批判が、これよりはるかに著名な作品、一七八四年のダヴィッドの《ホラティウス兄弟の誓い》に関しても向けられてもよさそうではないだろうか。実際、当時の批評家のなかには、柔らかみのないこの絵の線的構造を不快に感じた者もいた。(二一) この作品はここでは、彼の《ブルトゥス》や《ソクラテスの死》と同様に、一八世紀のフランス絵画の「演劇性」との関連で興味がそそられる。一七八七年、別のあるサロン批評家が「ホメロス、ウェルギリウス、タッソの最もよき主題は使い果たされた。絵画で大きなインパクトを与えるのに、よき舞台の情景は確かに非常に適していよう」、だから歴史画家は古代や近代の劇から主題をとるべきである、と述べているのだが、(二二) これらダヴィッドの作品は、この批評家の要求に当てはまっていると思えるからである。一七四九年、とりわけ才能のある生徒を育てるのを目的に、王立絵画彫刻アカデミーの統制のもとに特待生学校〈28〉が設立されたが、(二三) そこでは若い画家たちが、ラシーヌの『フェードル』のテラメーヌの語り《レシ》に準じて《イポリットの死》の絵を描く、あるいはサント=フォワの劇『美神たち』の場面のひとつを《アモールに鎖でつながれた美神たち》の絵にするなど、演劇に取材したコンポジションに取り組んだ(Locquin, p.88)。ダヴィッドの《ホラティウス兄弟の誓い》の出処については、なお論争が続いている。コルネイユの『オラース』が唯一の出処ではないのは確かだが、それが彼のインスピレーションのひとつであったこともまた明らかであろう。(二四) 同じストーリーに基づくノヴェールのバレエも可能性として議論にのせられてきたことは意義があるが、ダヴィッドの絵の人物の硬直したポーズがバレエ『ホラティウス家とキュリアス家』における舞踊家の固さを反映しているとは、そもそも考えにくい。ダヴィッドの《ブルトゥス》がヴォルテールの悲劇をもとにしていることはすでに触れた。最後に、彼の一七八七年の《毒杯を仰ぐソクラテス》も、一八世紀の複数の劇作家が拠り所とした伝統を受け継いでいるが、ダヴィッドが彼らの劇の上演からとくに何かを借用したという確かな証拠はない。(二五)

身振り演技の豊かな伝統をもつイタリア喜劇が、一七、一八世紀のフランスの画家に影響を与えたことには疑念の余地がない。これについては、ヴァトーと彼の師匠のジローの仕事が思い起こされる。ヴァトーの《シテール島からの帰還》(二六)の第一ヴァージョンには、さまざまな出典が可能性として示されてきた。近年では、ダンクールの『三人の従姉妹』の一場面を描いたジローの素描が、主要なインスピレーションで

二〇　第六章を参照。

二一　例えば、Thomas Crow の 'The *Oath of the Horatii*: Painting and Pre-Revolutionary Radicalism in France', *Art History*, I (1978), 433 に引用された *Supplément du peintre anglais* および Seymour Howard, *Sacrifice of the Hero: The Roman Years, A Classical Frieze by Jacques-Louis David* (Sacramento, 1975), p.85 を参照。

二二　*Observations critiques sur les tableaux du Salon de l'année 1787* (Paris, 1787), p.17.

二三　Louis Courajod, *L'École royale des élèves protégés* (Paris, 1874) を参照。

二四　Anita Brookner, *Jacques-Louis David* (London, 1980), p.69ff を参照。

二五　Jean Seznec, *Essais sur Diderot et l'antiquité* (Oxford, 1957), pp.19-20 を参照。ダヴィッドの構成は多様な影響を受けている。オラトリオ会士のアドリー神父は、プラトンの悲しみを伝える最も効果的な方法について彼に助言を与え、また妥当な身体アティチュードのモデルとして、古代人が描いたメレアグロスの死を参考にするよう勧めた。E. Bonnardet, 'Un Oratorien et un grand peintre', *Gazette des beaux-arts*, I (1938), 311-15 を参照。一九世紀初期のある証人が「長く濃い顎ひげを生やしたラクルチュール神父が、我々の画家ダヴィッドの《ソクラテスの死》のモデルとなった」と報告している (*Mémoires de Ch. de Pougens* (Paris, 1834), p.27)。

二六　Robert Tomlinson, *La Fête galante: Watteau et Marivaux* (Geneva, 1981), pp.111-13 を参照。

あった可能性を示唆する証拠が示されている。[二七] ノラン・ド・ファトゥヴィルの同名の三幕の喜劇（ウァトーはおそらく一七〇七年サン＝ローランでこの公演を見たのであろう）に取材した《月の皇帝アルルカン》は、ウァトーが劇の一場面を忠実に再現した非常に少ない絵画のひとつである。[29] 現在シャルル＝ニコラ・コシャンによる版画で知られる失われた絵画、《娘の名誉を守るために》は、ピエール＝フランソワ・ビアンコレッリの喜劇『いやいやながら娘にされるアルルカン』（一七一三年にサン＝ローランの定期市で上演）の最後の場面を描いている。[30] この二作品だけでも、ディドロの『絵画論』における「演劇の場面をもとにしてまずまずの絵画作品がつくられたためしはいまだかつてないし、これからも決してないであろう」[二八] という見解の反証になっている。ディドロはこう書くことで、演技、舞台美術、そして劇作家さえをも厳しく批判したのだった。しかしウァトーの絵では、演劇の場面をそのまま写したものよりも、見たものと想像したものを混交して描いたもののほうがずっと多いのである。例えば《幸福なピエロ》の絵では、描かれているのは明らかにイタリア喜劇のキャラクターだが、特定の劇からとって描かれたものとは思えない。彼の《フランス人劇団の俳優たち》も、何をもとに描かれたのか同じくはっきりしない。一七三一年一二月の『メルキュール・ド・フランス』によると、この作品は悲喜劇を演ずるフランス人役者を描いているのだという。後の評論家の間では、この絵で演じられている劇のジャンルについて同意をみていない。悲劇（おそらく『アンドロマック』か『ベレニス』）を描いているのだという人もいれば、喜劇だとする人もおり、さらにはフランス演劇のアレゴリーを描いているのだという人もいる。同じく《イタリア人劇団の俳優たち》も、実際の公演をもとに描いた絵ではないであろう。たとえ上演を描いたものであったとしても、人物たちのとるポーズの様子をみるかぎり、上演中のある場面を捉えたものではなく、劇の始まりか終わりであろう。『メルキュール・ド・フランス』が一七三三年に断言していることによると、この作品は「自分の技芸に熟練した」人物たちで構成されているのだが、ウァトーは、彼らに単にコンメディア・デッラルテの種々の役柄の衣装を着せただけなのである。[31] ここでもどうやら、ウァトーは友人たちを描いた習作をかき集めて演劇のカンバスを構成し、随意に衣装を着せたようである。この作品には準備段階のスケッチが五つ存在し、それを見ると、彼がこの作品をモザイク的に構成していったことが見て取れる。当時彼が好んで演劇の場面を描いたのは、描写をしたかったからではなく、インスピレーションを得たかったからなのだ。つまり、演劇は彼にとっては目的というよりは手段であった。ケリュス伯はウァトーの行き当たりばったりな構成法を非難したが、ウァトーは決してカンバスに下絵を完成させることはなかったという彼の主張[32]は、ウァトーは彼の画家人生にわたってこれを描いており、誤りである。

ディドロの劇理論はイタリア喜劇の実践に好感を示しているが、彼の「ドラマ」の上演では、イタリア人が慣習とする演技よりも厳粛さが必要とされた。だが、「ドラマ」の精神は、また別の画家グルーズの作品に見事に捉えられていた。《村の花嫁》は、一七六一年のサロン展でセンセイションを巻き起こした。この絵の人物たちは、ディドロが『私生児』を上演するにあたって間違いなく構想していた生きた身振りと厳かな言葉による独特な儀式を行っている。この劇は一七七一年までは一般に公開されていないが、一七五七年に『対話』とともに台本が出版されときに話題を呼び、これがグルーズがこの絵の主題を選択するきっかけとなった可能性はある。（その一方で、グルーズの作品はディドロの「ドラマ」より明

二七　これについては Marianne Roland Michel 夫人にご教示いただいた。
二八　*Essais sur la peinture*, in Œ. p.713. 以下『絵画論』からの引用はこの版による。

らかに官能的であることも認めなければならない)。『一家の父』は一七六一年に初演されたが、これも後にオーブリの絵画《父の愛》(一七六五年に展示)のモデルになった可能性がある。最後にダヴィッドのソクラテスの絵であるが、これは、『劇詩論』(Diderot, *Œ*, pp.198-9)にあるこの哲学者の死の「ドラマ」の結構から、何か参考にされたのであろうか。ディドロ自身はもちろん、自分の寸劇はまさに絵になるだろうと考えた。彼はこのソクラテスの最期の場面を「私がつけ加えることができるどんなことよりも無言の演技《パントマイム》のために多くを弁じている一連の絵《タブロー》」(p.272)として構想したのである。

「ドラマ」理論を展開するなかでのディドロの主要な関心事のひとつに、伝統的な悲劇や喜劇では表現を禁じられたであろうような現実を、舞台で伝える可能性を探る、ということがあった。この要求もまた、理論的には、台詞によるだけでなく演者のアクティオによっても実現されるべきものだった。お察しのことと思うが、ここでカンバス上での画家の人物描写と比較してもうまくいくはずがなかった。行為を描く絵(一八世紀の歴史画の領域)では、カンバスに固定する「有益な瞬間」すなわち最も重要な瞬間が選ばれなければならない。このとき自分の「意味すること」が確実に伝わるように、画家が表現を誇張しようという誘惑に駆られるのは明らかである。劇は時間とともに展開され、また通常は言葉が造形描写を助けるので、こうした誘惑は容易に抑えることができよう。ここで、劇理論家としてディドロが抱えた問題は明白である。彼は一方では、言葉は少なくアクティオが多い演劇を望んだ。他方では、すべての身振りがそれ自身明確な意味をもつわけではないので、身振りにはおよそ言葉による説明が必要だということも、もちろん認識していた。さらに『私生児』では、ディドロは舞台を小さな日常生活の世界におさめることで、「演劇的」な拡張をしない作品形式を創ろうとしていた。『対話』にあるように、彼のこの戯曲は私邸演劇《プライベート・スペクタクル》として評価されるべきもので、「クレルヴィル家の客間」で上演され、従来の演劇サイズでは必要とされる誇張は不要なのである。それは高潔な行為を称える家族の祝典であり、そのことを踏まえて演じられるべきものなのだ。それにもかかわらず、劇中の多くのことが、ディドロの時代の人たちにとってもそうであったが、現代の読者にも、誇張されていて仰々しいと感じられるのである。

『対話』にある、新タイプの演劇への提案のひとつである「タブローを使用する」ことの背景には、教訓主義と結びついた自然さへの欲求がある。ディドロや彼に感化された人たちの考えたタブローの主要な機能のひとつに、穏やかで何の変哲もない舞台行為を明確に見せることがあった。それは、『対話』のなかでドルヴァルによってク・ド・テアトル[33]の唐突性と「嘘っぽさ」と対比させられている。「僕は、極めてわずかなタブローが非常に心地よく確かな効果を生む場面では、極めて多くのおかしな前提から非常に強引に導かれるク・ド・テアトルを使うよりも、タブローを使いたいと思います」(Diderot, Œ, p.88)。タブローはそれに先立つ行為から生じ、中断よりも連続性を重視して、それまでの出来事の意味が浮き彫りになるような安らぎのひと時を与える。さらにタブローは、異なる脈絡にある劇中行為を同時に描き、それらを、調和的に統合して(そこには、できのよい絵に鑑賞者が求めるものと同じ、構成上の統一則がみられる)効果を生み出すことができる。[二九] このように、タブローは教訓的機能と美的機能を兼ね備えているのである。ディドロのタブローでは、小さいスケールのコンポジティオが修辞学の原理として重視される。そしてそこでは、ディドロが絵画の諸部分に求めるのと同じより大きな全体への統合を、身体アティチュードを通して媒介できるような役者の能力が要求されれのである(Diderot, Œ, p.790)。『私生児』と『一家の父』では、家族結束という美徳を扱っているが、そこでは、タブローによって高潔な友愛と親交のひと時が浮き彫りにされるのである。

ボーマルシエもメルシエも、ディドロの「ドラマ」理論には強い影響を受けた。メルシエの理論的著作では、コンポシティオによって達成される道徳的で美的な調和が強調されている。『演劇について』という小冊子では、劇作家は「ドラマ」では個人よりもアンサンブルを見せなければならない、としつこく述べているが、この要求は絵画の用語を用いて説明されている。

コメディ（おそらく通常の意味での「劇《ドラマ》」の意）では、人物描写ではなく情景描写をすることが問題になる。描くべき対象は個人ではなくむしろ類型である。複数の人物を描き、彼らを集合させ、動作を与え、全員に等しく言葉と生命を与えなければならない。一人の人物を強調しすぎれば、たちまち個々バラバラになってしまう。私が求めるのは台座にのった彫像ではなく、さまざまな人物からなる情景《タブロー》なのだ。(三〇)

ディドロはこれより前に、劇作家が個人より集団を描き、原則から外れたものより典型的な社会類型を描くことのできる時代となった、と力説していた。メルシエは自身の信念をさらにはっきりと述べている。すなわち、詩人に示してもらいたいのは世界舞台であって一個人の聖域ではない、ということだ。自分がかつて出会ったさまざまな人々の心、振舞い、性格を思い浮かべるとき、それらはバラバラではなく相互に関連づけられているであろう。劇に生命を与え、その教訓に説得力を与えるのは、登場人物全員の同時的、相互的な行為なのである（ibid.)。性格描写の技法に関するメルシエの考え方は、物語の原理に基づいている。つまり、その場その場の描写よりも流れのある描写が求められ、個人の性格を明かす細部の情報を、劇作家が徐々に表に出して積みあげていくことを重視するのである。（読者は、ディドロが『リチャードソン頌』でこのイギリス人作家の技能をこの点で称賛し、リチャードソンの小説を「ドラマ」と似ていると述べたことを思い出すであろう）。メルシエはまた、戯曲では人物描写は総合的に行う必要があることを強調し、再び絵画の用語を使って、自分の意見を次のように表現する。「私は舞台ではいつも次のことに拘っている。さまざまな性格の人物がいること、滑稽な者は一人では決してうまくいかないこと、一人の悪者はふつう他の悪者たちに支えられること、弱点のある一人をその周りの同類の人たちから切り離そうとするのは、陰影や色のグラデーションを考慮せずに絵を描くようなものであること」（p.71)。最後

二九　マリアン・ホブソン Marian Hobson が『芸術の対象 *The Object of Art*』で展開した「パピヨタージュ papillotage」という興味深い観念があり、おそらくこれはこの美学と関係する。この本によると、一八世紀の絵画において、「パピヨタージュ」は経験的実在を直接描写することにとって代わられる。ディドロ、ルソー、メルシエ、ノヴェールなどのさまざまな著作が、芸術形式——とりわけ実演芸術——にみられる統一の欠如がこの時期どれほど嫌われていたかを示しているということも、付言しておきたい。少なくともディドロにとっては、問題は一方で実在に関わり、また一方では実在や真実の手引きとして当てにならない、描写におけるある種の芸術的手腕に関わっているように思える。それ自体、プラトンにおける感覚と知性の区別と類似している。プラトンは、感覚は変化するものを扱うが実在は変化しないので、感覚は実在の知識を与えることはできないとしている。視覚芸術や演劇におけるタブローについては、Michael Fried の *Absorption and Theatricality: Painting and Beholder in the Age of Diderot* (Berkeley, Los Angeles, and London, 1980), chapter 2 とくに p.76ff も参照。

三〇　L.-S. Mercier, *Du théâtre ou Nouvel Essai sur l'art dramatique* (Amsterdam, 1773), p.69.

にメルシエは劇作家仲間たちに、集団を描くこと、しかも綿密にではなくざっくり描くことを推奨するが、それは、美術批評家たちが述べた、自由な筆使い、「大きな large」「技法 faire」をもった画家たち（シャルダンなど。彼のことはディドロが『サロン』に書いている）のことを思い起こさせる。

> 特徴は大掴みで捉えなさい。そうすれば筆遣いが大きくなり、生き生きとした多様な個性とめぐり逢い、思いのほか力強い色調を使うことになり、……不毛が機知を得る、ということには決してならないであろう[34]。大筆の画家と呼ばれてもかまわないではないか。モリエールもそう呼ばれ非難されたのだ。今日では、だからこそ彼は非常に得難いとされているそのこと故に、当時彼は咎められたわけだ。タブローを追求しなさい。そしてライバルたちにはポケットに入るような細密画を描かせて、目を萎えさせておきなさい。（pp.80-1）

ディドロが劇でのク・ド・テアトルに反対したのは、芝居がかってしまうつまり無理があるからだが、一方、タブローに反対するとすれば、タブローは十分に主張しない、ということがあげられる。「劇的《ドラマティック》」という質を定義するのは容易ではない。しかし、それは絵画芸術には必要とされない緊迫感に依存するものだと思われる。演劇は絶えず緊迫していなければならないというのではない。それは構成の一部をなし、筋のなかのある箇所では目立つが他の箇所では目立たない。筋は劇では極めて重要だが、絵画では重要ではなく、絵画は純粋に装飾的なものであってよい（一八世紀にはたいていそうであった）。つまり、劇作家や役者が視覚芸術を模範にするのは実際危険である、ということだ。ディドロは、演劇タブローを単に美しいものとしてではなく、説得力をもつもの、つまり道徳的なことを述べる手段と捉えていた。しかし、タブローが潜在的にもつ難点は、劇の筋の進行を遅らせあるいは止めてしまい、作品をあげて説得しようという取り組みの障害になり得る、という点であった。ディドロはこの危険を認識して、タブローの使用を劇の始めと終わりに限ることでこれを避けようとした。この方策の背景となった理論は、リッコボーニ夫人[35]に宛てた書簡のなかで説明されている。彼女も演劇が「動くタブロー」[36]であることを望んだが、ディドロの劇に対する考え方は、ディドロに宛てた書簡に記した諸理由により間違っているとみなしたのだった。[三一]しかしながら、すべての劇作家が警告に注意を払ったたわけではなかった。一七七二年、カイアヴァはサント=フォワの短編喜劇『美神たち』を論ずるなかで、意図せずして、演劇では欠点となる絵画的効果の一例をあげることになった。彼は、この劇のなかのあるタブローは画家に模写されるに値すると考えた。[三二]それはブシェ様式の田園場面であり、キューピッドが木の根本と花綱でつながれ、ニンフがそのまわりに座っている。しかしカイアヴァのテキストを読むと、ドラマ性のない、純粋に装飾的なタブローが浮かんでくる。それは、一七六三年のサロン展でディドロが厳しく非難し、画家自身によって破棄されたカルル・ヴァンローのロココ絵画に酷似している。動きのない場面であり、カイアヴァが賛意を表したばかりの身振り演技ができるところなどほとんどない。要するに、劇の源泉となるものは、(事実上静止している)視覚芸術のものとは必ずしも対応しないのである。

三一　*Œuvres complètes de Diderot* (以下 *A.-T.* と表記), ed. Jules Assézat and Maurice Tourneux, 20 vols. (Paris, 1875-7), VII. 396-9 を参照。

三二　Cailhava de l'Estendoux, *De l'art de la comédie*, 4 vols. (Paris, 1772), I. 421.

しかし結論として、一八世紀の演劇をもとにして描かれた最も印象的な絵画のいくつかは、率直に見ると非演劇的にみえるということ、厳密に言えば、実際に観客の前で演じられた場面を画家がそのまま描いているとは考えにくい、ということは強調しておくべきである。カルル・ヴァンローが描いたメディアに扮したクレロン嬢の有名な人物画（ディドロは、この絵に描かれた舞台セットには「演劇的」にみて誤りがあるとして、この絵を嫌った〈37〉）は、このことを示すよい例である（口絵6）。この絵には絵を劇の流儀になじませるための細部が描かれていない、というのではない。ヴァンローが手本にしたと思われるシャル ル＝アントワーヌ・コワペルの絵画《メディアとイアソン》（1715）ほどには、確かにこの絵には舞台装置がはっきりと描かれていない。しかし全体としてみれば、この絵は、画家が公演でのある一瞬のイメージを絵画芸術が命ずるところに従って発展させ装飾するやり方を示す、好い例となっている。稀に例外もいたが、批評家たちはこのメディアの顔の表情には激情が適切に表現されていると感じた。そしてその表情も、十分当時の画家や役者が従った「表情のある顔」の伝統の範囲内にあったことを、この作品の複数の予備スケッチが示している。一七五九年の『オブセルヴァトゥール・リテレール』に発表された「ルーブルのサロン展における絵画、彫刻、版画の展示についての所見」に読める次の記述が、この絵が演劇をもとに描かれた表情として鑑賞者の心を打ったことを示している。「メディアの顔は単なるクレロン嬢という人物の描写ではなく、女優としてのクレロン嬢の描写であり、舞台で彼女が掻き立てた激情の一部をカンバスの上でも掻き立てている」（三三）。しかしこうした証言があっても、この絵は厳密な意味で劇行為を再現したものだと納得することはできない。当時の書き手のなかには、この作品に、演劇《ドラマティック・パフォーマンス》の特徴である「動き」とは正反対の、絵画的な不動性を強く感じた者もいた。複数の批評家が、メディアもイアソンも不格好であり「ポーズしている」と感じている。『一七五九年ルーブルのサロンに展示されたアカデミー会員たちの作品について、ある友人に宛てられた批判的書簡』（*Deloynes*, VII, no.90）の著者にも、メディアは不自然に映った。彼女の顔も態度も、あの恐ろしい復讐の念が呼び起こす感情を漏らしてはおらず、むしろ、両者ともこわばり、うろたえているように見える。『クレロン嬢を描いた絵画《ポートレート》に関するある画家の手紙』の匿名の著者は、彼女は腕のみ生き生きしているが、その腕の動きですらポーズが固定しているので抑制されてしまっている、とみている。彼女の頭と肩は大理石のようで非常に直線的で、どんな動感も壊してしまう、と彼は書いている。（三四）一方、この不動性は、安堵するメディアを描いたのだとすれば納得できるかもしれない、と彼は続ける。彼女の怒りは鎮まり、成功を静観できるのだ（p.944）。こうした解釈は、確かに（現在、ポーの美術館所蔵の）予備スケッチ（口絵7）には当てはまるように思えるが、そこでのメディアは完成版のものとは全く違う。この予備スケッチでは彼女は実際に穏やかさ、静けさを放っているが、ポツダムの完成版はそうではない。イアソンの堅さを批判する批評家もいる。『批判的書簡』の著者は、イアソンは主題が要求するような猛烈な激怒に駆られているようには思われず、怯えてみえ、「用心しながら進んでいる」（p.7）と述べている。しかし、匿名の草稿「カルル・ヴァンローによるクレロン嬢の描写」には、このことは容易に説明できる、とある。つまり、メディアが魔法で夫を動けなくしたの

三三　*Deloynes*, XLVII, no.1259: *Observations sur l'exposition des peintures, sculptures et gravures du Salon du Louvre, tirées de l'Observateur littéraire.*
三四　*Lettre d'un artiste sur le tableau de Mlle Clairon* (Paris, 1759), in *Deloynes*, VII, no.90.

だ、と。

最後になるが、クレロン嬢自身が、ヴァンローは彼の絵で演劇の術を越えた、と言い切り、「モデルになった役者はこの絵をじっくり研究すべきであろう、と丁重につけ加えた」（*Lettre d'un artiste*, p.948）ことが、ある証言により報告されている。予備スケッチには、絵画で主題を表現するための最適な方法を見出そうとするヴァンローの試みがみられるのだが、最終版が、ロンジュピエールの劇でこの役を演じるクレロン嬢のある場面をそのまま再現したものだという、直接的な証拠はない。一方、最終版はポー所蔵のスケッチと比べ、広義の「演劇的」という意味で、すなわち表情と身振りを強調している点で、極めて演劇的に見える。イアソンを描き直すことを勧めるディドロの次の提案はそれ自体、極めてメロドラマティックである。彼はイアソンに熱が足りないとして「イアソンは絶望した両腕で天を仰ぎ、頭を後方に反らし、髪を逆立て、口を開いて長い叫び声をあげ、目は錯乱していなければいけなかったのだ」（Diderot, *Salons*, I. 64）と書いている。以上の議論で示そうと試みたように、「演劇的 théâtral」という言葉やその同語源語によって添えられるニュアンスはたくさんある。非難の意が含まれている場合もあれば、そうでない場合もある。別の絵の例になるが、ダヴィッドの《ホラティウス兄弟の誓い》は「古典的」な威厳をもつので、これを評する人は、そうした品位を落とす恐れのあるような記述をしたがらなかったのだが、ダヴィッドのこの作品の典拠が何であったにせよ、この作品が非常に「演劇的」な作品であることを否定する人はまずいない。

演劇からある種の影響とくに所作やアティチュードに関することで影響を受けると、絵画は弱体化しかねないというのが、一八世紀の批評家たちの見解であったようだ。反対向きの影響については、正確に述べるのは難しい。理由は主として、劇の上演におけるピクトリアリズムの適否に関する筋の通った美学的判断を、当時の人たちはめったに示していないからである。タブローの出現を、リッコボーニ夫人のように演劇に悪影響を及ぼすおそれがあると感じていた人も、また喜ばしい展開と感じていた人もいたということが、明らかにされている。タブローは、もちろん、演劇上演における視覚効果のひとつであるにすぎない。そこで次の二つの章では、アクティオに関連する他の事項について、いくつか検討してゆく。

第四章　パントマイムのパフォーマンス

一七九九年にサン・プレタンシオン座〈1〉で上演された、作者不明で戯曲未刊のある劇に、この時代にみられた過剰なパントマイム熱に対する作者の見解が要約されている。(一) モンドールにはソフィという年頃の娘がいる。彼はこのジャンルで最高の傑作を書いてきた男と、娘を婚約させようと決めている。そうした達成は天才の証だと彼は考えているのである。しかしソフィはそうは思っていない。ソフィは、パントマイムの本当の創造者は劇作家ではなく役者のほうだと考えている。冷淡な役者が情熱的な役をやっても観客には何をやっているのか伝わらず、そうなれば作家の指示書きなど意味がなくなるではないか、と彼女は言う。最後にはモンドールも、役者の演技はよくできた筋書きの効果を高めることを認める。「役者が役柄の衣装を着て、情熱と真の身振りで演ずるとき、心のなかで私は、世界で最も美しい台詞を、韻文でも散文でも好きなように思い描く」のだから。この『パントマイム狂』が公演される少し前に、別の作家メルシエも同様のことを述べており、その含みについては第一章で議論した。〈2〉しかし、演劇における無言のコミュニケーションは劇芸術の最高の形式のひとつである、と誰もが認めたわけではない。ソフィの小間使いリゼットも、そうは思わない一人としてこう言う。「パントマイムでは、台詞を言いさえすれば観客にそれを作った人の才気がわかるのに、身振りや物真似しかやらないのでは、気でも狂ったように見え

一　『パントマイム狂 *La Pantomimanie*』はサン・プレタンシオン座のレパートリー(1798-1805)のひとつ(Bibliothèque historique de la Ville de Paris, 611133 所蔵)。

るわ。彼があなたを機械のような役者と結婚させたとしても、機械はどうしたってあなたの望む動きしかしないのよ」。するとソフィは、この種の劇を書くのはたいてい、作家がもっとましなことをする才能がないあかしなのだ、と言う。男がパントマイムを書いたというだけでその男との結婚を拒んだりはしないけれど、それにしても「作品を演じて楽しむ登場人物たちに、まともな台詞を言わせるだけの機知も様式も感じられない男しかいないし、金をつかもうとする若造しかいないのだわ」と。

　これらも含めこの劇の会話は、一八世紀のフランスで展開された演技に関する議論の重要な諸相を示している。まず、当時多くの人たちがパントマイム熱の高まりようはまったく異常なほどだとみていたこと、二つ目に、演劇における非言語コミュニケーションの重視は遍く受け入れられていたわけではなかったということ、三つ目に、パントマイム趣味は、言葉を使わない娯楽に当然寄ってきた「庶民」の間だけではなく、教養ある富裕層の人たちにも（モンドールは堅実なブルジョワである）みられたということ。

　一八世紀のパリの定期市やブルヴァールの劇場で演《や》られた娯楽には、多少なりともパントマイムと密接に関係する見世物として、特筆すべきものがいくつかみられる。ド・ラ・ポルトの年鑑『レ・スペクタクル・ド・パリ』〈3〉の一七五四年版によると、定期市では一六七八年までは芝居は行われていなかった。記録に残されている最初の芝居『愛と魔法の力』〈4〉は、「軽業、語り、機械仕掛け、舞踊が混じり合った幾分奇妙なものであった。この手の演《だ》し物は、種々の一座をつくる軽業師たちによって上演された」(二)。こうした娯楽や、後のニコレ、オーディノなどの興行主によるその発展形のほかに、さまざまな非実演型の見世物もみられた。年鑑の日録には、定期市では大衆娯楽として、小人、巨人、見世物動物といった珍物が陳列され、さまざまな視覚効果をつくりだす自動装置や仕掛けを備えた「小屋」も出店されたことが記録されている。類似の催しはブルヴァール（タンプル大通りからサン＝マルタン大通りへと広がる）でも行われ、定期市から徐々に評判をさらっていった。ブルヴァールの劇場建造数とそこで提供された娯楽の多様性は、フランス革命で「劇場の自由」の法令[5]が宣言された後には、著しく増大した。一七八九年以前には、タンプル大通りには劇場はたった五つしかなかった。ニコレの王の大舞踊団（後のゲテ座）[6]、オーディノのアンビギュ＝コミック座[7]、サレのアソシエ座[8]、デラスマン・コミック座[9]、オペラ座の生徒の養成のために建てられた演劇学校座[10]の五つである。[11] 規制が撤廃されると、ブルヴァールの劇場の数は急増した。

定期市やブルヴァールの外にも、パントマイムと関連する施設で、大衆娯楽の全体像に寄与する施設はあった。コロッセウム[12]の娯楽ドームは、桟敷席に囲まれた円形演技場と複数の庭からなるシャンゼリゼ地区の巨大な複合施設であったが、パントマイムそのものや定期市の綱渡り芸など、芝居小屋関連の娯楽を多数提供していた。[三] ガシェによる一七七二年の『見世物《スペクタクル》一般とくにコロッセウムに関する所見』では、この施設の可能性に意気揚々であるが、そこでのパントマイム芸の扱われ方には芳しくない評価もみられ

二　[Abbé Joseph de La Porte,] *Les Spectacles de Paris, ou Suite du calendrier historique et chronologique des théâtres* (Paris, 1754), p.166. モーリスとアラールはこの作品を上演した一座の創始者でありディレクターであった。アルヌー＝ミュソ Alnould Mussot（匿名）の *Almanach forain, ou Les Différents Spectacles des boule-vards et des foires* (Paris, 1773), 頁番号なし、を参照。

三　コロッセウムについては、*Avant-Coureur*, 8 July 1771; Émile Campardon, *Les Spectacles de la forie*, 2 vols, (Paris, 1877), I. 209; Paul Jarry, 'Notes sur le Colisée', *Bulletin de la Société historique des VII*[e] *et XVII*[e] *arrondissements* (1913), pp.75-84; Alain-Charles Gruber, 'Les "Vauxhalls" parisiens au XVIIIe siècle', *Bulletin de la Société de l'histoire de l'art français, année 1971* (1972), pp.125-43 とくに pp.132-5 を参照。

る。『中国の祭り』というパントマイム公演の初日では、「舞台が遠いうえに役者は演技が下手、装置には欠陥があり、雷の模倣は滑稽で、観客の期待は満たされなかった」[四]。コロッセウムで上演されたパントマイム『ドン・キホーテ』(一七七一年一〇月)、『中国からの使者の登場』(一七七二年七月)、『記憶の神殿』(一七七二年九月)では、花火も打ち上げられた。当時のさまざまな解説者たちによると、コロッセウムは、あらゆる社会階級の人たちが来て楽しめる娯楽の中心地になることを狙って作られていた。それは国の最高の地位にある人たちをも確実に惹きつけ、マリ=アントワネット、フランスの公爵たち、(お忍びの)オーストリア皇帝も次々とここを訪れた[五]。パリジャンたちの第二の身分不問の娯楽場所として造られたのは、夏のヴォ=アール[13]である(これを模してさまざまな施設ができた)。そこでは、トレ[14]の壮観な花火「火のパントマイム pyripantomime」も催された[六]。

定期市やブルヴァール以外の場所でパントマイムに類する演し物を上演した人物として、舞台美術家のジャン=ニコラ・セルヴァンドーニ[15]があげられる。おそらくセルヴァンドーニ・ダヌテール[16]の叔父であろう[七]。ラブレーは、一八世紀も終わる頃、セルヴァンドーニのタイプのパントマイムを共和国の祝祭に理想的な演し物と評したが、それは、おそらく一部には、無言の演技は教養人だけでなく庶民にも語りかけると考えたからであろう。セルヴァンドーニの「視覚スペクタクル」は、「パントマイム」の語からふつう連想される性質をいくつか欠いていたにもかかわらず、ディドロはこれを「純正パントマイム」と呼んだ (Diderot, *A.-T.*, VIII. 463)。セルヴァンドーニには、とりわけ登場人物の無言の所作などどうでもよく、それよりもストーリーとつながる板絵様《タブロー》の背景画を見せることのほうがずっと重要であった。ストーリーは通常、古典神話や最近の「驚異もの merveilleux」文学[17]から借用された。セルヴァンドーニは、一七三八年にテュイルリー宮殿の機械ホール[八][18]を使用できるようになり、以降一七四二年までと一七五四年から五八年まで、このホールで彼のスペクタクルを上演した。個々の作品（通常七つの情景《タブロー》からなる）のストーリーは必ずしも見て理解できるものではなかったので、セルヴァンドーニは筋を要約したプログラムを配布した。聴覚的な要素は音楽のみであり、役者自身が言葉で説明することはなかった。（この種の作品は、革命祝祭で大衆の前で上演されれば成功したであろう、というラブレーの意見が、いささか疑わしくなる）。セルヴァンドーニのタブローにある程度の動作があったことは、彼自身の記述や当時の目撃者のコメントより明らかである。ド・ラ・ポルトの『レ・スペクタクル・ド・パリ』の一七五六年版は、最新の公演『タマ=クリ=カンの征服』について、「たくさんの動作、ハッとさせるようなク・ド・テアトル[19]を入れる余地がある」（p.40）と記している。しかしラブレーは、セルヴァンドーニはパントマイム風の劇を作ろうとして失敗した、と述べている。「彼の大型の板絵《タブロー》は見事だった。しかし、彼がさまざまな状況設定で筋を描こうとしても、面白くなかった。ノヴェールも、役者の腕は動いてなくはなかったが、

四　L. Gachet, *Observations sur les spectacles en général, et en particulier sur le Colisée* (Paris, 1772), pp.52-3.
五　[Ducoudray,] *Correspondance dramatique*, 2 vols. (Paris, 1778), I. 69.
六　Ibid., I. 291; Brazier, *Histoire des petits théâtres de Paris*, new edition, 2 vols. (Paris, 1838), I. 116-17.
七　Christel Heybrock, *Jean-Nicolas Servandoni: eine Untersuchung seiner Pariser Bühnenwerke* (Cologne, 1970); Bergman, pp.71-81 を参照。
八　ルイ一四世の結婚の祝賀会でのスペクタクル・ショーを行うために一六六〇年に建てられた小劇場。引き続き長年、宮廷の娯楽に使用された。

彼らのパントマイムには感動はなかった[20]、と述べている」と[九]。

このような広がりにもかかわらず、パントマイムの最重要人物の多くは、とくに一六九七年にイタリア人劇団の役者たちがフランスから追放された後には、定期市やブルヴァールの「芝居小屋」に留まった。イタリア人が追放されてからというもの、定期市娯楽の興行主たちには大きな活動領域が開かれ、彼らはイタリア人劇団のレパートリーの正当な継承者を自称し、観客の要求に答えようと自分たちの一座――たいてい地方から役者を雇った――を大きくしていったと、パルフェ兄弟[21]は『定期市見世物史のための回想録』に記している[一〇]。旅芸人たちはやがて「庶民」と富裕層の両方を徐々に惹きつけていったが、その成功は彼らの娯楽が観客のニーズに合っていたことを示している。後にアンビギュ＝コミック座の事業主となったオーディノは、イタリア人たちがフランスに戻ってきた後、彼らとともに活動し、一七六二年と一七六四年に彼らの一座に出演している。パリに戻ってきたイタリア人たちは、旅芸人たちが彼らの昔のレパートリーと観客の大半を奪ってしまったことを知って非常にうろたえ、オテル・ド・ブルゴーニュ座[22]を去り、サン＝ローランの定期市でライヴァルとなる一座を立ち上げた、とパルフェ兄弟は記している。パルフェ兄弟によると、イタリア人たちは、旅芸人たちに対する禁止統制は今後も続くであろうから、競争相手はいないだろう、と踏んだのだという（I. 237）[23]。しかし、一七二四年、彼らは読みが外れたことを悟り、この新しい縄張りを去った（II. 19）。

パルフェ兄弟も述べているように、定期市とオペラ＝コミック座の間にはとくに密接な関係があった。彼らの著書『定期市見世物史のための回想録』には、一七一五年のサン＝ジェルマンの定期市が始まる前に、サンテドゥメ夫妻[24]が、王立音楽アカデミーの経営陣に、定期市で歌、踊り付きの作品を上演する許可を求め、これを獲得したことが記されている。（一八世紀の大半にわたってオペラ座、コメディ＝フランセーズ、コメディ＝イタリエンヌが所有していた実演芸術の独占権の問題については、すぐ後で扱おう）。この許可は一七一四年一二月二六日に出された。続いてサンテドゥメ夫妻の仲間のボーム夫人にも同じ権利を与えられ、この二団体がオペラ＝コミック座の名を名乗った（Parfaict, I. 166）。このジャンルの創始者とされるルサージュは（de La Porte, *Les Spectacles de Paris*, 1754, p.169）、王立音楽アカデミーが少し前に上演したオペラ『テレマック』のパロディーをサンテドゥメ夫妻のために書き、大成功を収めた[25]（ibid., p.167）。その一年後、ド・ラ・ポルトは、モネがディレクターとなったオペラ＝コミック座の相次ぐ幸運に言及しつつ、この一座が上演した壮大なバレエの数々を批評し、観客の多さについても一言述べている（*Les Spectacles de Paris*, 1755, p.98）。彼も他の批評家たちと同様に、バレエでは、詩、音楽、スペクタクルという異なる芸術分野を統合することができ、バレエマスター、舞台美術家、「舞台機構家」がみなそれぞれの役割を担っている、ということを強調する。彼はさらに、舞踊家で舞踊教師であったノヴェールが、同じ一七五五年のサン＝ジェルマン定期市のしかも同じこの一座で、バレエ（『中国の祭り』）を上演していることも記している（p.136）。

　これら年ごとの定期市や後のブルヴァールの劇場で見られたパフォーマンスの多くは、個別の見世物と

九　Jacques Lablée, *Du théâtre de la Porte Saint-Martin, de pièces d'un nouveau genre, et de la pantomime* (Paris, 1812), p.8.

一〇　[François and Claude Parfaict,] *Mémoires pour servir à l'histoire des spectacles de la foire, par un auteur forain*, 2 vols. (Paris, 1743), I. 11.

して上演され、オペラ・コミックや劇のなかに組み入れられていたわけではなかった。アクロバット芸人、軽業師、綱渡り芸人、曲芸師たちの技は、すべてサン=ジェルマンやサン=ローランの定期市で見ることができた。解説者のなかには、これら言葉を使わないパフォーマンスは、彼らはパントマイム術そのものについてもそう言ったのだが、古代でも行われていたことを仄めかす者もいた。デュボスは『批判的考察』のなかで、古代の役者が演じたサルタティオ[26]とはあらゆる身振り術および舞踊の動きを含み、したがって悲劇の最も深刻な場面で行うに相応しいものだった、と記している（I. 506ff.）[27]。『綱渡り芸人について、ある友への手紙』の匿名の著者は、綱渡り芸の伝統は古代に遡り、テレンティウス、ホラティウス、ペトロニウス、ユウェナリス、クインティリアヌスもこれに言及している、と述べている（p.4）（二一）。すでに何年か前にブルドロとボネもこのことを指摘しており（二二）、一七五一年の『古代の見世物についての歴史的研究、とくに物真似とパントマイムについて』のなかでのブランジェ・ド・リヴリー[28]の議論ではその証拠が示されている。これら大衆向けの見世物芸を、まじめな演技の技術から何とか区別しようとする批評家もいた。ド・ロルネ[29]が一七九〇年に出版した『演劇のサルタシオンについて』は、ブルドロとボネに続いて、古代のサルタティオとは、近代の芸人たちのやる品のない宙返りのことではなく、広い意味での身振り術であったことを強調している（二三）。近代になって発展したバレエ、すなわちド・ロルネが「拍子に合わせて跳躍し、リズムにのってパを優雅に踏む技術」（p.8）と呼ぶものでさえも、古代人の技の豊かさを伝えるものにはなっていない、と。ド・ロルネの著作は、「身振り」のなかでも、他の芸術の原理でもある、模倣原理による「身振り」を問題にしている。「それを使って、古代の俳優たちは、彼らが舞台にのせた人物のあらゆる情念、あらゆる行為《アクシオン》を表現することができたのだ」（p.2）。ド・ロルネによると、ローマ人はサルタティオを極めていたので、「歴史、寓話、詩を含むすべて」(ibid.) をパントマイムで伝えることができた、ということである。

これに比べれば近代人の行う定期市芸は拙かったが、それでもそれらは、裕福で身分の高く目が肥えていた人たちによっても支持されていた。オルレアン公が国王を称えて催した一七二二年のシャンティイ城での饗宴には、軽業師、舞踊家、アクロバット芸人たちが揃って雇われていた、という一七五四年のド・ラ・ポルトの年鑑での彼の批評記事をみても、ともかくそう思われる (p.189)。一方、従来の生粋の大衆演劇のなかにも、彼らの居場所は残っていた。ニコレによる王の大舞踊団が上演した劇の幕間は、「曲芸師」「女旅芸人」やそれに類する人たちでいっぱいだった。デュクドレイは一七七八年の『演劇通信』で、こうした芸人たちの社会的身分や彼らのお戯けに惹かれる観客に、軽蔑しながら言及している。彼にしてみれば、「大道芸人」など「馬鹿者たちを騙すために、ポーズをとり、茶番や手品、奇術を行う最下層の人間」(Ducoudray, II. 85) なのである。

身振りや動作を伴う無声の実演芸術の進歩は、公認劇団《ロイヤル・カンパニー》の庇護者たちが非公認の一座に課した禁止令によって、間接的に促された。国王の俳優、国王の舞踊家、国王の歌手の肩書きのもとに一七世紀に特権を与えられていた者たちの不安の種については、すでにお話しした。旅芸人たちの活動のこととなるとこの

一一　著者は別の典拠から綱渡り芸を四種あげている。第一に、脚や首で綱にぶら下がり綱の周りをクルクル回った。第二に、手足を伸ばしてうつ伏せになり「上から下へ」さっと舞い降りた。第三に、斜めに張ったロープの上を走った。第四に、ピンと張ったロープの上を歩き、笛の音に合わせて跳ねたり回ったりした (pp.5-6)。

一二　[P. Bourdelot and] Bonnet, *Histoire générale de la danse sacrée et profane* (Paris, 1732).

一三　De L'Aulnaye, *De la saltation théâtrale* (Paris, 1790), p.101, note 1.

不安は極致に達した。コメディ＝フランセーズの役者たちと王立音楽アカデミーの座員たちは、フランス演劇やオペラを首都パリで公演する独占権を死守しようとしたからである。旅芸人たちは、これら演技と歌の公認機関が訴える種々の王令の、その精神ではなく言葉づらに従うために、とめどもなく次々と妙策を編み出していった。パルフェ兄弟は、国王の演者たちの独占権を守る目的で出された王令のいくつかを一覧にしている。一六九九年、警察総督ダルジャンソン[30]は、私人はいかなる「コメディ」も笑劇も演じてはならないと宣告したが、定期市の興行主たちは、コメディ＝フランセーズの役者たちが損害を被ったというダルジャンソンの裁定に対して控訴を行い、それまでどおりに公演を続けた（Parfaict, I. 18）。一七〇三年六月、サン＝ローランの定期市開催中に、パリ高等法院は二つの布告を裁可した。これに対して旅芸人たちの側は、作品から数場面のみを抜粋して完結させたものを演じる、「ジュ［・ド・テアトル］jeu［de Théâtre］（無言の場面）」[31]の割合を大幅に増やす、という手段で「正式に」これに応じた（ibid., pp.31-2）。一七〇六年には、ダルジャンソンは定期市芝居の興行主に対して新たな二つの判決を下し、対話を含む劇、礼節、品性にもとる劇はいかなるものでも上演を禁じた（pp.47-8）。このころコメディ＝フランセーズの役者たちは、年に二回、すなわちサン＝ローランとサン＝ジェルマンの定期市それぞれのシーズンに、旅芸人たちのことで苦情を申し立てなければならないのは面倒だ、と抗議した（p.69）。一七〇八年、定期市興行主のアラール[32]とモーリス未亡人[33]は、オペラ座との法的な取り決めをしようとを試みた。つまり彼らは、自分たちに不利な判断が新たに下されることを見越し、王立音楽アカデミーのディレクター、ギネ[34]に、舞台転換を行うことの許可、ディヴェルティスマンの歌手とバレエダンサーを雇うことの許可を求めることにしたのである。（一七世紀にオペラ座に与えられた開封勅書[35]に基づき、こうした許可を与える権限はギネにあった)。アラールとモーリスの要求は認められ、こうして高等法院の布告から身を守ることができた(pp.73-4)。

しかし、すべての旅芸人たちが権威と折り合いをつけようとしたわけではない。一七〇七年二月二二日の[高等法院による]「判決 arrêt」が非公認劇団に対話を用いることを禁止したとき、彼らは対話の代わりに、一人が台詞を言い、声を出せないもう一人は身振り記号を使ってコミュニケーションを行った(Parfaict, I. 59)。その年、コメディ=フランセーズの役者たちは、ド・ラ・プラスとドレによる一座[36]では、役者が交互に素早く舞台に出入りしたり、舞台袖で自由に台詞を交したり、他の役者が舞台上で囁いたことを舞台袖から大声で言ったりして、一種の対話をしている、と苦情を申し立てた(pp.63-4)。この申し立てに対してダルジャンソンは、禁止令に違反した一座には解散命令を出すという対応に出た。その後一七〇九年、旅芸人たちは、コメディ=フランセーズの有名な役者たちの身振りや声の真似をし、アレクサンドランの韻律や悲劇調で意味のない言葉を発して、パロディーを上演した。ギネが、王立音楽アカデミーの「特権」を侵害するような許可はもう撤回された、とアラールに告げると、アラールはこれに従い無言劇を作ったが、パルフェ兄弟は『定期市見世物史のための回想録』で次のように報告をしている。

前回の定期市では、演し物のなかに曖昧なところがたくさんあったと観客は不満を漏らしたが、それは、役者たちが身振りでは表現できないことを身振りで無理矢理表現したことが原因だった。そこで、役者たちの身体演技では表現できないことすべてを、大きな文字で、ごく簡素な散文で書いた厚紙を使うことを考えついたのだった(I. 109-10)。

この巻物を、役者が台詞を言うべきときに各自広げて観客に見せた。これに続く次の方策は、散文対話の代用として、二行連句に（ヴォードヴィルと呼ばれる）よく知られた歌のメロディーをつけ、これを観客に歌わせるというものだった。観客が容易に歌えるように、まずオーケストラがメロディーを奏で、興行主に雇われ最前列席《ストール》や平土間に席をとったサクラが言葉をつけて歌い、他の観客が後に続く、という方式がとられた。別のやり方として、一七二二年には舞台天井から「パネル（エクリトー écriteau）」を吊り下げるという方法も導入された。このほうが観客も読むのが簡単で、役者も巻物に煩わされることなく「ジュ・ド・テアトル」を演ずることができた（I. 137）[37]。

一七七一年一二月二日のバショーモンの『秘録』には、オーディノは公認劇場のライヴァルに妬まれ、布告[38]によって一座は大衆見世物しかできない規模に縮小され、舞台では踊りができなくなり、オーケストラも大部分が使えなくなった、と報告されている。一七八五年五月二一日にバショーモンの後任が再び『秘録』でこの話題をとりあげ、オーディノが初めて自分の劇場[39]を立ち上げたとき、オペラ座、コメディ＝フランセーズ、コメディ＝イタリエンヌがそれぞれ個別に、彼の一座の活動に対して拒否権を発動してきたことを回想している（Bachaumont, XXIX. 35 ff.）[40]。このときオーディノは、役者の代わりに操り人形を使うことで対応したのだった。後になって、彼は人形の代わりに子供を使用する許可を得た。一七八六年には、年鑑『パリの小さな見世物』がボジョレー伯爵の「小さな俳優たち」という一座[41]について報告している。この一座による見世物の興行主たちは、フランスでかつて見られたことのないようなパントマイムで客を楽しませるある方法を見出したのである。

舞台で歌を歌わせることができないので、彼らは歌手と役者を舞台袖に隠し、舞台の子供たちは身振りだけを行う。しかし、この身振りやパントマイムが実に巧みで台詞や歌とよく合っているので、錯覚は完全なものとなり、眼前の役者に代弁者がいるとは全く思われない（一四）。

古代ローマ人たちは、役者の一人が動きを担いもう一人が朗誦を担って演じたものだったが、ボジョレー一座がやったのはこれの新ヴァージョンのようだ、とこの解説者は述べている。

もっと後のことになるが、元役者でありタンプル大通りのデラスマン・コミック座の舞台マネージャーであったヴァルクールが受けた嫌がらせについて、一七九一年の『パリおよび地方の全見世物の総合年鑑』の書き手たちが記している。革命前のことであるが、ブルヴァールの他の劇場の支配人たちにけしかけら〈42〉れ、警察はヴァルクールと彼の劇場支配人コロンを困らせることにした。「一度に三人の役者しか登場させることはできなかった。台詞は言えず、パントマイムしかできなかった。そして、舞台は観客から紗幕で隔てられていた（一五）」。しかし一七八九年七月一四日、ヴァルクールは「自由万歳！」と叫んで紗幕を引き裂いたのだった。

一四　*Les Petits Spectacles de Paris* (Paris, 1786), p.183. バロンの *Lettres et entretiens sur la danse ancienne, moderne, religieuse, civile et théâtrale* (Paris, 1824) は、同じ方法が（ノヴェールの提案により）ウィーンで上演されたあるオペラ公演でも使われたことに言及している（p.213）。

一五　Charles-Guillaume Étienne *et al.*, *Almanach général de tous les spectacles de Paris et des provinces*, 2 vols. (Paris, 1791-2), I. 211.

定期市で演じる役者のすべてが、生身の人間であったわけではなかった。人形芝居は、公認劇団の独占権の侵害による罰則を避ける抜け道のひとつであった。しかし、パルフェ兄弟によると、人形たちは定期市の芸人としては最も古株に属し、旅芸人たちが禁止令をかわす手段としてこれを利用するようになる以前から、定期市に根づいていたという。ある解説者は、人形は定期市において王室付き首席貴族たち[43]による不当な扱いを受けなかった唯一の演者であり、古い劇から新しいものまで全演目を自由に演じることができた、と述べている。[一六] 一七〇七年八月三〇日と一七〇八年八月三日の二つの報告が明らかにしているように、アラール、モーリスなどの興行主は、まず人形芝居や綱渡り芸人による芸をやり、続く演し物への当局の注意をうまくかわして喜劇やコミック・オペラを上演していた。[一七] しかし彼らのやり方は、一七〇九年一月二日に高等法院により正式に咎められ、違反を犯した彼らは、当初許可された種類の見世物以外は上演してはならないと命じられた。[44] 一七一九年、当局の布告によりすべての定期市芝居が閉鎖されたときでも、人形と綱渡り芸人の公演は続行が許された。翌年、「コメディ＝フランセーズ、コメディ＝イタリエンヌ、オペラ座」と「芝居小屋 petits théâtres」との間で取引が行われ、その結果、後者はいくらか対話と歌が入った劇を演じることを許された。そして人形は、相変わらず何でも好きなようにしゃべり、歌い、演じることが許されたのだった (Magnin, p.153)。

定期市のために書いたの三人の劇作家、ルサージュ、フュズリエ、ドルヌヴァルらも、[45] コメディ＝フランセーズの俳優たちの妬みから彼らが作品を提供してきた芝居小屋（フランシスク所有）が閉鎖された後には、ド・ラ・プラスとドレのマリオネット座の人形遣いになった。[46] パルフェ兄弟によると、彼らの公演は非常に成功した (Parfaict, II. 4)。『アルルカン・デゥカリオン』（初演、サン＝ジェルマン定期市、一七二二年二月二五日、フランシスクの劇場）の作者である劇作家ピロン[47]も、以前はもっぱら人形芝居のために脚本を書いていた。この劇には、このときの経験とこの劇が書かれ上演された時代の空気が映し出されている。アルルカンの姿をしたデゥカリオンは、人間を造るための原料を求めてパルナサス中をまわり、ついに木彫りの人形を手にする、すると人形はたちまちわけのわからないことをしゃべりだすのである。

ルミエールの詩『年代記』から引いた次の数行の句が、一八世紀中頃における人形芝居の人気と、人形がみせる「パントマイム」の魅力を示している。

かわいい小さな役者さんたち、宝石小箱に入る身の丈で、
ちょこちょこ歩いて仕草をし、何をやってもお上手なこと、
演技は紐で操られ、声は袖から聞こえてくる。
よその劇場では聞かれる、溜息も、口笛も聞かれない。
厄介事はない、邪悪なことなどあるはずもない、
公演が始まって、配役が風邪をひくということもない。
（デュクドレイによる引用、Ducoudray, *Correspondance dramatique*, II. 84）

一六 [De La Porte,] *Les Spectacles de Paris* (1754), p.185; *Les Spectacles de Paris, ou Calendrier historique et chronologique des théâtres* (Paris, 1792), part 2, p.34.

一七 Charles Magnin, *Histoire des marionnettes en Europe*, 2nd edition (Paris, 1862), p.152 を参照。

ニコレもオーディノも、予期されていた通り、人形芝居で観衆を惹きつけた。ニコレは、タンプル大通りに劇場を創設する前の一七五三年、サン＝ジェルマン定期市で人形芝居を上演していた。オーディノは、オペラ＝コミック座の以前の仲間をモデルにした大きな人形を使って、一七六九年より同定期市で類似の見世物を行っていた。彼のパントマイム『木彫りの俳優たち』はパリ中の人気を呼んだ、と一七六九年二月一六日バショーモンは「『秘録』に」記している。たくさんの上流階級の人たちがこうした見世物に夢中になったことは、広く実証されている。一八世紀のフランスのパントマイム復興のために大いに援助の手を差しのべたデュ・メーヌ公爵夫人は、たびたびソーの城館に人形遣いを迎えていた。[一八]ド・グラフィニー夫人によると、ヴォルテールも人形が演じる見世物を催したということである（Magnin, p.196）。オペラ座の女優ペリシエ嬢は、プルチネッラ、ジゴーニュおばさん、その他の人形芝居のキャラクターを熱愛し、ある人形遣いに支払って一日二回公演させていたということである。[一九]

　多くの人形遣いがそれを狙ったわけではないが、錯覚を追求したケースも実際一つ二つはあったようである。人形遣いの多くは、使用が禁止されている本物の俳優のもっぱらその代わりとして「木彫りの俳優たち」を使っていたことを考えれば、このことはおそらく驚くに当たらない。一七六二年サン＝ジェルマンの定期市でピエール・スゴンが使ったプルチネッラのように、ほとんど等身大の人形もみられた。[48]イタリア人カルロ・ペリコは一七七八年にタンプル大通りで人形芝居を打ったが、ヴィジェ＝ルブラン夫人は、彼の人形は非常によくできていて時に本物の人間に見紛うほどだった、と回想録に記している。[二〇]

　ボジョレー伯爵の一座[49]が一七八四年パレ＝ロワイヤルで公演を始めたとき、その座員は「小さな木彫りの俳優たち」だったが、翌年から人形は子供に据え替えられた。すでに述べたように、一七七三年にアンビギュ＝コミック座でも人形は子供に替えられたのだが、観客のなかには勘違いする者もいた。一七七三年の『定期市年鑑』には、アンビギュ＝コミック座から出てきた二人の女性の次のような会話が、定期市の劇作家アルヌー＝ミュソにより報告されている。

「あなた、一二ソルなら安いものよ。一見の価値ありだわ。あの小さな木彫りの俳優たちには、本当にうっとりさせられるわね」。

「そうね」もう一人が答える。「生きた人間だ、と言う人もいるのよ。操り糸がとても巧みに扱われていて、実際見えないからね」。

「まあ！ 私はあなたよりずっと目がいいようね」と一人目の女性が言う。「だって、とても面白くてしばらく釘付けになっていたのだけれど、その後かろうじて操り糸が見えたのだもの、とくにちっちゃなアルルカンのはね」。

しかし、二か月前に人形は子供に替わっていたのだ（Arnould-Mussot, op. cit.）。タンプル大通りのアンビギュ＝コミック座の隣にできた「中国の人形芝居 **fantoccini chinois**」は、人形芝居の一座であったが、時々

一八　Marie-Françoise Christout, *Le Merveilleux et le 'théâtre de silence'* (The Hague and Paris, 1965), p.132 を参照。
一九　*Les Spectacles des foires et des boulevards de Paris* (Paris, 1778), p.25.
二〇　Jacques Chesnais, *Histoire générale des marionnettes* (Paris, 1947), pp.123-4.

人形の代わりに生きた役者が演じていた、と一七九一年の『パリおよび地方の全見世物の総合年鑑』が報告している（*Almanach*, I. 266）。革命により劇場の公演規制が撤廃された以降も人形芝居はなお人気だったが、このことは、人形芝居は革命以前の弾圧された環境のなかで魅力が生じたという以上に、始めから魅力的だったのだ、ということを示している。しかしそうはいっても、人形芝居の人気の一部は、こうした弾圧が人形遣いの技の進展に拍車をかけたことから得られたものであることには、疑いはない。

影絵あるいは「オンブル・シノワーズ（中国の影絵）」も一種の物真似《パントマイム》を演ずる見世物であった。興行主アンブロワーズも一七七五年と一七七七年の定期市で、影絵で終わる『中国の気晴らし劇』を上演してはいたが、影絵に興味をもったのは圧倒的に上流または中流階級の人たちだったように思われる（ちなみに『定期市年鑑』は、これは「聖職者が遠慮せずに来られる」見世物だったと記している）。一七七五年に旗揚げしたセラファン座[50]は影絵で大人気を博したが、ある証言によると「庶民」はそんなに観に来てはいなかったという（Chesnais, p.129）。一方、ブルジョワや教養人たちはこれを熱心に観に来た。一七七〇年の八月一五日の『文藝通信』は、カーニヴァルのシーズンには女王が週三回セラファンを招聘して公演させていたという、クレリーの回想録に触れている[51]。クレリーによると、宮廷の人たちは大変満足した。そこでセラファンは、パリで一座を始めるのに通常は公認劇場に許可料を支払うべきところ、これを免除してもらえるよう国王に願い出た[52]（そして受け入れられた[一一]）。

この形式の娯楽には長い伝統があった。一七七四年にセラファンが公演を開始する前にも、一七六〇年にはオーディノがサン＝ジェルマンの定期市で影絵を上演していたし、グヴレット[53]によれば、フランスではもっと以前にもやられていた例もあるという[一二]。『パリの愛好家案内』は、セラファンの人形たちは長い間定期市で行われていた演し物を演じた、と記している。

> 光と影のさまざまな組み合わせでつくられる影絵芝居は、あらゆる人間のアティチュードをありのまま再現し、綱渡り芸や人物を描く舞踊も驚くほど正確に行う。あらゆる種類の動物も次々と現れ、支え操る糸も紐も見せずに、それらもまたそれぞれに合ったあらゆる動きをする。（Campardon, II. 393）

この記事からは影絵は無声の物真似劇《パントマイム》だったように読めるが、そうではなかった。粗筋とともに対話が活字に残されている。セラファンは「状況作品」〈54〉をいくつか上演した。一七八九年〈55〉には彼は『愛国薬屋』を上演、この作品では、ヴェルサイユに赴き王の家族をパリに連れ戻した女性たちの勇気と愛国心が称えられる。次に『悪魔が君主に』というタイトルの作品、そして『市民連盟』と続いた。タイトルから、セラファンの影絵芝居が子供向けではなかったことがわかる（*Feu Séraphin*, p.12）。どんなレパートリーをもつのかということが、多くの批評家たちのブルヴァールや定期市の興行主たちに下す判断を左右した。セラファンの「状況作品」の詳細が示すように、影絵芝居のように美的制約のある見世物の興行主たちは、時事問題を扱うことで、何とか普通の演劇についていこうとしたのだった。もちろん、こんな小さな娯楽の行う政治的主張など高が知れていた。しかし、ニコレやオーディノなど比較的強い政治的関心をもつ興行主た

二一　*Feu Séraphin: Histoire de ce spectacle 1776-1870* (Lyon, 1875), pp.2-3, footnote 4 を参照。
二二　Georg Jacob, *Geschichte des Schattentheaters*, 2nd edition (Hanover, 1925), p.186.

ちは、少なくとも理論的には、劇場規制が解除されれば「王の」劇場と競合するポジションにいたのだ。

定期市で培われた軽業やパントマイム技能の本性が、それらからは低次元で不埒とさえいえるような娯楽が生まれることを表している、とみる解説者もいた。ニコレは「悪趣味で淫らなジャンルを温存しているだけだし、一八世紀の風紀と知性の恥をさらしているだけだ」とデュクドレイは一七七九年に記している。(二三)ガシェも言葉は和らげているものの同じ見方をしている。彼は、ニコレの綱渡り芸人とアクロバット芸人は、「彼らのパフォーマンスが何か公益に向けられるのであれば」真面目な者たちが考えているよりは注目に値するであろうが、「そこでは時としてなお下品なことが行われている、とはっきり申し上げる」と言う(Gachet, pp.19-20)。危険を伴うという観点から、定期市やブルヴァールにおける演劇性をもたない見世物、とくにその定番である曲芸の類いは、道徳的に認められない、という意見も聞かれた。曲芸は、己の命を軽くみることで命の価値に対する観客の感覚を鈍らせる、とされたのである。メルシエも作品『二四四〇年』のなかで同じ異議を表明していた、と一七七七年にある解説者が述べている(*Les Spectacles des foires et des boulevard de Paris*, p.143)。一七九二年の年鑑『レ・スペクタクル・ド・パリ』には、ニコレのゲテ座の「軽業師、格闘家、空中曲芸師」について次のように書かれている。「これらさまざまな身体技について我々が言えるのは、たえず自らの命を危険にさらしながら才能の極致を見せる人たちに、我々はハラハラさせられる、ということだけだ。」(p.24)(二四)

デュモンは、オーディノのアンビギュ＝コミック座は、多少は趣味のよさが見られる唯一のブルヴァール劇場だとしている。(二五)オーディノは確かに「観客を満足させるのに専念している」のだが、これは彼が大衆の低俗な本能に迎合していたという意味ではない。実際、バショーモンの一七八五年一月一日の『秘録』

の」記事にあるように、オーディノは「品のある」パントマイムの父であり、タンプル大通りが実質的に道徳の学校となっていったのは彼のおかげなのである。(おそらくヌガレによって)その十年前に書かれた『パントマイムについての書簡』に、パントマイムは「習俗 mœurs」を描かなければならないという著者の信念が強調されていたが、ここでいう「習俗」とはもちろん「よき習俗」[二六]のことである。この考えは、ド・ロルネの後の著作『演劇のサルタシオンについて』にも読むことができる。このド・ロルネの書には、古代ギリシアの最も尊敬すべきパントマイム芸人たちは、エソロジストすなわち「習俗を描く人」と呼ばれていた、と書かれている(De L'Aulnay, p.28)。

ブルヴァールの劇場で上演されていたパントマイムは、異なる芸術形式を総合する作品の好例としばしばみなされた。この点では、パントマイムはその批評家たちが認識していたよりは、もっと真面目なエンターテインメントとして考えることができた。定期市の素朴な身体技であったパントマイムは、ブルヴァー

二三 [Ducoudray,] *Il est temps de parler, et Il est temps de se taire*, 2 vols. in 1 (Paris, 1779): *Il est temps de se taire*, pp.11-12.

二四 J. B. de La Salle, *Les Règles de la bienséance et de la civilité chrétienne, à l'usage des écoles chrétiennes des garçons* (Reims, 1736), p.133 も参照。「誠実な人は……綱渡り芸人の見世物など観に行ってはならない。綱渡り芸人たちは、他者を楽しませるために、毎日毎日、自らの生命と魂を危険にさらしながら、ちゃんとした人に賞賛されることもないどころか観てもらうことすらできない。理性の光のみに従って判断するのであれば、彼らは世間から強く非難されるべきことを行っているのだから」。

二五 *Le Désœuvré mis en œuvre*, in [Nougaret,] *La Littérature renversée, ou L'Art de faire des pièces de théâtre sans paroles* (Paris, 1775), p.15.

二六 in [Nougaret,] *La Littérature renversée*, p.30.

ルの劇場ではこれを遥かに超え発展していった。一七九一年の『総合年鑑』は、オーディノのパントマイム公演の成功を称賛している。その著者によると、「オーディノの一座でのパントマイムは、すべての要素が調和と完全に到達しようとする」(*Almanach*, I. 172)、これらの見世物の上演には努力も費用も惜しみなく注がれ、「素敵な音楽、美しいバレエ、鮮明な装飾、魅惑的な情景《タブロー》、快い衣装など」(p.179)が一つに融合されていた。一七六一年のニコレのパントマイムについてのデュモンの記事では、これらも混合スペクタクルではあったが、「極めて驚異的なものと極めて滑稽なものがいっしょになってしまっている」、とあまり感心されていない(Dumont, *Le Désœuvré mis en œuvre*, p.23)。

言葉を全く使わずにパントマイムだけで観客を満足させることの難しさは、一八世紀が進むにつれ多くの著者に認識されるようになった。「(アラール一座の)役者たちは、身振りで表現できないことを身振りで無理矢理表現した」というパルフェ兄弟の見解については、すでに述べた。ディドロも後には、パントマイムは発話に支えられたときに最も効果的であるという見方を示した。『私生児についての対話』でドルヴァルは、パントマイムを台詞と組み合わせることができ、言葉の場面に無言の場面を続けることができ、また二つの場面を合体させ「とくに、合体が近づくとき常に生じる恐怖あるいは滑稽」(Diderot, *Œ*, p.115)を利用することのできるような、才能ある劇作家を求めている。〈56〉「私」[ドルヴァルの対話者]が、古代の演劇《スペクタクル》では音楽、朗誦、パントマイムは時にはいっしょに時には別々に演じられたと言うと、ドルヴァルは、彼の求める効果が古代のモデルと重なることは稀にしかない、と返す(ibid.)。続いてドルヴァルは(自作の)劇でパントマイムと台詞を一体化する例をあげるのだが、息子の亡骸にひとり寄り添う父親のタブロー、死体を目にして意識を失うまで祈りの所作を続ける母親のタブローが提示され、ディドロのメロドラマ的な感傷趣味があらわになるばかりである（pp.116-17）[5]。ドルヴァルによれば、こうした場面が悲劇をつくるのである。しかしこのような演劇を上演するには、特定の作家、役者、舞台が必要であり、十分な効果を生むには観客も限定される必要がある、と彼は言う。ドルヴァルが考える舞台では「ベッド、眠る母親、眠る父親、十字架、死体、台詞無し／台詞有りの二つの場面が交互に現れること」が必要になってしまう――異種の属性、人格の混成は、フランスの古典悲劇ではもちろん禁じられていた――と不安げに言う「私」に対し、ドルヴァルは「ああ！ 適合性《ビアンセアンス》とは厄介な。それで、作品は礼儀にかなってもちっぽけになるのだ！」（p.117）と答えることしかできない。

　パントマイムは異なる言語の壁を越える言語であるという考えがいかに魅力的だったとしも、このテーマを論じた他の書き手たちも、パントマイムは言葉といっしょに行うほうがよい、というディドロの意見に同意した。ドラは、『演劇の朗誦』のなかのパントマイムの節では、あらゆる感情や情念は身振りで伝えることができるという考えに賛同しているが、この詩[58]全体としては、この無声言語は言葉による劇が伝える思想と印象を支え強化するにすぎない、という考えを前提に置いている。しかしこれは、ディドロ以降の多くの批評家たちが進んで受け入れてきたこと、すなわち、どんな演劇にも、言葉が沈黙に道を譲り、顔の表情や身体動作による感情伝達にその座を明け渡すべきときがある、ということを否定するものではない。『聾唖者書簡』のなかで、ディドロは言葉による思考の伝達について議論し、「どんな弁舌によっても決して表現し得ない崇高な身振りがある」（Diderot, *Lettre*, p.47）という考えを述べている。彼は、いかなる言葉も匹敵せず、まして凌ぐことなどあり得ない、無言のアクティオの例を二つあげている。一つはマクベス夫人である。彼女は「我が手が二〇年以上も前に殺した王の血になおも染まるかのごとく、手を洗う動作をしながら」目を瞑ったまま無言で歩く。この手の動き、この沈黙ほどパトスに満ちたものはない、とディドロは書いている。ディドロがあげる二つめの例は、遠くから夫に息子の死を知らせる女の場面である。女は、夫が幽閉されている塔の近くまで子供の亡骸を引きずり、一握りの土をつかんでその上に十字に撒きかける。夫はその意味を理解し、自身も餓死するのである。両者の例とも、台詞の力では決して届くことのない表現力が現れる、とディドロは言う。「最も崇高な思想であっても人は忘れてしまう。だが、これら身振りは決して消えることがないのだ」(p.48)。

ガシェは『見世物一般とくにコロッセウムに関する所見』において、オーディノのパントマイムを称賛し、ニコレのものより精巧であると述べている。それでもなお、彼はパントマイムの可能性を留保し、「特定の身振りに対してその意味が明確に決まるのでなければ、私はやはりあらゆるパントマイムは不完全であると思う」と述べている(Gachet, p.20)。問題は、多くの情念は身振りとしては同じ形をとる、つまり互いにほとんど違いがみられない、という点にある。

共通あるいは類似の身振りで表現される情念として、例えば、軽蔑、憎悪、反感、怒り、恨み、悲嘆などがある。希望、喜び、友情、感謝、愛情の表現に使える身振りもまた、互いに類縁、類似のものが多数ある。相反する情念が同じ身振りで表現される場合すらある。復讐、善行が遂げられたときには、その充足感は同じ身振り記号によって表現されるであろう。(pp.20-1)

したがって、的確に誘導しないと、観客は動作の意味を誤って解釈することになってしまう。「つまり、観客の精神は想像力の赴くままにあちこちさまよい、しばしば想像力が予測したのとは違う思考にいることに気づいて、勘違いを悟るという屈辱を味わうこともある」のだ（p.21）。ガシェは、こうした欠陥を改善するために先頃コロッセウムでなされた試みの検討へと話を進める。コロッセウムでは、劇で演じられる身振りをプログラムに記して、予め観客に配ったのである。しかしこの方法はうまくいかなかった。リッコボーニの「メソッド」演技の理論[59]を最大限受け入れるのでなければ、パントマイム役者をこんな規定に縛ることなどできないのだ、と彼は失敗の理由を説明する。ガシェは次のようにパントマイムを否定する。パリの公認劇場外の役者たちが直面したような監視や妨害を受けずに言葉を使用できるのであれば、言葉は最も簡潔、最も正確かつ最も自然な演劇の表現手段であることを認めるほうが、単純でよいのだ。たとえパントマイム役者が、台詞を言う役者と同じように、自分の思想や気持ちに観客を巻き込むことができたとしても、パントマイムと言葉の連携でしか得られないものもある。「声とその多様な抑揚が我々の気持ちを膨らまし、それによって快楽も倍増される」のだから（p.22）。

演劇のパフォーマンスにおけるアクティオの限界をこのように指摘したガシェの結論は、一八世紀に展開されたパントマイム芸の多様なプログラムのエピグラフに相応しく、それは初期の書き手たちが詳述した沈黙がもつ表現力に関する所信と、完全に一致していた。ディドロらがそうみたように、パントマイムは単独に演じては限界があるであろうが、台詞とともに用いれば台詞の効果を大いに高めるのである。『私生児についての対話』でディドロが述べている、パントマイム所作と音声言語との連携についての所見は、第二章で扱った教会、法廷、政治集会での弁舌について他の書き手たちが出した結論と、同じ結論に到っている。非公認劇団は、革命によってようやく公認団体から不当な扱いを受けることはなくなったが、この迫害がフランス演劇における語る身体の伝統の発展を助けたことには疑いの余地はなく、この伝統は今日もなお受け継がれている。デュボス、ディドロといった理論家だけではなく、裕福な市民、貴族、王族のパトロンなどもパントマイムに関心を抱き、このことがパントマイムのさらなる発展を助長したことも、また疑う余地はない。パントマイム的所作には、ルカンなどコメディ=フランセーズの役者たちによって舞台に導入された要素もあったが、彼らは公認劇場よりもヴォルテール宅などの私邸劇場で、より積極的に彼らのパントマイムの力量を発揮していたと思われる。劇場外——教会や法廷——でのアクティオの議論でもそうであったが、パントマイムの真剣な支持者たちはその起源が古代に遡ることを主張し、それを根拠に、演ずることは立派な職業である、と主張することができたのであった。一八世紀の舞踊に関する著作でも時として同様のアプローチがなされたので、次の章ではこれに関連する事項をいくつかとりあげよう。これらのケースすべてにおいて、古代の先例という威光は、より新しい型の身体コミュニケーションに箔をつけるものとみなされた。しかしいずれの場合でも、こうした技芸で成功するには近代的な感覚に訴えることが極めて重要であり、それは教養なき大衆の感覚に訴えることをも含んでいるということは、当時の人たちには明らかなことであった。

第五章　〝語る身体〟と舞踊

一八世紀のフランスでは、舞踊の歴史、舞踊の解説や教義、さまざまな職業における舞踊の有用性、劇場スペクタクルのなかでの舞踊の位置づけなど、舞踊に関する著作が多数出版された。舞踊は、歌や演技など他の芸と組み合わせると効果的かどうかということが、イタリアオペラと比較したときのフランスオペラの長所との関連で、頻繁に議論された。舞踊は普通、パントマイムと同様、無声で万人に理解され得る身振りと動きの言語と捉えられ、（古代のサルタティオに関する議論にみるように）時として、パントマイムと同義であるとも主張された。それで一八世紀の関連の著作ではしばしば、ピラデスとバティルス〈1〉は舞踊家だともパントマイム役者だとも言われるのである。踊りと伝統劇の演技様式の間につながりがあることは、当時さまざまな形で主張された。ノヴェールの『舞踊についての手紙〈2〉』は一八世紀に出版されたなかではこの問題に関する最も影響力をもった著作であるが、彼の「アクション・バレエ」の着想は明らかにディドロの「ドラマ」の理論に与しており、ノヴェールの見解の多くは『私生児についての対話』や『劇詩論』にある身体演技の議論を反映している。

舞踊の起源は一般に前文明的な「自然」の状態のなかにあるとみなされ、舞踊の動きは自然発生的な感情の表出と一致する、と言われた。舞踊の基本動作は、心的な刺激に対するある不変の身体反応を反映しているとされていたが、感情と舞踊動作の間にはどのような関係性があるのか、明確な特質については究明されていなかった。『百科全書』の「舞踊 danse」の項目では、この事典でやはり自然発生的であるとしている身体による別の表現手段――歌という手段――を舞踊の「身振り geste」と関連づけ、歌は自ずと舞踊につながると主張されている。

歌は人間にとって極めて本性的なものであるが、歌われるのを聴いて感動した別の人が、歌を構成する種々の音に合わせて身振りをするよう掻き立てられた。体を揺らし、両腕を開閉し、足は緩急のステップを踏み、顔の表情もこれらさまざまな動きに加わり、耳で受けた音に対して、体勢、揺れ、アティチュードを通して全身が反応した。こうして、感情の表現手段であった歌が、人間に内在する第二の表現手段を展開させたのである。人はこれを舞踊と呼んだ。

後に刊行された百科事典、パンクークの『体系百科全書』[3]における「クーラント courante」の項目の著者も、舞踊はその始まりから人が感じたことの素朴な表現であった、と断言する。だから、どんな舞踊も何らかの魂の情動を伝えるべきであり、そうでなければ舞踊は原初の特質を失い「技術の弄び」にすぎなくなる、と解説は続く。このことは劇場で踊られるときにはなおさら必要になる。「なぜなら、表現することは劇芸術の本質、特質であり、劇場舞踊は劇芸術のひとつであるのだから」。

一八世紀の舞踊史家たちはたびたび、舞踊についてはアリストテレスもプラトンも議論していると述べ、ギリシア悲劇の公演や宗教儀式において舞踊が果たした役割について言及している。古代と近代のバレエに関する書（1682）を著したメネストリエ[4]も、スペインやポルトガルでは当時でもなお、教会や最も厳粛な宗教行列において舞踊がこうした役割を担っていたことを記しており、バレエを踊ることは、異教徒だけでなくユダヤ教徒やキリスト教徒にとっても重要な宗教行為であった、と指摘している。(一) 一方『我々の劇場舞踊についての批判的書簡』(1771)の著者は、古代人の舞踊は近代の非宗教的な娯楽舞踊とはほとんど似ていない、という見解をあえて述べている。「(他愛ないものを偉大なものと比較してもよければ)オーディノ氏がブルヴァールの劇場で上演している踊るパントマイムを見れば、この種の見世物の浅薄な発想がわかる」というのである。(二)

イエズス会の修道士であるメネストリエが舞踊芸術に寄せていた関心からも示唆されるように、バレエはイエズス会の学校での舞台公演の演目に含まれていた。バロンの『古代と近代の舞踊および宗教舞踊、市民舞踊、劇場舞踊についての書簡と対話』(1824)はカユザック〈5〉の『古代と近代の舞踊』(1754)から多くを引いているが、舞踊が、快楽と苦痛、怒りと優しさといった内的感情をそのまま表出する初期の未熟な状態から、模倣原理により統制される芸術へと進歩してゆき、イエズス会の舞台で上演しても差し支えないほどまで洗練されるようになった、その過程を説明している(Baron, pp.9-10)。イエズス会修道士ル・ジェ神父〈6〉は、メネストリエに続き一七二五年にバレエに関する論文を発表し、「バレエとは、フィギュール、動き、身振りを使い、歌、舞台装置、あらゆる劇場機構の補助のもとに心地よく人を楽しませるためにあらゆる種類のアクション、習俗、情念を描く劇的舞踊である」(三)と記している。『体系百科全書』のなかの「学校バレエ ballets de collège」の項目には、イエズス会の学校ルイ=ル=グラン〈7〉では毎年、悲劇一作と「グラ

一 [Ménestrier,] *Des ballets anciens et modernes* (Paris, 1682), préface.
二 *Lettre critique sur notre danse théâtrale* (Paris, 1771), p.14, note 6.

ンバレエ」[8]一作を上演し、バレエは通常悲劇の幕間演芸《インテルメッツォ》として演じられた、と記されている。生徒が演じるラテン語の悲劇のテキストは宗教的プロパガンダの手段として利用されたが、同じくプロパガンダに利用されたオペラの台本にバレエを組み入れてバレエをキリスト教化することも、イエズス会士たちにとってはまたなされてしかるべきことであった。（この特殊な動きは、マルク＝アントワーヌ・シャルパンティエのオペラで絶頂期を迎えた）[四]。一六九七年、ルイ＝ル＝グランの生徒たちはル・ジェ神父の厳粛な悲劇『独裁官ポストゥミウス』を上演し、幕間の息抜きに、バレエマスター兼振付家であったボーシャン[9]作の「青春のバレエ」を踊った（ibid., p.207）。このとき、こうした公演にはよくあったことだが、オペラ座のプロの舞踊家が賛助出演した。

レモン・ド・サン＝マールの『オペラについての考察』（1741）は、パリはどこもかしこも舞踊ばかり――「舞踊が流行りすぎていると……思いませんか？」[五]――と不服気に評しているが、こうした文句にはまず賛同は得られないであろうことも認識している。フランス人は舞踊がとても好きで「次はバレエだと思えば、世界で最も美しいアリアも終わりにしてほしいと思う」ほどなのである、と彼は言う（pp.92-3）。ちなみに、彼自身は、「バレエの一幕《アントレ》」よりもうまくて心地よいアリアに感動するという。仲間たちは専ら目で楽しむが、彼は音楽のほうが好きで音楽に感動する（p.93）。しかし、舞踊そのものには、目で見る他の芸術と同じように、人を強く感動させる力がある、と多くの解説者にはっきりと述べられ、後にみるように、この考え方こそが、舞踊は模倣スペクタクルであるという議論の中核をなしたのである。とにかく舞踊は人気が高く、公認劇場のひとつが、自分たちの悲劇、喜劇の公演に舞踊を入れたいと許可を求めてくるほどであった。ルイ一四世がオペラ座に与えていた「特権」によって、他の劇場では建前上舞踊はできないことになっていた（モリエールのコメディ＝バレエが上演されていたことや、定期市で舞踊を含むある種の娯楽が許可されていたことが示すように、この規則にはいくらか例外はあった）。それでもコメディ＝フランセーズは、「バレエ禁止令廃案のために、コメディ＝フランセーズの座員たちから国王への建言」（1753）と題する次の詩が示すように、これに関してオペラ座が聞き入れることのできる以上の自由を求めたのである。

陛下、あなたの忠実な臣下たち
芝居を行う役者たち
穏やかなタレイアの下役たちは
訴えごとなど嫌いな者ばかりなのですが、
あの尊大なアカデミー［オペラ座］の
成功に対して恐れず苦言を申し立てます

三　Pierre Peyronnet, 'Le Théâtre d'éducation des Jésuites', *Dix-huitième Siècle*, 8 (1976), 107-20 を参照。パントマイム、とくにモリエールのパントマイムは、初期のころは宮廷娯楽で重要な役割を果たしたが、その目的はさほど真剣なものではなかった。つまり、それらは音楽的・劇的総合芸術作品のなかの一部として演じられていた。イエズス会での公演のように、パントマイムが悲劇のなかで行われることはなかった。

四　Robert Lowe, 'Les Représentations en musique au collège Louis-le-Grand de Paris (1689-1762)', *Revue d'histoire du théâtre*, 11 (1959), 205 を参照。

五　[Rémond de Saint-Mard,] *Réflexions sur l'opéra* (The Hague, 1741), p.55.

アカデミーのせいで彼らの一座の価値は下がり、
そしてバレエが締め出されているのです。(六八)

それなのに、とこの筆者は次のように誤った主張をする。喜劇の女神タレイアの神殿は開かれている、

すべてのイタリアの軽業師たちには。
陛下、我々とともに讃美してください
ヨーロッパとフランスが
このイタリアの連中に負っているものを。(p.2)

そして観客といえば、コルネイユやラシーヌの悲劇といったコメディ=フランセーズの伝統的な公演に飽き飽きし、好みを移して「我々の大道芸人を称賛し」、「こうして定期市に集まっている」。要するに、コメディ=フランセーズは、バレエだけでなく旅芸人たちの曲芸的見世物の類いを導入して、観客を取り戻すための許しが欲しかったのである。しかし国王の大臣は許可を与えない。

我々にだけ大臣さまは手厳しく、
いつまでも禁止をお望みだ
我々の軽業師も我々のバレエも。(p.9)

それでもこの懇願の後、コメディ=フランセーズの俳優たちはすでに行っていた舞踊の上演を再開し、警戒したオペラ座は彼らに大きな制約を課した。オーケストラはヴァイオリンは六台しか使えないことになり、使用できる舞踊家と歌手の数も非常に制限されたのである。一七九二年以降、バレエも幕間バレエも合法的に好きなだけ公演できるようになったときには、国民劇場（旧コメディ=フランセーズ）の役者たちは舞踊をすっかりやめてしまった。〔七〕

オペラ芸術は、リュリ、キノーらの「高貴な」オペラも、定期市育ちのあるいはオペラ・ブッファとしてイタリア人が発展させてきた軽いオペラも、舞踊と密接な関わりをもっていた。フランスオペラの支持者とイタリアオペラの愛好家の間に広がった論争についてはここでは議論しないが、このことは、一八世紀にオペラ一般が高い関心を呼んでいたことを示している。「演劇パントマイム」という匿名の小冊子でディドロは（彼はこの小冊子に前述のセルヴァンドーニの視覚スペクタクル〈10〉のことも記している）、一七五一年にイタリアからパリにやって来た「惨めな道化師たち」〈11〉の影響についてコメントしている。彼らはフランス人に、叫び声や身振りは、たいていは高貴なオペラの長台詞やレシタティーヴよりも直接状

六　*Remontrances de MM. les Comédiens Français au Roi pour obtenir de Sa Majesté la suppression d'un arrêt du Conseil qui leur défend les ballets sous peine de 10,000 livres d'amende* [1753], p.1.

七　Marion Hannah Winter, *The Pre-Romantic Ballet* (London, 1974), p.31 を参照。Henri Lagrave, *Le Théâtre et le public à Paris de 1715 à 1750* (Paris, 1972), p.367 および Sylvie Chevalley, 'Les Bals de la saison d'hiver en 1716-1717', *Comédie-Française*, 66 (1978) も参照。

況をわからせる、ということを教えたのである、と（p.458）。（八）後の一七八九年には、カトルメール・ド・カンシーが、オペラ・ブッファでは身振りが音楽より大事だと思われることは演者にも観客にもよくある、と確信をもって述べている。イタリアのオペラ・セリアはこれとは異なり、実質的に目には何も訴えかけない、「音とそれを伝える器官だけが、魂に語りかけるのだ」（九）と彼はつけ加える。一方、フランスの観客の視覚スペクタクルに対する趣味とは、カトルメールによれば次のようなものだ。

〔趣味は〕ころころと変わり、何を楽しんでいるのか曖昧になってしまっている。演技の表現を歌の表現だと、詩人の機知を音楽家の才能だと、劇の感興を音楽の感興だと、しばしば取り違えてはいないだろうか？　俳優が歌手以上に喝采を受けてはいないだろうか？　どうだかわからぬが、歌手がその演技を称賛され、アリアではなく情景が、音楽ではなくスペクタクルが称賛されるのを、いつも耳にするのだ。役者は身振りをするために歌い、観客は目だけで聴いている、と言われているようなのだ。

(Ibid.)

活気溢れるイタリア人たちの音楽と演技に触れたことが原因となって、フランスの観客は自国のオペラに不満をもつようになった。ノヴェールは『舞踊についての手紙』でリュリの曲は冷淡だと書いている（一〇）し、一七八七年のコンパンの『舞踊辞典』でも、リュリの音楽様式はそれが伴奏する舞踊の様式と当然同じなのだ、とノヴェールの述べた非難を繰り返している。リュリの時代には、音楽も舞踊もふつう単調で冷淡であり、個性がなかった、とコンパンは書く。（一一）キノーの台本に対する評価はさまざまだった。ディドロはこれについて異なる二つの意見を述べている。ひとつは、『ラモーの甥』の「彼」の台詞にあるように、キノーの台本は暖かみに欠けるという点でリュリの音楽に似ており、これをオペラにするのはラ・ロシュフーコーやパスカルに音楽をつけるようなものだ、という意見（Diderot, *Le Neveu*, p.86）[12]。もうひとつは『私生児についての対話』でドルヴァルが言う、キノーの取り組んだ——「驚異もの merveilleux」という——ジャンルはひどくても、とても面白く読める、という意見（Diderot, *Œ*, p.155）。『百科全書』の「バレエ ballet」の項目には、キノーによってフランスでオペラが確立されたとき、「グランバレエ」の基盤は保持されたがその形式は変えられた、とある[13]。キノーは、レシタティーヴが最も大きな部分を占める混成ジャンルを思い描いたのである（国王と宮廷人たちがサン＝ジェルマン＝アン＝レイ城でキノーとリュリの『愛神の勝利』を演じた一六八一年以降、イエズス会の学校以外でグランバレエが独立して行われることはなくなった[14]）。

宮廷と舞踊の密接な結びつきは、一六六一年ルイ一四世によって舞踊アカデミーが設立されたことからも明らかであった。会員は十三人、優れた舞踊家またはかつて優れた舞踊家だった者がなった。その八年後に音楽アカデミーが設立され、一六七一年リュリがそのディレクターとなった。コンパンは『舞踊辞典』の「オペラ opéra」の項目で、一七世紀のフランスにおける舞踊の社会的地位について、一六六九年に出

八　Eugen Hirschberg, 'Die Encyklopädisten und die französische Oper im 18. Jahrhundert', D. Phil. (Leipzig, 1903), p.104 も参照。

九　Quatremère de Quincy, *Dissertation sur les opéras bouffons italiens* (Paris, 1789), p.10.

一〇　Noverre, *Lettres sur la danse et les arts imitateurs* (Paris, 1950), p.122.

一一　[Compan,] *Dictionnaire de danse* (Paris, 1787), p.xi.

されたいくつかの布告によって、宮廷の従者や貴族が舞踊家になったとしてもその地位を剥奪されることはないことが定められた、と記している。舞踊アカデミーの開封勅書[15]には、舞踊は人が取り組むことのできる最も「立派な」技芸であり、体をつくり、あらゆる訓練（たとえば武装訓練）の基礎を身体に与えるのに必要である、と記されている。他のことでも舞踊の有用性は強調されている。メネストリエは、舞踊は恐怖、憂鬱、怒り、喜びといった情念を和らげるので社会的にみて望ましい、というプラトンの見解に言及している。つまり舞踊は、身体をよりしなやかに動かせるようにして恐怖や憂鬱を減らし、一定の調子で動いて衝動を鎮めて怒りや喜びを和らげるのである。舞踊はさらに専門的な職業にもそのまま役立つ、とメネストリエは言う。「キケロやクインティリアヌスが強く推奨したしなやかな体、巧みな動き、雄弁な外貌を獲得するために、弁論家の所作、公的な祝典、軍事演習には舞踊を応用することが求められている」のだと（*Ménestrier, Des ballets*, pp.33-4）。

『中国の舞踊についての覚書き、孔子の著作数編の写本による』（発行年不明）は、中国の舞踊の起源を扱っているはずであるにもかかわらず、「古代の人たちは……舞踊は動きに均整、拍節、調和を与えて魂の完成度を高める、と考えていた」[一二]と、メネストリエが引くプラトン主義の伝統を拠り所にしている。プラトンが、舞踊を軍事的（戦うために身体を鍛錬する）、家庭的（快適な気晴らしをする）、「中間的」（贖罪、犠牲の儀式を行う）と、その用途により区別したことにも触れられている（ibid.）。一七二六年にピエール・ラモー（スペイン王妃の小姓たちの舞踊教師）が出版した、『舞踊の指導、舞踊芸術の全規範における舞踊ステップ全種類の踏み方および各ステップに伴う腕の運び方の手引き』には、舞踊は快楽のために発明されたもの――つまり自然の産物でないということだ――ではあるが、それは公共の福利に寄与する、と記されている。ラモーは、身体訓練における舞踊の有用性に関する従来の見解を繰り返し、「民衆の喜びの源泉となる」国民の大祝祭においても舞踊は一役を担う、とつけ加えている[一三]。さらに、舞踊は外国人をパリに惹きつけ、その結果、国庫も潤い、世界におけるフランス人の評判も上がる（p.ix）。ヨーロッパにはフランス人の舞踊教師《ダンシング＝マスター》のいない宮廷はなく、舞踊はフランスが君臨する芸術なのだ（ibid.）。一七八九年に書かれたと推定される舞踊教師マルピエの論説では、さらなる長所が示されている。啓蒙時代の「洗練された政府」のもとでは身体の優雅さが必要とされる。「なぜなら、社会における優雅な身体とは、文明国家にみられる寛容さと穏やかな風紀にあたるものだからだ」[一四]。舞踊はあらゆる職業、あらゆる社会階級の人のものであり、このように万人に影響力をもつので舞踊は自ずと教育の基盤となる、とマルピエは主張する。「舞踊は人間に根本的に有用であるし、また人は良識ある学校の規範に準じて、より知識を得るとともに身体のよりよい発育にも努めなければならないのだから」と（ibid.）。しかし、初期の解説者たちの多くは、上流社会における舞踊の役割ばかり扱ってきた。それで、一八世紀のほぼ全般にわたって、舞踊にはこの宮廷流儀が漂い続けるのである。ラモーの本の序文にも、この本は若者のためだけではなく「どんな仲間の間でも、品よく歩き、挨拶し、礼儀正しくお辞儀する」習慣を身につけたいと望む「立派で上品な人たち」に向けられている、と明記されている。ラモーは、「我々が世界のなかで、

一二　*Mémoire sur les danses chinoises, d'après une tradition manuscrite de quelques ouvrages de Confucius* (n.p., n.d.), p.246.

一三　Sieur Rameau, *Le Maître à danser, qui enseigne la manière de faire tous les différents pas de danse dans toute la régularité de l'art, et de conduire les bras à chaque pas* (Paris, 1726), p.iv.

一四　Malpied (maître de danse), *Traité sur l'art de la danse*, 2nd edition (Paris, n.d.), Avis de l'éditeur.

我が国を輝かせるような立派な気品と態度で振る舞える」のは、舞踊のおかげなのだ、と断言する（p.2）。明らかに、彼がこの本の読者として想定しているのは特権階級の人たちである。

　ギィユマンによる記譜法の本『コレグラフィー：舞踊記譜法』（1784）には、人間の快楽の要求からどのようにして舞踊という芸術が生まれたのかが記され、ここでは、舞踊は「実直な娯楽」であり「魂に感受性を与え、身体にしなやかさを与えるという点では、有用とは言わずとも必要な娯楽」である、と捉えられている。[一五] しかし、ギィユマンが続いて解説している社交ダンス――アルマンド、メヌエットなど――は有閑階級のものである。コンパンもまた、舞踊は「それだけで良き教育の特徴を示す」（Compan, p.viii）と書いているが、明らかにそれは洗練された階級の教育という意味である。摂政オルレアン公がオペラ座に創始したような公的な舞踏会[16]に出席するのも、やはりその大部分は裕福な市民であった。『体系百科全書』の「舞踏会 bal」の項目には、このような舞踏会の発足は舞踊芸術に有利に働くはずであったが実際には不利に働いた、とある。オペラ座の取り組みで私的な舞踏会は姿を消し、ライヴァルたるコメディ＝フランセーズでも自分たちの舞踏会を立ち上げることはできなかった。オペラ座には競争相手がいなくなり、『体系百科全書』によると、その結果社交ダンスは廃れたのだという。それでもバロンは、オペラ座が設立されたこと自体により（定期市での軽業師やパントマイム芸人によるバカ騒ぎとは違う）真面目な舞踊の観客層が広がり、これに応じて踊り手の社会層も拡大してきた、とみている。オペラ座が設立される以前は、この種の舞踊はもっぱら宮廷のものでしかなかった(Baron, p.215)。一七二六年ラモーは、『舞踊の指導』では「都市における舞踊の主要なパ」（Rameau, p.269）について解説したが、次の著作では「貴族の若者たちが王のバレエに出演しなければならないときに戸惑うことのないように」、「シリアスおよびコミック」バレエの動きについて、バレエの構成法に関する簡単な導入つきで書くつもりだ、と述べている（p.270)。

一八世紀も末になると、ポルト・サン＝マルタンのオペラ座よりも「大衆的な」劇場がオペラとバレエの上演に踏み切り、上流社会の人たちもブルヴァールのこの芝居小屋に群がった（Baron, pp.287-90)。しかし演劇評論家ジョフロアは、この小屋のバレエとオペラ座のバレエとの明白な違いを指摘する。ガルデル[17]の『ポールとヴィルジニー』とポルト・サン＝マルタン座でのオメール[18]のパロディー『二人のクレオール』の間の違いは、正式なバレエとパントマイムの違いであった[19]（Geoffroy, *Cours de littérature dramatique*, VI. 134)。『二人のクレオール』の舞台は、次のような考えを実証するものだった。

> 行き当たりばったりの身振りや、喜び、優しさ、悲しみ、愛、その他あらゆる猿真似には、才能も技巧も要らない。目をくるくる回し、腕を掻きふり、足を踏みならし、大仰な身振りと渋面で醜い姿を晒すだけなら、パントマイムは芸術とはいえない。このジャンルは、物真似の王者たる猿たちに栄誉を譲るべきだ。(Ibid.)

一方、才能ある者は、さまざまな情念のしるしのうち、登場人物の年齢、人格にあったものを選ぶ。これらのしるしは、数を増やさず、賢明に配置しなければいけない。登場人物を演ずる役者たちが本当に心を

一五　Guillemin (maître de danse), *Chorégraphie, ou L'Art de décrire la danse* (Paris, 1784), p.vi.

動かしていれば、演技はずっと慎ましくなり、激しく動いて消耗してしまうこともなくなるであろう、と彼は書いている。冷淡な俳優が何も表現しないように、大袈裟な俳優も何も表現しないのだ、と（ibid.）。ルキアノスの舞踊論[20]には、古代のパントマイム役者たちがどんな努力を要求されたのかが記されているが、これに対して「たいていは大急ぎでいい加減に選ばれた、紋切り型の演技しかできないブルヴァールの役者たちが、どうやってこの難しいジャンルを極めることができるのか想像もつかない」（p.135）。ポルト・サン＝マルタン座ではすべてが騒動であり、「遠くからでもよく見えるように表現は大仰」であり、「大衆の心を揺さぶる哀切の寄せ集め」である（ibid.）。そのデリカシーのない公演を見て、ジョフロアは批評家としての責務を思い起こして、こう述べる。「軽卒な支持者がこれをオペラ座のライヴァルに仕立てあげ……優越性まで与えるのを見るにつけ、私はポルト・サン＝マルタン座のために、この一座に自分の出自を思い出させて、こんな競争は愚しく危険だと警告してあげたいと思うのだ」。結局のところ、ジョフロアにとって、トップの劇場と二流の劇場のライヴァルとの間に比較できることなど何もないのだ。

> 二流の劇場は自分のジャンルからはずれるべきではない。一流の劇場と張り合うのが彼らの役目ではない。芝居小屋が正規の舞台と比較され評価されるほど不幸なことはないのだ。オペラ座のバレエに対抗したところで、誰がポルト・サン＝マルタン座のバレエを観に行きたいと思うであろうか？

コンパンは『舞踊辞典』の「オペラ opéra」の項目で、いかにリュリ、カンプラ、デトゥーシュといった作曲家やキノー、ラ・モット、ダンシェという台本作家《リブレティスト》が偉大であっても、オペラ座の見世物のなかで最も輝かしいのはきまって舞踊であった、と書いており、当時の人たちの多くもこれに共鳴している。一八世紀の初めにレモン・ド・サン＝マールは、舞踊が今やオペラのあらゆる箇所に登場するようになってしまったことを嘆いた。かつて舞踊は挿絵のように入れられたにすぎず、全体の一部であった。それが今やオペラの主要な要素となってしまっていて、

我々がずっと大きな関心を抱く他の部分を圧し殺してしまっている……これこそオペラ座の悪癖であり、大いに改善する必要があろう。舞踊の場面が膨らみ過ぎ、そこに浅薄さが加わり、筋を支える代わりに、衰弱させ台なしにしてしまう。オペラが悲劇であるということ、つまり人を感動させる作品であることを忘れてしまうとは馬鹿げたことだ。この目的から逸れたものすべてはオペラにはそぐわず、その結果、不快な印象を生むのだ。(Rémond de Saint-Mard, p. 56)

しかしファヴァールは、一七六三年四月ドゥラッツォ伯に宛てた手紙で、オペラ座で「第一舞踊手」を探そうとしたがとんとかなわず、オペラ座のバレエマスターも将来に希望を与えてはくれなかった、と述べている。「今日ではどこでもかしこでも才能ある人が不足し、我々のオペラ座は人材をもて余すどころか、自分の一座の新人を募るのにも手を焼いている」。(Favart, II. 85)。

魔法の城（オペラ座）へ行かなければ
そこでは美しい詩句、舞踊、音楽が、

色彩で目を眩ます術が、
心を魅惑するための最も優れた術が、
たくさんの快楽からただ一つの快楽をつくり上げてくれる。(一六)

オペラは多面的な芸術であるから、他の見世物と同じ基準で判断すべきではない、とする解説者もいる。例えばカトルメール・ド・カンシーは、オペラでの舞台所作を音楽劇ではない演劇の所作と比較するのは適当ではない、と記している。「役者たちがほとんど何の理由もなく登場し、退場し、また登場するのにあなたが不満を感じるとすれば、それはあなたが常に演劇の適切さで音楽の適切さを判断しているからなのだ。あなたは常に演劇を見ているのであって、オペラを見てはいない」(Quatremère, op. cit., p.33)。実際、それぞれの芸術分野はそれぞれのやり方で人の心に働きかけ、それぞれに適した手段を使って人の心を動かすのだ、と彼は主張する。オペラのように複数の表現手段が使われると、個々の表現は全体的に弱まるということが起きる。「魂の統一原理」によると、「魂は一度に同等の二つの快楽を受けることも、一度に同じ強さの二つの情念を維持することもできない。相反する印象はすべて弱めあう。一般に、複数の感覚作用が統合されると、それら感覚作用が弱まるか、魂によるその受容が軽微になるかのどちらかである」(pp.29-30)。よって、オペラでのアクティオが言葉を使わないバレエのアクティオより劣っている、という不満は筋違いなのである。一方、この真実につき合わせて考えられるのが、どんな芸術のつくる幻想にも多かれ少なかれ限界があるのであって、彫刻に色がないとか、絵画が三次元ではない、パントマイムに言葉がないなどと非難すること自体おかしなことなのだ、という事実である、とカトルメールは続ける。

それなのに、

本当らしさが欠ければ欠けるほど、ますます幻想を造り出す手段が講じられ、相当奇抜なやり方で補完されようとする。そもそも芸術に完全な幻想を求めようとは、何と哀れなことか！　幻想が完璧になれば、心地よさは失われてしまう……幻想の本質である虚構性を壊そうとせぬよう、そして、真実に反すると人が非難するものよりもさらに大きな偽りとなるような真実を幻想に求めることのないよう、注意したいものである。(p.31)

あの「不自然」な慣習のほうが舞踊芸術には適している、と批評家たちには認識されている。純粋な舞踊では、言葉がない分、作品の「意味」を伝えるのにある程度身振りを大きくすることは不可欠なのである。(一七)『体系百科全書』の「バレエ ballet」の項目では、ある種の芸術では遠くの観客にも見えるように誇張して演技しなければならない、というホラティウスの『詩論』の言葉が述べられ、これを舞踊に次のように当てはめている。「我々の芸術は……遠近法に従っており、遠くからは微細なものは見えない。舞踊のタブローでは、線ははっきりと、部分は大きく、性格は力強く、集団は大胆に、オポジションやコントラストは芸術的に配慮されかつ印象的でなければならない」。(ジョフロアのポルト・サン＝マルタン座

一六　Voltaire, *Le Mondain*, in *Œuvres complètes*, ed. L. Moland, 52 vols. (Paris, 1877-85), X. 86-7.
一七　ノヴェールのバレエにおけるこうした誇張の有無については、Roland Virolle, 'Noverre, Garrick, Diderot: pantomime et littérature', *Motifs et figures* (Paris, 1974), p.209 を参照。

でのバレエは「粗雑である」というコメントが思い出されるが、ここで言わんとされているのはそれとは別のことである)。オペラは言葉と声の芸術でもあるので、身振りを大きくすることは理論的には舞踊だけのときほどは必要がない。ヌガレは『身振り論』のなかで、オペラの歌詞は聞きとりにくいのでオペラ歌手は身振りを執拗に使うべきだ、と述べているが、これは幾分例外的な主張である(Nougaret, *La Littérature renversée*, p.53)。これより少し前の作者不明の書、一七七二年の『オペラに関する試論』では、オペラでは身振りは控え目でなければならないとして、台詞劇と比較している。オペラの言葉は、レシタティーヴでもアリアでも普通の台詞よりゆっくりしているので、身振りもそれに応じてゆっくりやらなければならない、とこの著者は言う。しかしその一方で、身振りは通常の演技より目立つようにやらなければならない、とも彼は書いている。ここでは、オペラを歌うときの所作の重要性は決定的なものとみなされ、[一八] 著者は「オペラ座は身振りのよき学校となればよいのに。舞踊はまさに身振り術であり、舞踊家たちは今日では高いレヴェルにあるのだから」と指摘するのである(p.131)。オペラの舞台で成功を目指す人たちもまた、フランス人劇団の役者たちをよく観察し、身振りだけでなく朗誦のあらゆる側面を学ばなければならない、と彼は続ける。こうした才能はどんな劇場でも必要であるが、オペラ座でも欠かすことはできない。オペラの面白さは言葉と音楽からだけでは得られない。「[オペラでも]所作を見せなければならず、オペラの成功は役者としての才にかかっているのだ」(ibid.)。しかし、こうした理想が果たして現場で実現されていたものかどうか、それは疑わしい。オペラ座の舞踊家たちは台詞劇の役者のようには才能を伸ばせなかった、と確かにいろいろな人が書いている。[一九]『体系百科全書』の「クーラント courante」の項目では、ほとんどの舞踊家はきちんとした教育を受けていないと言明して、彼らを役者と対比している。役者はその職業柄「人々の慣習や上流社会での振る舞い方を学ぶとともに、演劇の枠を越えて学び知識を広げたいという気持ちにさせてくれる勉強」に取り組みたいと思うものなのだ。〈二〇〉役者たちは広く詩、劇、歴史の本を読んでいる、と著者は加える。舞踊を極めるには、舞踊家たちも同じようにして精神を修養しなければならない。身体的能力だけでは十分ではない。舞踊の教師はこの点生徒の模範にならなければいけない。例えばノヴェールの『舞踊についての手紙』では、ルキアノスの舞踊論に詳述された意見が述べられているのだが、これによると、舞踊の教師には、色を混ぜ合わせてコントラストをつくり、人物を集合させ彼らに適切な衣服を着せ、彼らに性格と表情を与えるために、画家の技能が必要とされる(Noverre, *Lettres sur la danse*, pp.69-70)。バロンは、古代の舞踊の教師たちを顧みる。彼らはパントマイムの理論を理解してそれを完璧に演じただけでなく、音楽と幾何学(動きを構想するため)、倫理学と弁論術(習俗を描写し、情念を喚起するため)、そして絵画と彫刻、歴史と神話といった分野の知識をもっていた。バロンも、これらの要求事項はすべてルキアノスから引いた、と記している(p.121)。

一方、舞踊を純粋に物理的に認識することも、多くの舞踊手引書の関心事であった。ラモーの著作は、基本的に主要な社交ダンスの踊り方を言葉で記述する書であり、〈21〉さまざまな動きを説明する(ラモー自身による)図版が多数添えられている。バロンは、後世に残るように舞踊の身体運動を記録する、というノ

一八　*Essai sur l'opéra* (Paris, 1772), p.132.
一九　*Idées sur l'opéra* (Paris, 1764), p.8.
二〇　Framéry は'*De l'organisation des spectacles de Paris*, p.30 に「オペラ座の歌手として最も重要な資質とは、優れた役者であることだ」と書いている。Dene Barnett,'Die Schauspielkunst in der Oper des 18. Jahrhunderts', *Hamburger Jahrbuch für Musikwissenschaft*, 3 (1978), 291 を参照。

ヴェールの提案に言及している。これによって舞踊家と教師の常なる宿命は変えられることになるだろう。というのも、彼らは「引退した後は、時代が称賛した才能の雑駁な記憶として留まるだけ」(op. cit., p.195)だからである。ノヴェールの『手紙』はまさにこの問題を議論し、画家が上演中の舞踊家の群像をスケッチしておけば、版画にし、複製することで指導に使える、と提案する。しかし、舞踊を図式的に記録することへの関心は、これよりずっと以前からあった。フイエの著書『コレグラフィー:文字、図、指示的記号で舞踊を書き記す技法』(1700)は、その二十五年前にボーシャンが開発し手稿の形で流布されていたシステムを、世に広く普及させた[22]。バロンは、高等法院の「判決」でボーシャンがこの記譜法の考案者とされたことを指摘している。バロンはまた、フイエのシステムの解読は非常に骨が折れた、というギィユマンの意見も報告している(Baron, pp.198-201)。『百科全書』の「コレグラフィー chorégraphie」の項目では、コレグラフィーを「舞踊を書き記す技法。歌の場合と同様に文字と記号を使う」と定義している。古代の人たちはこうした技術はもたなかったとされており、少なくとも古代の人でこのことに言及した者はおらず、フュルティエールの辞書[23]がこの語を記載した最初の辞書であった(ibid.)。一七八九年のマルピエ試作の記譜法では、ラモーやギィユマン[24]のように人の姿を描くことによってではなく、線とシンボルのシステムで舞踊の動きを図解している。バロンは最後に、ノヴェールの企画は実らなかったと述べ、記譜法のアカデミーがステップを描き、またダンサーの動線をトレースしておくべきだったし、名文家が一連のステップ、身体ポジション、アティチュード、無声の「パントマイム」を分析して、図面では明瞭に伝わらない内容を説明しておくべきだったのだ、と述べている。そうしていれば、それをもとに有能な素描家がバレエ作品中の主な群像と最も興味深い場面を描き起こすことができたであろうにと。

クレロン嬢は、舞踊は規則に統制された芸術なので、演技ではできないような仕方で教えることができるであろう、と述べている。[二二] メネストリエは「アリストテレス、プラトン、プルタルコス、ルキアノスが我々に残したバレエの作品展開の規則」(Ménestrier, op. cit. 序文) について、詳述はしていないが言及しているし、[25] ブルドロとボネの『舞踊史概説』やカユザックの『古代と近代の舞踊』[26] のような歴史研究書でも、古代の教義の要点がいくつか説明されている。多くの著者が、舞踊は他の芸術と同様、規則に隷従するだけでは決して一流にはなれない、情趣こそが舞踊家に必須の特質だ、と主張しているが (例えば Baron, pp.284-5)、それでも規則は軽んじられるべきではない、と繰り返し述べている。ほとんどすべての解説者が、ボーシャンが確立した舞踊の五つのポジションの規則に言及している。「ポジション」とは、ラモーに「両足をある一定の間隔だけ遠ざけ、近づけることで得られる適切な均整」と説明され (Rameau, p.4)、バロンは、すべてのステップはこの基本姿勢から引き出される、というラモーの見解を伝えている。ラモー自身が定める規則では、すでに触れた理由により、品位ある振舞いに対して大きな関心が向けられており、彼は男女の正しいお辞儀の仕方、帽子の着脱の仕方などに細かい指示を与えている。さらに彼は、上手に社交するには「気品を要する場での身のこなしを知らなければいけない」と述べ、その方法を解説している (p.2)。

レモン・ド・サン=マールは『オペラについての考察』において、悲しいことにフランスのバレエは画一的であり、結局それで観客はうんざりして退屈してしまうのだ、とこぼしている。彼は、フランスの舞

二二　第六章を参照。

踊は伝統的に、状況を写したり物語を語ったりするのには向いていないことを仄めかす。サン=マールの次の言葉には、ノヴェールが「アクション・バレエ」とともにもたらすことになった革命が予告されている。

我々の舞踊の構想はどれでもほぼすべて同じだ……我々の時代の舞踊家は完全にパントマイム役者になるだろうと言うのではない。それは言い過ぎであろう。しかし、彼らが少しだけパントマイム役者になったところでまずいであろうか？　いったい誰が、彼らの顔の表情に気品を与え、動きに表現を与え、アティチュードを多様にして、機械仕掛けの厚紙ダンサーにならぬようにするのを妨げているのか！（Saint-Mard, pp.93-4）

コンパンはこの「所作 action」という観念を繰り返し、『舞踊辞典』のこの語の項目で、所作とは、舞踊においては動き、身振り、表情を通して人の情念とフィーリングを伝える技術のことである、と記している。それはパントマイムに他ならない、と彼は続ける。〈27〉あらゆる身振りとアティチュードが異なる表現をみせなければならず、舞踊家はステップを知っているだけでは不十分なのである。つまり、サン=マールが言うように、ステップは舞踊の所作と魂に呼応していなければならない。気分が軽快であればステップも軽快、重ければステップも重く遅い。コンパンの簡潔な「腕 bras」の項目には、舞踊の腕の動作に最初に規則を与えたのはおそらくボーシャンであった、とある。「身振り geste」の項目はより詳しく、表現的に腕を使うための細かい指示が書かれているが、「腕の動きはもっと多彩でなければ、感情を掻き立て感動させる力はもたないであろう」とサン=マールと同じ懸念を述べて結んでいる。

演技の手引書においてもそうであるが、顔の表情についてはほとんどの舞踊書で別個に扱われている。仮面の廃止にノヴェールがもたらした影響はよく知られるが、ガルデルはノヴェールに先駆けてこれを行っている。一七六八年、舞踊家ヴェストリスが一部の貴族を喜ばせようと仮面を着用したとき、これを見た観客は馬鹿げていると感じた。ジョフロアは、顔の表情を誇張する――しかめ面をし、目を回転させる――のは、他の誇張表現と同じく不快だ、と述べている (Geoffroy, *Manuel dramatique*, p.134)。コンパンは『舞踊辞典』の「感受性 sensibilité」の項目で、ルブランの情念の表情についての講義によって広く普及した人相学の伝統に立ち返っている。彼は、感受性をもった舞踊家ならこうした多くの表情を見せるであろうし、そのそれぞれが異なる感情を伝えるであろう、と書く。彼の目、眉、口は「彼の感情の確実な代弁者」なのである。コンパンはこの項目を舞踊家の表現言語の普遍的特質に関する見解で締めくくるが、それは彼がすでにパントマイムと身振りに関して記した見解と寸分違わない。「魂がどこにあるのかは知らぬが、舞踊家のパ、身振り、アティチュード、物腰などでは、魂はまさしく目に語りかけ、その言語に曖昧さはない」(ibid.)。舞踊家は言葉を使わない分、動作のある側面を際立たせはするが、他の実演芸術家と同じく、「自然」のままでなければならない。一七五四年の『オペラに関する趣味のアポロジー』は、語る身体の技術を、それはイタリアオペラのためのものだと批判している。イタリアオペラでは主役の歌手はカストラートであり、「下っ端の役者たちはレシタティーヴしか歌わず、イタリア人が所作と呼ぶさまざまな顔をする」のだと。(二二)

(二二) *Apologie du goût français relativement à l'opéra* (n.p., 1754), p.18.

ノヴェールが一八世紀中葉のフランスにみられた人為的な舞踊様式に対して不満を抱き、この芸術に別の性質を与えようとして試みたことを検討する前に、当時明らかに見られた真の表現を犠牲にして効果を狙おうとする欲求について、他の著者たちが述べていることを、まず検討しておくのがよいであろう。これについては、ヴェストリスのことが『オペラに関する見解』（1764）の著者にとりあげられて批判されている。バショーモンの『秘録』の一七七〇年一二月一二日の記事には、オペラ『イスメネとイスメニアス』[29]に挿入されたパントマイムでのヴェストリスの素晴らしさを称える記述がみられる。ヴェストリスは仮面をつけず、「舞踊家としてだけでなく役者として、その実演のエネルギーで観客を驚かせた。彼はその役柄をこれ以上は望めないほど高貴に演じた。不可能なほどの高貴さ、迫真性、多様性をもって情念が顔に表れ、それは彼の舞台人としての特異な才能を示している」とバショーモンは書いているのだ。しかしこれ以前に書かれた『オペラに関する見解』[30]では、ヴェストリスに関して「なぜ彼はジャンプをしたがるのであろうか？　彼が大デュプレに完璧なる模範をみたような高貴で荘厳な上品さよりも、女性的愛嬌を帯びた上品さを、なぜ彼は目指すのだろうか？」（*Idées sur l'opéra*, p.18）と問いかけているのである。以前もこの書の著者は、ソフィ・アルヌーのオペラの演技を論じるなかで、彼女を称賛しながら非難もしていた。彼女がレシタティーヴでは所作をしなければと考えるのはもっともだが、誇張したいという誘惑は抑えるべきだ、と彼は述べている。「彼女は誇張せずはいらないのだろうか、演技の誇張が許されるのは言葉を全く使わないパントマイム役者だけだということを、彼女はわきまえていないのであろうか」と[31]（pp.7-8）。一方デュプレの踊りは、この書の著者の考える（「キャラクター」バレエに対して）英雄バレエの踊り方のあるべき姿に一致していた。規則正しさがデュプレの踊りの基盤であった。この偉大な舞踊家は、「痙攣する腕に弾みをつけて無理矢理大きな跳躍をして、腰が傾き、鉤形に足を投げだすことで、全身が維持すべき平衡《アプロン》を崩し、とったポーズも壊してしまう」(p.16) よりも、優雅な腕の動きと高貴で荘厳なアティチュードを好んだのだ。後輩たちの気障な演技を見たならデュプレはさぞうろたえたことであろう、とこの匿名の著者は言う。舞踊家たちの次のような振舞いは、デュプレの高貴なバレエの観念とはほど遠いのである。

> ボックス席へと両腕を伸ばし、胸の膨張・収縮を途切れなく繰り返して心臓の官能的鼓動を表現し、シテール人の時代遅れの洒落者が行うようなあらゆる淫らな身体のくねりを示す。体つきも顔つきもグロテスクで、音感がなく、腕を踊らせ、関節が外れているかのようにあるいは本当に人形であるかのように脚を動かすといった男女の群れによって歪められてしまった、このバレエの詩と呼ばれるものを、(彼は)見ることはできなかった(であろう)。(p.17)

こんな風に踊っては、高貴な様式も品位が損なわれ、軽業師のおふざけレヴェルのものになり下がってしまう、とこの著者は言う。

しかし、一七七一年に出版された『我々の劇場舞踊についての批判的書簡』の著者は、古い「高貴な」様式を、それは表現性に欠けているとしながらも、また違った見方で眺めている。彼はノヴェールの精神に沿い、こうした舞踊もパントマイムと組み合わせることで欠陥を補うことができるのではないか、という考えを示しているのである。「高貴なバレエ様式でのパ・ド・ドゥも、パントマイムを用いれば容易に面白くなるであろうが、現況ではパ・ド・ドゥはほとんど何も表現していない」(*Lettre critique sur notre danse théâtrale*, p.18)。舞踊家の四肢の動きはほとんど何も伝えず、彼らの顔も無表情だ。そして、

彼らは夢想するような目をしていてはだめなのだ。この人たちは表現すべきものが何もないので、顔の表情は不要であり、虚飾の厚化粧で顔を覆うことばかりに気を取られているのだ。一般的にみて、荘厳で高貴な舞踊は、あなたが加えることのできる行為《アクシオン》で活気づけなければ、何も表現しないのだ。(ibid.)

古い様式[32]の欠点をこれ以上的確に指摘することはできないだろう。古い様式では行為や物語を扱っていないし、実際それには物語はない。これは、多くの著作家が社交ダンスという慣行に対して向けた批判、すなわち社交ダンスはそれ自身のほかには何も表現しない、という批判に近い。ディドロも『私生児についての対話』の第三の対話でこうした異議を唱え、舞踊にはいまなお天才の出現が待たれている、と述べている。「どこでもかしこでも舞踊は劣悪である。舞踊は模倣芸術の一ジャンルだとはつゆも考えられていないからだ。舞踊とパントマイムの関係は、詩句と散文の関係、あるいは歌と自然な発話の関係に相当するといってよい。舞踊はリズミカルなパントマイムなのだ」(Diderot, *Œ*, p.162)。メヌエット、アルマンド、サラバンド[33]といった類いの舞踊は何も表現しない。落ち度はやはり、舞踊の理論家、実践家が舞踊のもつ描写性に気づいていないことにある。『我々の劇場舞踊についての批判的書簡』には、舞踊それ自身以外何も表現しない舞踊はすべてオペラから追放するべきだ、という(『音楽辞典』に述べられた)ルソーの

意見が報告され、オペラで踊られる舞踊の欠陥についてディドロと同じ見解が示されている（p.7）。この匿名の著者もまた、彼が「単純」舞踊と呼ぶジャンルを否定する。単純舞踊は小道具をもたずに踊られ、[34][35]彼の考えでは、それは「サルタシオン saltation」同然、カーニヴァルの騒ぎの類いとみなすべきものなのだ。「複合」舞踊だけが劇場に相応しい（ibid.）。この著者はさらに、ディドロの考えそのものに言及する。[36]ディドロの『私生児』の初の公開公演を観に行き、コメディ＝フランセーズからちょうど戻ってきたときのことだった、と彼は書いている。この作品があまり観客に受け入れられなかったことにはがっかりした。[37]しかし「この興味深い作品の崇高な舞台は、私の心に感動と憂いを呼び起こし、私はこの思いにしばらく浸っていようとした」（p.25）。彼は改めて『対話』を開いてみて、劇場舞踊に関して彼自身が考えていたことはすべてディドロがすでに書いていたとわかり、仰天するのである（p.26）。これより後に出たコンパンの『舞踊辞典』の「バレエ ballet」の項目でも、模倣について、ディドロと同じ見解が記されている。社交ダンスはそれ自身しか表現しないが、劇場舞踊は舞踊以外の何かの模倣でなければならない、とコンパンは述べている。しかし、これは決して新しい見方ではない。すでに一七世紀の末にメネストリエが、バレエは動きによって「人の行動、情愛、習俗を模倣し、動物の自然な動き、その他あらゆる物体が自然な動きあるいは力を加えられて動く動きも模倣する」（Ménestrier, *Des ballets*, p.153）と記していた。このことが、プルタルコスが、バレエは身振りと動きで主題を表現する無言の詩であると言った理由なのである、と彼は言う。メネストリエのより初期の著作『馬上槍試合、騎馬パレード、その他の公的見世物概論』

（1669）でも、「バレエは自然物と人間の行為の調和的で協調的な再現である」と記されている。[二三]

ノヴェールは劇とアクション・バレエは互いに密接な関係にあると考えており、ディドロの演劇に関する著作と、ギャリックのパントマイム的な演技様式を見た経験から影響を受けていた（Virolle, p.211）。ノヴェールは、劇を律する「古典的」慣習のいくつかは舞踊には相応しくないとみていた。彼はアクション・バレエにも提示、縺れ、結末が必要だと主張したが、彼はメネストリエに倣い、例えば、バレエで三統一を守る必要性を否定した。[38] ディドロが市民劇に対して求めたように、彼も日常生活の観察に基づくバレエを創りたいと考え、バレエマスター[39]には日常行為における身体動作に関心を向けるようにと求めた。

なんとさまざまなタブローが、職人たちの姿から描けることか！　それぞれの職人には、身体ポジションや動きに伴い、彼らの労働が要求するさまざまなアティチュードがみられる。彼らの歩き方、姿勢、動き方は、ともかく彼らの技巧と重なりともかく快適であるが、舞踊作家はこれらを把握していなければならない。それらが職人たちから拭えないものであればあるほど、模倣は容易である。（Noverre, *Lettres sur la danse*, p.73）

しかし、彼の鋭い眼差しが向けられる世界は、一つの社会階層の人たちで構成されているわけではない。「気楽な有閑階級の人たち、つまらないプティ・メートル[40]つまり年齢、名声、財産によって軽薄、無定見で自己満足的な特権を与えられているような輩の、馬鹿げた猿真似をする連中」の観察からも多くを学ぶことができる（ibid.）。（ノヴェールのこの言葉は、後にディドロが『ラモーの甥』で、大の物真似屋である「彼」

「ラモーの甥」について述べていることの顕著な先取りとなっている。「彼」はパントマイムを演じることで他人を「貶め」、世間に自分自身のことをもっと悟らせるのである）。社交ダンスを踊る人に与えられる教示内容や彼らに社交ダンスを練習させる社会状況と、これほど鮮やかな対比をなすものは、とうてい想像できないであろう。〈41〉ノヴェールは、単なる舞踊の機械的な妙技は規則集を演じているようで嫌いだ、と述べ、ディドロと同じく、ある程度制約から解かれた自由を推奨するのである。（二四）

舞踊を踊ると情念が和らぐ、というプラトンの主張を思い出されたい。ノヴェールより前に舞踊という実演芸術を動く絵画とみなしたデュボスも、人間の情念が生む所作をリズミカルに模倣することで情念を外化し制御する舞踊の力について、所見を述べていた。古代と近代の舞踊に関するカユザックの研究もまた、舞踊は心の動きを活写するというノヴェールの主張を先取りし、（二五）後の著作家たちはこの考えを唱え続けた。一七七一年の『我々の劇場舞踊についての批判的書簡』は、劇場舞踊とは「身体の異なる部分の

二三　Ménestrier, *Traité de tournois, joustes, carrousels et autres spectacles publics* (Lyon, 1669), p.7.

二四　Manfred Krüger, *J.-G. Noverre und das "Ballet d'action": Jean-Georges Noverre und sein Einfluss auf die Ballettgestaltung* (Emsdetten, 1963), p.10 を参照。

二五　Cahusac, *La danse ancienne et moderne, ou Traité historique de la danse*, 3 vols. (The Hague, 1754), III. 168. ルイ一四世の治世の末期頃、ルベル［Jean-Féry］Rebel は、「踊られたシンフォニー symphonies dansées」という新しいバレエ様式を考案し、ノヴェールのマイム舞踊の前兆となった。『舞踊の特性 *Les Caractères de la danse*』（1715）のなかでルベルは（一七一四年のル・ロワ Le Roy の『舞踊の頌歌 *Ode de la danse*』でも述べられているように）舞踊は独立した表現芸術であるとして、それはデカルト哲学の影響を受けた他の芸術が追求し、ルブランが視覚芸術において模範を示してきた、感情のミメーシスを表現する、と力説している。

多様な動きによって魂が受けた多様な印象を表現する技芸」(p.6) であるとし、ヴェストリスとハイネル[42]の踊りを見ても「我々の魂は踊りを見る前の状態と変わらない」(p.12) と嘆いている。コンパンの『舞踊辞典』の「情念passion」の項目には、別の芸術媒体によるある有名な作品を想起させる記述がある。舞踊家が観る者に横顔を見せるとき、舞踊による情念の表現は非常に明確になる、という記述である。読者はダヴィッドの絵《ホラティウス兄弟の誓い》(1784) を思い出し、ノヴェールのバレエ『ホラティウス家とキュリアス家』[43]はほぼ間違いなくこの絵画の典拠のひとつとされていることもまた思い出される。ジョフロアは、詩人ホラティウスが劇芸術と綱渡り芸の難しさの違いを比べたことを読者に思い起こさせ、綱渡り芸は何も表現しないので芸術であろうとする気取りがない、と続ける。だから「オペラの舞踊は、何も表現しないときはいつも綱渡り芸よりずっと下だ。綱渡り芸は少なくとも好奇心の大いなる対象であり、人間の巧知がなせる驚異的技芸の典型なのだから」(Geoffroy, *Cours de littérature dramatique*, IV. 148)。

ディドロとノヴェールのさらなるつながりは、劇もバレエもそれぞれ絵画の原理に従うのが望ましいという彼らの見方に、はっきりと現れている。ディドロの演劇タブローの理論は、ノヴェールの『手紙』における活人画《タブロー・ヴィヴァン》[44]の概念に反映されている (p.226)。活人画は普通の絵画では描くことのできない一連の出来事を描くことができる、とノヴェールは書いている。[二六] バレエは連続態を示すということに賛同して、それはちょうどリュクサンブール宮殿の画廊にあるマリ・ド・メディシスとその息子の誕生を描いたルーベンスの連作画との比較が許されよう、とノヴェールは言う。[45] (しかしノヴェールはディドロとは異なり、バレエ作品の構成にク・ド・テアトルを入れることを認めている。[46] ディドロの理論ではタブローを優先しク・ド・テアトルは劇から排除される)。『体系百科全書』によると、上演では有効に利用されてこなかったものの、キノーはオペラの台本に常に絵画的な局面を打ち立てており、彼の作品には「情熱、絵になる美しさ、ラファエロの美しい下絵のような豊かさ」が随所に見られる(「クーラント」の項目)。コンパンの『舞踊辞典』の「場面 situation」の項目では、才能ある舞踊家は、オペラの舞台で偉大な出来事《アクション》を描くときには、その出来事からまず絵《タブロー》になる場面をすべて抽出することから始めよ、と命じている。[48]「構想に入れるべきはこれだけだ。他のすべてのものは、使えば欠陥となるか、使えないかのどちらかである」。

絵画と舞踊の類縁については他の書き手もいろいろ述べており、カユザックは早くも一七五四年にこれを問題にしている。彼は、舞踊が(絵画と同様に)より多くの対象を扱うようになれば、舞踊も優れた構成を示し、主題に生きた動きを与える機会がもっと得られることになる、と書いている。「ド・エッス[49](有名なダンサー)の軽やかな手腕によって、毎日美しいテニールスの絵が生まれるのを想像してごらんなさい」と(Cahusac, III. 143)。「オペラ opéra」の項目においてコンパンは、「単純舞踊 danse simple」に対する複合バレエ[50]の優位性に関するそのほかの批判的所見を念頭におきながら、単純舞踊とアクション・バレエを対置させ、両者の関係は肖像画と歴史画の関係に等しい、と述べている。(メルシエの『演劇について』における、集団を描く劇とカンバス一面に描かれた絵に対する、個人に焦点をあてた劇と肖像画の比較が思い出される)。バロンは、ヘルクラネウムとポンペイでの発掘で発見された多種多様な舞踊の動きが描かれた絵について、どれもみな非常に優雅で軽快だ、と語っている(Baron, p.78)。さらに後のほ

二六　カユザック(op. cit., III. 135-6)は「劇場舞踊は、それが描こうとするあらゆる瞬間において継起的である。それは情景《タブロー》から情景《タブロー》へと進み、動きがそれに生命を与える」と述べている。Krüger, p.19も参照。

うでは（p.236）、ノヴェールは羊の群れのようにキャラクターが次々と登場する単調なバレエ[51]を、ある種の絵画に似た変化に富んだものへと変えた、と述べている。バロン[52]は、一枚ごとに配置が変わる互いに関連する一連のカンバス、しかもそれぞれの絵では、個々の集団、個々の人物は互いに違う姿勢、動きをしていなければならないような一連のカンバスに、バレエをなぞらえている。

ノヴェールの絵画理論の一部は、確かに、彼がディドロの劇に関する著作から受けたどんな影響よりも先んじていた。というのも、コレが一七五四年の彼の編集する雑誌に、ノヴェールのバレエ『中国の祭り』は、「パとアントレ」によってではなく一連の「多様で斬新なタブロー」の心躍る豊かさで観客を楽しませた、と記しているからである。[二七] 他の論者たちと同様にノヴェールは、新しいバレエ様式には、彼の拒否したような妙技の独擅場を不可能にするような、統合された構成が必要であると考えていた。この点、彼の考えは、連続感を壊し突如として介入するク・ド・テアトルをタブローに置き換えようという、ディドロの考えに似ている。オートマティズムは、舞踊家についてはノヴェールが、役者についてはディドロが非難したが（ディドロは役者が劇作家の指示に忠実に従うのも好んだが、自発的に演じる役者も好んだ）、後の書き手たちにもはっきりと嫌われている。『我々の劇場舞踊についての批判的書簡』の著者はとりわけ「感じやすく」情念を喚起する芸術を嗜好していたので、一七七一年の『私生児』の公演に対する冷ややかな反響にはひどくがっかりさせられたのだが、そうした嗜好からさらに彼は、技巧だけの舞踊に対して異議を唱えている。「魂を必要とする」踊りを、フランス人はいまだ理解できないでいる、とバロンは記している。「これを踊るには、よくできた操り人形であってもだめなのだ」（p.126）。

バロンによると、ジャヴィリエ、デュムーラン、デュプレの踊りは「同じ身振りと図形の果てしない繰り返し」であったというが（p.231）、こうした単調さを避けるために、アクション・バレエの構成にはある種の絵画の原理が使われた。ディドロの「ドラマ」の理論には、タブローの構成や全場面の構成にはコントラストを与えよ、という指示が含まれていた。また彼は舞台で異なる出来事が同時に進行するという構想を押し進めたが[53]、そこには、異なるものでも関連のある行為を同時に描写すれば、別個に描いては得られないような視覚的豊かさを観客に提示できる、という考えがあった。同じ方針により、ディドロは、舞台構成におけるシンメトリーの原理を、他の一八世紀の劇理論家たちと同じく否定した。ノヴェールの『手紙』もまた、舞台で舞踊家をシンメトリーに配置するのをやめるように促し、効果的な構成原理を見出すためには巨匠の描いた絵を観察せよ、と生徒に助言している（p.90）。ノヴェールの助言は、舞台における群像の造形のみならず、画家的な色の配分にも及ぶ。強い原色は前景に、落ち着いた色は舞台後方に配置するように、と。『体系百科全書』の「バレエ ballet」の項目には、ノヴェールの『中国の祭り』の公演ではこれらの原理が無視されていて全部台無しだった、とある。「配色が悪く、色の混ぜ方もひどく、見た目がよくなかった。登場人物はみなあちこち動き回り、きちんと描かれているのに雑然として見えた……彼らは同色を纏っていて、衣装がいわば作品を「殺して」しまっている」。ある部分を際立たせるために他の部分を捨てるということがなく、すべてが同じ輝きを放っていた。「コントラストがなく、その一様さによりタブローは効果を削がれていた」（ibid.）。台詞劇なら、これらの絵画の規則を無視してもかまわないが、オペラではだめである、と著者は言う（これまで見てきたように、一八世紀のフランスでは

二七　Charles Collé, *Journaux et mémoires*, ed. Honoré Bonhomme, 3 vols. (Paris, 1868), I. 428. ディドロの演劇タブローの理論は一七五七年に初めて発表された。

シリアスな舞踊の大部分はオペラのなかで踊られた)。オペラの本性――たいていは神事のように定型的《ヒエラティック》で、動きは遅く、アリアが歌われるときは自ずとしばらく一つの場面に留まる――が、この種の舞台では絵画の規則に従うよう求めるのである。「そこでは、その宝のすべてを展開するのは絵である。概して優れた筋もなく面白味に欠ける舞台は、あらゆる種類のタブローに富んでいなければならない」(ibid.)。『百科全書』のグリムによる「抒情詩 poème lyrique」の項目でも、タブローをオペラでアリアが歌われる箇所と結びつけ、次のように述べている。

> アリアは、作曲家の最強の手段として、グラン・タブローに、そして音楽劇の崇高な瞬間にとっておかなければならない……大きな効果を生む秘訣は、色の強度よりもグラデーションの技術にあり、名色彩画家の技法とは熟練染色工のものとは別物なのだ。非常に生き生きと変化に富んだ一連のアリアも、中断も停止もせずに歌われては、最も肥えている耳、最も熱心な耳でもたちまちにして飽きてしまう。音楽劇で大きな効果を生むのは、レシタティーヴからアリアへの移行部、アリアからレシタティーヴへの移行部なのである。(二八)

これまで引用してきた統一感のあるバレエ作品を望ましいとする提言の数々には、バレエは独立、自立した作品になり得るのであって必ずしもより大規模な作品の添え物ではない、という書き手たちの信条が現れている。しかし、バレエの自立可能性は長い間否定されてきた。オペラなど、舞踊が複合芸術の一要素をなすところでは、作品全体にとって不可欠な部分となることの必要性が強調された。『百科全書』の「劇場舞踊 danse théâtrale」の項目では、舞踊は古代ギリシアでは喜劇や悲劇の一部をなしていたことに触れられているが、それは幕間の演し物であり、筋と密接な関係があったわけではなかった、と記されている。『体系百科全書』の「バレエ ballet」の項目には、キノーは舞踊を彼のオペラの主要な筋とうまく結びつけた、とあるが、それでいて同じ項目の後のほうでは、オペラは舞踊の理想的な媒体となる可能性をもつが、このことは証明されたわけではない、と記されている。作曲家たちは、バレエを作品の主要なテーマと統合する必要性を感じてきたわけではなく、台本作家たちも、舞踊は添え物か幕間の埋め合わせであることを、ほとんど無条件に受け入れてきた。しかしたとえ添え物や幕間の演し物であったとしても、現在の状態よりもっと直接的にバレエを作品全体と関係させることはできる、とノヴェールは断言する（Noverre, *Lettres sur la danse*, pp.119-20）。ディドロの『対話』では、演劇改革のなかに「舞踊を真の詩の形式に帰着させること、舞踊の台本を書くこと、舞踊芸術を他のすべての模倣芸術から区別すること」も入れられている（Diderot, *Œ*, p.167）。

　しかし解説者のなかには、舞踊をオペラとは別個にやることを支持したが、その理由として、舞踊が入るとオペラの説得力を弱めるから、という考えの人もいた。『新エロイーズ』でルソーは、オペラに割り込むバレエについて、歌手が座り、踊りがその前で踊られることで、どの幕でも一番面白いところで進行

二八　ルソーの『音楽辞典 *Dictionnaire de musique*』（Paris,1768）の「エール air」の項目には、「我々のオペラにおけるエールとは、いわば、模倣音楽という絵《タブロー》が描かれる画布あるいは背景である。メロディーが素描であり、ハーモニーが色である。人の心を映すあらゆる感情が、芸術家が模倣するモデルである。注目を集め、興味を引き、耳を魅了し、感動させることが、これら模倣の目的である」と記されている。

が中断される、と書いている。彼は凄まじい言葉でバレエを攻撃する。

舞踊を音楽劇の本質的要素としてとり入れるというだけでは物足りず、彼ら（パリの人たち）は時として主要な主題を舞踊で演じようとさえした。彼らはバレエと呼ばれるオペラをつくったが〈54〉、それはとうていバレエと呼べる代物ではなく、他のあらゆるオペラにおけるのと同様に、舞踊は場違いなものとなっている。このバレエの大部分は各幕で別個の主題をつくるが、これらの主題は、作者がプロローグでそれを伝える配慮を怠れば、観客には決してわからないようなある形而上学的な関係で互いにつながっている〈二九〉〈55〉。

グリムも右記の『百科全書』の「抒情詩poème lyrique」の」項目で、オペラが舞踊で中断されることに異論を唱えている。

昨今では、この後から加えられた部分が、抒情詩の主要部分となってしまってさえいる……オペラの成功は今日では、バレエの美しさではなくそれを踊る舞踊家の技能で決まってしまう……我々はメヌエットやリゴドンで絶えず筋の進行が邪魔され中断されても我慢できるのだから、詩の筋には何ら感興も情熱もないのに違いない。我々は各幕がディヴェルティスマンで中断されても我慢できるのだから、歌は単調で堪え難いほど退屈であるのに違いない〈56〉。

一七七六年の『秘録』は、音楽スペクタクルから完全に独立したバレエを観客に馴染ませようというノヴェールの取り組みに、非難を浴びせた。オペラ座の経営陣が（高くつく）彼をオペラ座の仕事に加わらせたのは、こんなことのためではなかったのだ。[57] この年の間じゅう、人々はノヴェールがバレエ『アレクサンドロスの寛大』[58] で行った「装飾にすべきものを作品の主要部分にする」試みに概して批判的であった、と『秘録』の著者は記している。ノヴェールは、振付術をできる限り改善すること、「つまり、フランスオペラや他の音楽作品のなかに、主題に沿った舞踊を挿入する方法を見出して、筋の一部とし、興味を維持し膨らませて、この甘美な見世物の魔法を補完する」ことに集中すべきである、と（Bachaumont, IX. 237）。[59] 翌年もまた、『秘録』はノヴェールによるバレエ、コルネイユ原作の『ホラティウス家とキュリアス家』に、同じ攻撃を浴びせた。

> この［オペラから］切り離された見世物が、ノヴェール氏の期待したような成功を収められるかどうか疑わしい。今回成功しなければ、彼は責務を果たせなかったことになる。彼が、演劇の筋に付随、従属する踊り、熱を冷まし進行を妨げてしまうことなくこれを支えて、与えられた幕間で盛りたてるような踊りをつくって、それらを筋のなかに組み入れるという構成法をとらなかったのは、残念である。(X. 15)[60]

二九　Rousseau, *La Nouvelle Héloïse*, ed. René Pomeau (Paris, 1960), pp.266-7.

しかしその何年か前には、バショーモンはオペラの枠外でバレエを創ることに賛同していたようである。一七七〇年一二月一二日、彼はこの日に上演されたオペラ『イスメネとイスメニアス』を評して、[61] ヴェストリスにいたく感動したと述べ、ヴェストリスが輝いたその踊りを創ったのはノヴェールであり、「彼はこのジャンルで最も才能ある人物だ。しかし、こうしたパントマイムは単独で上演し、オペラに組み入れないのが望ましい。範囲も広がりすぎていて、演技も完璧なので、それは装飾ではなく主要なものとなってしまっているのだ。」[62] と書いている。彼がここでバレエを分けたいと思ったのは、明らかに、バレエが入るとオペラの邪魔になるとみたからである。一八世紀末になっても、舞踊をより大きな作品《スペクタクル》に結合させようとするのは賢明であるのか、疑念がもたれ続けた。『パリ・オペラ座の現状についての対話』(1779)の著者は、「いわゆるスペクタクルを構成するすべてのもののなかでも、舞踊は確かにより後づけ的で、主題と関連づけるのが最も難しい」[三〇] ときっぱり述べている——強くルソー的な批判を汲む見解である。一七八九年カトルメール・ド・カンシーは、フランス人はいまだ舞台《スペクタクル》を美しく飾るバレエに本質的な面白さをもたらすことができないでいる、と記している。これに関連して彼は、劇的感興のない舞踊など考えられないとするイタリア人たちを、フランス人と対比する(Quatremère, p.36)。フランスで舞台を飾るバレエの大半は「紋切り型の踊りであり、感興とりわけ劇的感興に欠ける……結局、拍手喝采を受けるのはこの種の舞踊であるのだが、筋はないも同然で、まず感興が沸かない」(p.37)。バレエの妙技公演はまだよく行われているようであり、「イタリアでは歌うために歌うように、パリでは踊るために踊るのである」と(p.38)。

それでも多くの書き手は、アクション・バレエにはある種の劇と同じように偉大な主題を伝える力があることを確信している。宮廷のために創られた宮廷の作品である、古い「高貴なバレエ」の高尚さを伝えるのではなく、人民の習俗を伝えるのである。コンパンの『舞踊辞典』の「習俗 mœurs」の項目には、古代ギリシアでは舞踊とは実在の形象の模倣であった、とあるが、どのように模倣されたのか、詳細は記されていない。ギョームの一七七〇年の『舞踊年鑑』でも、「バレエの上演とは、習俗の規則を示す方法であり、舞踊の動きで人のあらゆる行為を模倣する」[三一]と、同じ一般的な主張がなされるだけで、やはり具体的には何も示されていない。しかし、舞踊で舞踊以外の実在を表現しようという、カユザックそしてノヴェールが表明した意図は、一八世紀の後半を通して間違いなく存在し続け、舞台で社会の状況を表現しようという劇作家や役者の意図とつながってゆくのだ。ドラマの理論におけるのと同様にそこでは、観客の感受性に影響を及ぼしその思考を刺激する身体運動のもつ力が、非常に強調されている。しかしノヴェールは、ディドロもそうであるが、その作品のほとんどにおいて、日常生活を真の説得力をもって描写できていないように思われる。実際、『私生児』から主要人物と筋書きを借用している[63]彼のバレエ『海賊になった愛神』は、ディドロの「ドラマ」よりさらに日常から遠ざかってしまっている。船が難破し、残忍な人身御供が行われ、神に救われる、というこのバレエのストーリーは、まさしく一七世紀のロマネスク文学に類似している。

理論の上では革新的であったとしても、実際のところノヴェールの作品の多くは、ディドロの「ドラマ」と同様に伝統と結びついていた。しかし、それがこうして過去に負っていたのは主として文学モデルであっ

三〇　*Entretiens sur l'état actuel de l'Opéra de Paris* (Amsterdam, 1779), p.128.

三一　Guillaume, *Almanach dansant* (Paris, 1770), p.8.

た、ということは重要である。ノヴェールのバレエの物語の題材には期待がもてなかったとしても、筋を描くという取り組みそのものは革新的だった。ストーリー展開にはしばしば真実味がなく、それは彼が舞踊家に観察するように奨めた日常性からはかけ離れていたが、ストーリー展開が存在するということだけでも、バレエがそれまでの非演劇的領域から脱皮するのには十分であった。さらにノヴェールは、当時の人たちの反発を受けながらも、バレエの実演様式の型を破ることに成功し、ディドロが演劇においてなし得たことよりも決定的な成果をあげたのである。おそらくこれは、演劇では伝統的な演技の規範を通して技術を習得するのは望ましいとされていなかったのに対して、舞踊の動きは習う必要があると広く認識されていたので、演劇より教師の存在が大きかった、ということによるのであろう。いずれにせよ、ノヴェールが舞踊界に残したものとは、舞踊家の無声の「演技 jeu」がいまだかつてなかったほど雄弁な、バレエのアクションという遺産だったのである。

第六章　規則と類似性

一八世紀の解説者たちの多くが役者とは養成できるものなのかどうか疑念を抱いていたのにもかかわらず、俳優の養成施設を設立しようという努力、俳優術の基本原理を確立しようという努力は一八世紀を通じてなされた。喜劇を演ずる技術は悲劇とは異なることは認識されていたが、少なくともコメディ＝フランセーズでは、志願者が座員になるには両方のジャンルに秀でていることが要求された。役者には正式な教育が必要であるという、役者たちの一致した意見があったわけでは決してなかったが、演技の専門学校をつくろうという一八世紀後半の数々の試みを考えると、この考えはかなり広く浸透していたとみることができる。演技にも専門の養成学校が欲しいという思いは、これまで示してきたように、演技も現在アカデミーに属する技芸と同等の評価を受けてしかるべきである、というより大きな信念の一部をなしていた。演技は全面的にとは言わずとも部分的には規則の体系により教えることができる、と多くの人が考えたので、規則に統制された独自の手続きをもつ種々の自由学芸と比較されるようになっていった。こうした比較の際には、とくに弁論術や絵画芸術と比較されるときには、演説や絵画における身振りやアティチュードの重要性について考察されることがたびたびであった。

一七三八年、ルイージ・リッコボーニは、これまで演劇学校の創設を考えてきた国が一つもないことに驚きを示し（Louis Riccoboni, pp.43-4）、年配の弁論家を朗誦の教授職に就かせてはどうか、という提案をした。その授業は最良の教育機関の授業と同様に社会に益をもたらすであろう、とリッコボーニは書いている（p.44）。しかし、これは当時、役者たち自身に広く共有された意見ではなかった。ルカンも、時代は下るがモレも、のちには役者養成学校の創立に尽力することになったものの、地方での公演経験がパリの舞台を目指す男女の最高かつ十分な修行の場となってきたではないか、と主張したのだった。ルカンによれば、地方の劇場は「実質、民兵のような存在であり、王の一座の座員を補充しようというとき、そこから最高の人材が得られた」のである。[一] 一八世紀の終わり頃、コメディ＝フランセーズの女優ロクール嬢は演劇の生徒たちに「演劇熱《スペクタクル》があり、住民が劇の才能に関することすべてにやかましくまた明るい大都市に修行に行くように」と勧めた。[二] クレロン嬢は回想録で演技学校の必要性を否定している。彼女は、踊りや歌は習うことができるし習うべきであるが（Clairon, p.269, p.302）、同じことは演技では言えない、と主張する。「考えること、感じることを学ぶための規則など私は知らない。自然だけが学習や助言、チャンスを発展させる能力を授けることができるのだ」と（p.303）。しかし、彼女の演技様式の批判者たちは、彼女の演技は覚えたものに思われ、自然さと、台詞や身振りの天稟に欠けている、と主張した。『ラモーの甥』では、甥がチェスプレイヤーのド・ビシーのことを「あの人は、チェスプレイヤーとしては、役者としてのクレロン嬢のようなものですな。二人とも、その道にかけては、人の覚えられるくらいのものはすっかり心得ていますがね」[1]（Diderot, *Le Neveu*, p.7）と言う。その一方で、『俳優についての逆説』では、ディドロの「代弁者」は、クレロン嬢の演技への合理的なアプローチが彼女の卓越性の鍵になっている、と断言している。彼は、クレロン嬢の演技術はこの上なく巧妙であると評し、その完璧さは、彼女が役柄を知的にものにしており、感情的には距離を置いていることによる、と言う。[2] 一九世紀の初めにオースティンは、演技も他の領域の場合と同様に、規則は才能のある人には決して指針にならないが才能のない人には指針になる、と書いている。演技の熟達のためには規則が必要であることを認めたがらない役者や批評家たちは、明らかに、才能だけに支配された芸術は理性に導かれた芸術より偉大である、という考えをもっていた。この問題には後ほど戻ってこよう。

ルカンは、一七五一年からのオペラ・コミックの人気[3]の上昇によりシリアスな演技が衰退してきたと感じたことで、それまでとは明らかに考えを変えていた（Pierre, *Anciennes Écoles*, p.6）。彼は、オペラ・コミックでは役者は容易に成功できてしまうので、若者が舞台の研究に真剣に取り組まなくなり、コメディ＝フランセーズがそれまで役者を調達してきた大勢の予備軍もじきに不足してくるかも知れない、と考えたのである。一七五六年、今後の公演レヴェルを維持できるかどうか懸念したルカンは、王室付き首席貴族[4]に「悲劇の朗誦術を身につけた生徒を養成し、優れた喜劇役者の訓練法の知識を得るために、王立学校の設立の必要性が認証されることを目指して」という覚え書きを提出した（*Mémoires de Lekain*, p.174ff.）。ルカンは、ルイ一四世によるアカデミーの設立により舞踊と音楽が授かった社会的地位を演劇にも認めてほしい、という他の批評家たちと同じ要望を表明し（p.177）、演技が王室付き首席貴族の無関心のために放置されてきたことを咎めた。彼らはフランス演劇の栄光が維持されるよう気遣うべきなのに、役者に払うべき思慮も払わず、モリエールが死にバロン[5]が引退してからというもの、役者が宮廷に出入りすることも禁じてきたのだ（p.178）。しかし、ルカンの提案虚しく、一七五六年にはアカデミー設立はならなかっ

一　Théodore Lassabathie, *Histoire du Conservatoire impérial de musique et de déclamation* (Paris, 1860), p.3を参照。
二　Constant Pierre, *Le Conservatoire national de musique et de déclamation* (Paris, 1900) および Étienne *et al.*, *Almanach général*, l. 285 を参照。

た。一七五九年に、提案するアカデミーの構想を詳細に示して、彼は再度試みた。このときもまた、オペラ・コミックがシリアスな演技に及ぼす悪影響を強調した。この種の娯楽に出演した生徒たちは権利と地位を取り上げられることにしよう、と彼は書いている（p.410-11）。しかし二度目も、ルカンの提案は正式な同意を得ることはできなかった。

ルカン自身は演技の専門学校などない時代に演技を学んだのだが、彼には仲間や後輩たちが感嘆するほどの教養があった。クレロン嬢は、俳優に最も重要なのは生まれながらの才能であることを強調する一方で、ルカンについて「素晴らしく学業の研鑽を積んでいた。彼は複数の言語をこなし、多読で、見事な判断をした」と記している（p.245）。この証言にはタルマもお墨付きを与えている。クレロン嬢は、演技で身を立てようという者はみな幅広い教育を受けることが必要だ、と力説した。彼女は役者には特定の学問の知識が必要であると確信し、彼らは歴史、古代神話、文学、言語、地理に詳しくなければならない、と記している（p.278）。トゥルノンはその演技の手引書で、悲劇を演じるには歴史および古代の遺跡の研究をすることをとくに奨め、喜劇では、理由は明白だが、役者はまた別の意識が必要だとみなした。すなわち「古代の歴史と絵画は永遠の金字塔であり、人はそこから悲劇の真実を汲み取ることができる。喜劇はしきたりを知っていれば足りる」ということである。(三) しかし、演技の学校ができたとき、王立絵画彫刻アカデミーの画家たちが受けていたような歴史教育（Locquin, p.82ff）は、役者の教育課程には入っていなかったようである。ドルフィユは、役者は教養がある必要はないが、演劇に関する知識はもっていなければならず、例えば「大昔の人々の精神、慣習、習俗、しきたり」を理解していなければならない、と書いている。これによってのみ役者は、人物たちを描くのに、現在彼らをどのように捉えているのかではなく、当時彼らは実際どのようであったのかという視点から描く方法を、知ることができるのだ、と（Dorfeuille, I. 22-4）。

ドルフイユの手引書には、アティチュード、身振り、顔の表情の使い方についてかなり広範なリストが記載されている。彼は、俳優術に役立つ規則など存在しないとするクレロン嬢からは明らかに距離を置き、アクティオはパフォーマンスの種々の側面のなかでも教えることが可能であり、教えるのが望ましい側面だ、と考えている（I. 34）。演技の訓練は古代でも行われていたという指摘もある。例えば『詩と絵画についての批判的考察』でデュボスは、クインティリアヌスの書には、古代ギリシアには役者志願者が身振り術を学ぶ学校があったことを示す内容が書かれている、と述べている（Dubos, I. 525）。一方、アクティオに関する知識が全般的に欠如していることも、理論家たちに繰り返し言われてきた。一九世紀初頭に朗誦論を刊行したデュブロカも、「身振り」術の訓練に使える規則の詳述を試みた著者はほとんどいない、と述べている。すでにみたように、エンゲルが一七八五—六年の『身振りの構想』でこれを試みてはいるのだが。この本は一七八八—九年にフランス語に翻訳され、役者モレがこれを賞賛したことが知られている。ドイツ人レッシングも、これ以前に「身体的雄弁 körperlich Beredsamkeit」すなわち「身体言語」の著作を書こうとしていたが、彼の企画は断片的なもので終わってしまった。[四] デュブロカは、身振りのニュアンスが有する無限の多様性のなかで、レッシングやエンゲルが構想したようなシステムの発展が阻まれ

三 [Tournon,] *L'Art du comédien vu dans ses principes* (Amsterdam and Paris, 1782), p.135.

四 Theodore Ziolkowski, 'Language and Mimetic Action in Lessing's *Miss Sara Sampson*,' *The Germanic Review*, XL (1965), 261-76 を参照。

ているのをみた。デュボスもまた『考察』でこの問題を議論していた。デュブロカは、身体的コミュニケーションでは各個人のやり方に個別の規則を与えるしかないとみたのであり、おそらくそれで、彼は自身の著作でアクティオを詳しく規定することにほとんど手をつけていないのである。彼がアクティオの説明をするのは、たいていは身体表現一般という広い意味での「身振り」が美術作品でみられる例を生徒に示すときだけである。

視覚芸術といえば、一八世紀のフランスで演技の批評家たちが繰り返し口にしてきたある見解が思い出される。それは、役者の演技はその場で消えてしまうので他の多くの芸術作品に比べ不利である、という見解である。同じことが舞踊でも言われたことはすでにみてきた。『カイロノミア』のなかでオースティンは、ギャリックの演技を何かしら彷彿させるものは、ホガースによる絵が一枚とレノルズ[6]による一枚をおいてまずないと嘆き、この偉人の他すべての演技は、不確かで儚い語り伝えによって細々と伝えられてきたのだ、と述べている（Austin, p.279）。彼はさらに、ケンブルとその姉のシドンズ夫人[7]を描いた有名な絵のように、どんな絵画も公演のある瞬間を描くだけである、と力説する。そして、話者の話す速さを捉え、多様に推移しながらさまざまな相互関係のなかで語られる言葉の、その話し振りと身振りを正確に表すには、何らかの技術または創意が必要とされる、と彼は結ぶ（p.280）。彫刻、絵画、文学、音楽は次の世代にも楽しみや教えを与え続けるが、演技はそうはいかない。（もちろん、音楽では演奏は作曲とは異なり、現代の録音技術がなかった時代には、役者の演技に近かった）。一八世紀には、役者の発する音声（それはここでの私の関心ではない）の喪失を惜しむ声も聞かれたが、身体による語りすなわちアクティオの喪失を惜しむ声も、多数聞かれたのである。演技の学校の設立を求める声の数々はおそらく、過去の遺業が模範として常に手にとれないのは演技を学ぶ者に不都合だ、という意識から生まれたものであると思われる。

過去の名優たちがどのように役に取り組んだのか明らかにできればよいとは認識されていたものの、そのための適切な手段が見つからないという問題が現実としてあった。演技を言葉で伝えるのは難しいと感じていたエンゲルは、舞踊譜の本の著者たちが開発していた記譜システムに似たやり方で、動きを図式的に表す方法を導入してみた。オースティンは、エンゲルはあるイタリア風身振りを記述するのに彼の八折本の一頁全部を使った、と述べ（*Chironomia*, p.277）、身振りは理解するのはとても簡単でも書き下すとなると容易ではない、と結ぶ。そして、オースティン自身が開拓した記譜の体系の明晰さについて書き、エンゲルが苦労して表現した身振りは、記号が弁舌のパターンを示す彼自身の方法でずっと効率的に伝えることができる、と言うのである。彼は、演説をする弁論家や劇で演じる役者のあらゆる動作を後世に書き残せるように、記譜コードを完成させたいと考えていたのである。

もちろん、一八世紀の演劇の学生でも、特定の絵画的手法で上演の様子を再現したものを見ることはできたが、それらは必ずしも役者の演技の一般的様式を伝えるものではなかった。一八世紀に大いに議論された、絵画は非時間的な芸術形式であるということ、それは、絵画は上演の記録としてはその有用性にそもそも限界があることを意味している。前述した絵画《タブロー》に関する私の所見からも示唆されることだが、絵画は実質動きのない演劇の場面は正確に描写するが、動作を伝える力については限界がある。それに、美術家はふつう「有益な瞬間」を選んで描く。役者のアクティオが、誇張されたり、別のやり方で劇の他の箇所より目立つようにされるこの瞬間は、役者の感情または緊張が最高に高ぶる瞬間であることが多い。カルル・ヴァンローが描いたクレロン嬢の絵《ポートレート》のことは、この関連からすでにお話ししてある（本書、pp.130-33）。現代において、演劇公演の宣伝用に役者が装った「静止」ポーズをつくるそのやり方は、一八世紀の画家が描いた演劇画とあるいは似ているかもしれない。両者とも、観客が劇で実際に見るある瞬間の忠実な再現ではないであろうから。

上演中のある場面を手早くざっとスケッチしたもの、あるいは何枚か続けてざっとスケッチしたもののほうが、ある特別重要な（あるいは「劇的な」）瞬間を精緻に描き込んだ油絵よりも、その精神を的確に表現している、と考えるのは理にかなっているように思える。ウァトーの作品や一八世紀後半のサントーバンの作品は、舞台や現実生活での自然な行為に感応して描きとられた、この種の典型例としてあげることができる。ウァトーがちょっとした日常の営みを好んでスケッチしたのは、たいていは彼がそこに劇的な質を感じ取っていたからである。例えば、アシュモリアン美術館所蔵の香具師の素描には、アクション場面を「その場で」描きとる彼の能力が現れており、そこには一八世紀の大衆見世物における演劇的な要素が示されている（口絵8）。場所は定期市であり、商品を売るために偽医者が役者から一時的に借り受けた舞台が描かれている。偽医者は熟練した役者のような態度や身振りを見せ、幕を吊るす縄の上に座る猿たちも、観客並みに彼の弁舌に感心している様子である。そのスケッチの裏面には、同じ「パフォーマンス」での別の情景が描かれており、役者たちがこの香具師の後ろに立って出番を待っている。彼らの衣装もそして幕も、このシャルラタン独自の演劇的活動の世界の一部をなしているが、ちなみにこれらのものは、パリからイタリア人劇団が追放されている間でも、ウァトーは定期市に喜劇的な素描を描くためのモデルをたくさん見出していた、ということを示している。アシュモリアン所蔵の素描が描かれたのはおそらく一七〇六年か一七〇七年、すなわちイタリアの喜劇役者たちがパリに呼び戻される前である[9]。イタリア人喜劇役者像は今日ではヴァトーの芸術の真髄と思われているが、一七二一年にヴァトーは没しているので、彼がイタリア人から直接感化されたのは晩年だけであったことになる。ヴァトーは類まれなる素描家であり、その技能は生前広く認められていた。彼の友人で画商のジェルサン[10]は、彼の技能の非凡さは永遠に認められるようになるであろうと予言した。しかしケリュス伯爵は、ヴァトーの芸術には弱点があり、それは彼のデッサン力の弱さにある、と主張した。ケリュスによると、それで彼は英雄的、アレゴリー的なものは描かなかったのだという。しかし実際、ヴァトーは時おり神話に基づく作品も描いているし[五]、彼の最も知られた油絵の多くに、アレゴリー的な要素を認めることもできる。ケリュスは、ヴァトーが直接神話を扱う作品をあまり描かなかったことを残念に思っていたのかもしれないが、いずれにせよ素描家としてのヴァトーについての現代の評価はケリュスのものとは一致しそうにない。彼の素描には、彼の油絵の傑作には見られない活力と動きへの衝動がある。クレヨン、ペン、筆による習作と比べると、彼の油絵の完成作には動きがない。「雅宴画《フェット・ギャラント》」だけではなく《ジル》や《イタリア人劇団の愛》のような役者を描いた作品でも、これは同じである。

　動きの「スナップショット」像を捕らえて描くヴァトーのような能力は、オペラやコメディ＝フランセーズ、コメディ＝イタリエンヌやオペラ＝コミック座の場面を描いたガブリエル・ド・サントーバンの素描やエッチングにも、明確に見ることができる。この画家の線の活力と彼の明暗法がもつ流動性には、主題

五　例えば、彼の *Jugement de Pâris* (Louvre) を参照。

の如何によらず、見事なほどに「動き」が表現されている。サントーバンのエネルギッシュな作品には今という時間への強い傾倒がみられ、彼のアプローチは、後に一九世紀のリトグラフや写真に見られるようになる、視覚の基本的変革の幕開けを促したのである。(六)サントーバンは、自然に浮かんだ構図や過ぎ去る瞬間の描写に高い価値を置き、おそらくそれで演劇に惹かれたのであろう。サントーバンは、香具師のスケッチを描いたウァトーと同様に、芝居小屋の外の日常においてでさえも、演劇的な要素を示すことができたのである。彼の大きな強みのひとつであった動く人物を描く能力は、一七六〇年の《テュイルリーの光景》によく表れている。この作品にはパリ人の生活のせわしなさが描かれ、群衆は旅芸人のようであり、撒水車を引く男たちでさえもバレエを演じているかのようである。サントーバンの気質は、エッチングの行程の長丁場には耐えられなかったのであろう。彼が最も想像力を働かせ、動きを掴み、生き生きとした身振りを捕らえることができたのは、クレヨン、ペン、筆によるスケッチにおいてである。

一七六四年の演技の手引書でダヌテールは、役者の演技様式を捕えるのに画家の技能を用いようとは考えず、言葉によるアクティオの記述が現在のやり方よりももっと有効に使えるのではないか、と述べている。しかし、役者が役柄をどう演じたか直接台本に記して、未来の役者が調べられるようにそうした台本の図書館を建ててはどうか、という彼の提案は、舞台の演技を言葉でどう記述するのかという問題には、何も答えていない。彼は、自分の方法はすでに有効に使われているのだと、興味を掻き立てるように言うのであるが。

最高の名優に演じられたであろう個々の役柄の極上の演技法を、この方法で収集し、保存するために、例えば、上演する個々の作品にメモやコメントを書いてはいけないと誰が言おう？ 今は亡きバロン、他の有名な俳優、女優たちが演じた崇高で光り輝くような一節は、優れた方法によってわれわれに伝えられてきたではないか？（d'Hannetaire, p.27）

ここでダヌテールのいう演技の記録はもはや存在しないようなので、それらがどれだけ役立つものであったのか、具体的にどのように役者の演技が記されたのか、知る由もない。身体演技を言葉で表現することの難しさは、台本そのものにト書きとして登場人物の動作を指示しようとした劇作家たちが、非常に強く感じていたことであった。一七世紀には、モリエールがこの問題について書いている。「詩人たちがジュ・ド・テアトル[11]と呼ぶものを紙の上に表すのは相当難しい。ジュ・ド・テアトルとは身体と顔が大きな役割を果たすべき箇所であり、ほとんどアクションが主体なので、詩人ではなく俳優の領分なのだ」[七]。『三つの劇詩論』の第三の論考でコルネイユは、劇作家は「詩句にするに値せず、詩句の威厳を削ぐような取るに足らない行為は、それらを書くことで劇作家の威厳が損なわれるようであれば」台本の余白に書くべきである、と述べている[八]。しかし、古代の人たちはこれを書かなかったので彼らの台本は曖昧なところだらけであり、書いていれば曖昧さは減らせていたであろうということは、コルネイユも認めていた。後の

六　展覧会カタログ *Prints and Drawings by Gabriel de Saint-Aubin* (Baltimore, 1975), p.15 を参照。

七　*Épître dédicatoire à un ami* (preface to *Sganarelle*) in *Œuvres de Molière*, ed. Eugène Despois, 13 vols. (Paris, 1873-1912), II. 158-9.

八　Corneille, *Writings on the Theatre*, ed. H. T. Barnwell (Oxford, 1965), p.70.

ある批評家は、ディドロおよび彼に影響を受けた人たちが進めた、印刷台本のなかにト書きを書くという方法に苛立ちを示している。一七八九年に初演された、ファーブル・デグランティーヌによる三幕の韻文劇『傍系親族』の批評で、匿名の解説者が次のように書いている。

『傍系親族』の台本には、それほど顕著ではないが、他の台本にも多くみられる、ある……不快な欠点がある。それは、個々の台詞に役者の演技とパントマイムを書く、という気取りである……役者の台詞にこの手の指示を書き添えることはできるが、戯曲の読者にはこれは耐えられず、文体で表現できなかった表現をパントマイムに押し付ける作家のペテンとみるだけである。重要な場面で役者たちが勘違いしそうなところには、作家が場面全体の方針を示すことはまま許される。それはヴォルテールも時には行っていることだ。しかし、わずかに添えられるこうした予防線と、小さなイタリックで雑然と台本のページ全体を真っ黒にする註書きとには、大きな違いがある。(*Mercure de France*, May 1792, pp.100-1)

しかしこの著者の不満は、言葉で身振りや動きを伝えられるのかどうかということよりも、戯曲を構成する劇作家の技能不足あるいは怠惰さ(彼は劇作家をそうみている)にある。『パントマイム狂』におけるソフィのパントマイム作家に対する否定的なコメントが思い出される。〈12〉いずれにせよ、ディドロがト書きという手段をとったのは、動作表現が問題になる箇所では台本が不明瞭になると考えたからではなく、演劇は概して言葉による表現に頼りすぎていて身体表現が不十分だと考えたからである。

また、『対話』に明確に読めるように、ディドロは時として劇作家のあらゆる指示を無視して自分自身の衝動に従う俳優も好んだ。『対話』の第二章でドルヴァルは、戯曲のなかには劇作家が役者に任せなければならない場面もある、と述べている。そのような箇所では、役者は、書かれた場面を完全に我がものとして、ある言葉を繰り返し、ある考えに立ち返って、あるものを削除しまた加えたりしなければならない（Diderot, Œ, p.101）。声、口調、身振り、所作は専ら役者に属するのであり、観客を最高に感動させ、劇の最も力強い活力を伝えるのは、彼ら役者なのである（p.102）。『劇詩論』のパントマイムの節で彼は、この文脈に沿って、パントマイム術が成熟した暁には、劇作家はそれを台本に書かずに済ますことができるようになるであろう、と書いている。すなわち、そのときには、役者自身が適切な身体動作を構想する技能を十分もつようになっているであろう、ということだ。このことは、なぜ古代人たちの劇にはほとんどアクティオの指示がないのか説明している、とディドロは言う（p.277）。劇作家が詳細なパントマイムを記している箇所でも、役者は演技については作家よりもわかっているので自由に演じる権利があることを、劇作家は認めなければならない、とディドロは続ける。才能ある者が機械のように扱われてはならないのである（p.278）。一方『俳優についての逆説』では、ディドロは役者とは見事な人形だとしている。『劇詩論』執筆から約一五年の後、パフォーマンスにおける役者の自立性に関する彼の考えは変化していたのである。ディドロの新しい見方では、詩人は人形の糸をもち、戯曲のあらゆる箇所で役者が演ずるべき所作の指示をする。役者とは廷臣のようなもので、独創的精神に宿る鋭敏な感受性はもたない、役柄を演ずるプロである、と彼は述べている。

しかし、ディドロも他の一八世紀の劇作家、批評家たちも、アクティオを書くということに関する限り、言葉のもつ問題すなわち言葉の喚起力には限界があるという問題には触れずにいる。役者が役を演ずるのに写実的なものからヒントを得たというケースも確かにある。タルマがハムレットを演ずるのに、古代の群像彫刻《パエトゥスとアッリア》（すでにみたように、この彫像は一八世紀のフランスのさまざまな批評家たちから語る身体のモデルとして推奨されてきた）からインスピレーションを得たことは知られている。そして、ニグローニ村にある古代ローマのスッラの像も、この像の版画が国立図書館に所蔵されるタルマの肖像のコレクションといっしょに所蔵されていることから推察すると、タルマにポーズのヒントを与えたと考えることができる。(九) 役者の側から美術家にインスピレーションを与えたケースも注目に値する。ゲランの《フェードル》と《ピュロス》は、明らかにタルマが演じた一場面をもとに描かれているし、スタンダールは、一八二四年のサロンに展示されたシュトイベンの《三人のスイス人の誓い》では、三人の英雄は偉大な役者のポーズをモデルにして描かれている、と記している（ibid., p.173）。本書の第三章で私は、一八世紀の舞台の場面や役者のアティチュードでは、時おり絵画が模倣されたことについて検討した。しかし、古代の彫刻をモデルにしたタルマの場合もそうであるが、これらすべてのケースにおいて、美術作品が示すのは「不動」の一瞬に過ぎず、一般的な演技様式については我々にほとんど何も告げてくれない。

役者はコンメディア・デッラルテの役者たちが通常やるように、公演で即興的に演じる権利を保持するべきだ、というディドロの考えは、ノヴェールが舞踊芸術の規範について述べていることのなかにもみることができる。ノヴェールは、演者のアクションが少しでも自動的にみえることを嫌った。ちなみに、これについてはタルマも同意見であり、彼は、役者ラリーヴの才能は機械的でゼンマイで動くヴォーカンソン[13]の有名な自動人形みたいだ、と言ったという。タルマはラリーヴのことを、真の実演芸術に不可欠な要素である魂を全く欠いている、と酷評している（Regnault-Warin, p.34）。まさにディドロが絵画アカデミーの生徒たちの日常訓練の堕落を激しく非難したように、ノヴェールは彼の舞踊についての手紙で、舞踊記譜法には限界があるとして、この使用に強く反対した。ノヴェールにとって舞踊は「自然」を表現するものだったので、人為性を匂わせる記譜法などというものは認めることができなかったのである。こうした嫌悪感もまた、彼はディドロと共有している。カルル・ヴァンローの絵のなかの一人物のアティチュードに対するディドロの否定的なコメント——「まるでマルセルがアレンジしたみたいだ」（Diderot, *Salons*, II. 63）——についてはすでにお話しした[14]。

　批評家たちはもちろん、あらゆるアカデミー的な教授法が——演技、絵画、舞踊、その他何の教授法であれ——芸術によくない結果をもたらし得る、規則への依存を助長したのだ、と主張することもできた。この見方によると、生徒たちはディドロ、ノヴェールらが推奨する生活の直接的な観察をなおざりにすることに慣れっこになり、学んだことをただ反復することに満足していた、ということになる。一八世紀の批評家たちのなかには、ルブランの表情の類型を、まさにこうした理由、つまりマンネリズムを助長し自然主義から遠ざかるという理由から、嫌う者もいた。さらに、『百科全書』におけるド・ジョクールによる「情念（絵画）passion, (*peint.*)」の項目でも、フランス市民が文明化され過ぎて不自然になってしまったと述べられ、彼らの顔から真の表情が喪失してしまったことを憂えている。それにもかかわらず、この同じ項

九　Georges Wildenstein, 'Talma et les peintres', *Gazette des beaux-arts*, 55 (1960), 171-2 を参照。

目でなお、顔の表情で感情描写をするときにはルブランを模範にするようにと、画家たちに勧めているのではあるが。

タルマはルカンについて、彼の舞台での所作は、同時代の多くの人たちがみせる「マルセルのような教師たちが生徒にメヌエットの美しさを手ほどきするときに教えた」あのお決まりの型から解放されていた、と述べていた（*Réflexions sur Lekain*, p.viii）。しかし、タルマの父親は息子に一七八八年「お前に必要な美しい腕の使い方と身体のあらゆる優雅さを授けてくれるのは、パリではヴェストリス氏（父）をおいていない」と告げ、舞踊のレッスンを受けるよう促したと言われている。(一〇) わざとらしさが嫌われたといっても、批評家が規則や規範を拒否したわけではないのだ。すべては程度の問題であった。『絵画論』のなかでディドロは、王立アカデミーにいる間生徒たちがモデルの写生から素描を学んで過ごすことの悪影響について問題にしている。ディドロにしてみれば、これは、生徒たちに現実を直接観察することを促す代わりに規範へ執着させてしまう、愚の典型例であり、これがアカデミーの養成法を駄目にしているのである。生徒たちはこんな退屈な七年を過ごして、デッサンにおける「マニエール風な流儀」を身につけるのだ、と彼は主張する。神聖なアカデミー式のポーズとはこわばってわざとらしいだけで、実生活のアティチュードや所作とは何の関係もない（Diderot, *Œ*, p.669）。愚の骨頂は、七年間の学びの締めくくりに、生徒たちがバレエ・マスターのマルセルとデュプレのところに優雅な姿勢と動きを学びにやらされることであろう（p.670）、と彼は書く。ディドロがその時代の「高貴な」演技様式において非難したのは、まさにこうした自然性の欠如であった。模倣は、王立アカデミーで生徒の前でポーズをとるモデルにとっても役者にとっても指針のひとつであるが、役者は、語る身体の知識を規則書からではなく生活から引き出さなければならないとして、彼は次のように述べている。

きみの中庭の井戸で水を汲む男と、引きあげるべきこの重い水おけをもたず、学校の高壇の上で、両腕を上にあげてこの動作をぎこちなく装っている男の間に、いかなる共通点があるのか。この高壇の上で死にかけているふりをしている男は、自分の寝床の中で息をひきとる男や、街路の上でなぐり殺される男と、いかなる共通点があるのか。学校のレスラーはわたしの町の辻のレスラーといかなる共通点があるのか。思いのままに、嘆願したり、祈ったり、眠ったり、考えごとをしたり、気絶したりするあの男は、疲れて大地の上にねそべる百姓や、自室の炉辺で思いに耽っている哲学者や、人混みの中で息がつまって気絶する男と、いかなる共通点をもっているというのか。何もない、友よ、何もないのだ(p.669)。(佐々木健一訳〔15〕)

一七世紀のフランスでは、ある領域がどれだけ規則の支配下に置くことができるかということが、その領域がアカデミーの地位を授かるに値するかどうかを決める重要な要素であったようだ。(一六四八年に王立絵画彫刻アカデミーが、ついで一六六一年に王立舞踊アカデミーが設立された)。しかし一八世紀が進むにつれ、このような統制権力に対する抵抗がますます大きくなっていったのもまた事実である。『絵画論』においてディドロは、規則を守ることばかりに執着するようになっては決してならない、と強調し

一〇 A. Augustin-Thierry, *Le Tragédien de Napoléon, François-Joseph Talma* (Paris, 1942), p.23 を参照。

ている。美的に人を喜ばせる手段は無限にあり、天才は常に規則の権限を越えて自己を主張するのが許されなければならない。規則は芸術をルーチン化するが、それは有用であるどころかひどく害になっている可能性もある（p.753）。規則は凡人には役に立ってきたが、非凡な人の役には立たないのだ（p.754）。

技術的力量をより高次の芸術的創造性と対立させる議論は、一八世紀には頻繁にみられた。演技理論における両者の位置づけについてはすでにお話ししてある。演技理論では、霊感に導かれた自発的な演技と規則書のメソッドに則った演技とがよく対比されたが、他分野の芸術家たちとの比較で役者の地位を問うとき、この論議の重要性は明らかである。この議論が、（かなり前に始まったものだが）ディドロの時代にもなお続いていた、絵画の種類によるランクづけの議論とも〈16〉、また古代における技芸一般の地位に関する理論とも関係し得るということは、実に意義深いことである。古代では、アルス ars という言葉はインゲニウム ingenium に対する語として使われ、弁論術書が両者の関係を解説してきた。アルスとは規則や模倣により学ぶことができる技能のことであり、インゲニウムは学ぶことができない生まれつきの才能を意味した（Baxandall, p.15）。逆説的なことに、ルネッサンスの時代からアカデミーが発展するにつれ、アカデミーはインゲニウムの擁護者であり、ギルドは「熟練技 maîtrise」すなわち純粋に技術的なものの本拠である、といわれるようになった。アカデミー会員となった画家シャルダンは、アカデミー・ド・サン=リュック〈17〉、つまりギルドの会員としてそのキャリアを始めた。ディドロは、シャルダンの描く風俗画は歴史画の栄誉を受けるに値すると述べていたが、しかし彼のような芸術には勉強と忍耐だけで到達できる、情熱は要らず才能もほとんど不要だが、テクニックと正確さは大いに必要だ、とシャルダンを評した（Diderot, *Salons*, II. 111）。つまり、それは天才芸術家の神憑かった熱狂〈18〉の賜物ではなく職人芸だ、ということである。

当時アカデミーは、始めはアルスよりもインゲニウムを育成すべき場所とみなされていた。ところが、アカデミーの覇権に反対した批評家たちは、アカデミーの硬直した組織とアカデミーが前提とする、芸術の推進と評価に関わることすべては合理的知性と論理的規範の枠組みのなかで行えるという考え方に、自由な才能の発展とは相反するものをみていた。アカデミーの真の脅威は、技術的な知識やアカデミーの規則によるよりもインスピレーションで傑作を作る芸術家、というロマン主義的な芸術家像によってもたらされたのだが、ダヴィッドのような画家たちは、一八世紀の初期にまさにディドロらが行ったように、これらの制度に対する異議を革命期を通して唱え続けた。[一一] ダヴィッドとその仲間の反徒たちは、結局、王立絵画彫刻アカデミーから脱退したが、しかし一七九三年に、そのアカデミー自体が他のすべての王立アカデミーとともに閉鎖されてしまった。

ルカン、タルマやその他の役者たちは、演技様式に大きな個人的自由を確保する権利を主張した。彼らは、自分たちは演技だけではなく他の学問分野をも長期にわたって研究してきたのだからこれを主張する資格がある、と考えたのだった。にもかかわらず、彼らはまた世紀中頃から練られてきた専門的訓練という理想にも賛同し、ルカンは演技学校を立案し、タルマはその学校が生んだ役者となった。彼らのこうした相反する態度をみていると、演技の分野では統制と自立が共存し得るのではないか、と思われるのだ。演技

一一　王立絵画彫刻アカデミーについては、ダヴィッドが国民議会へ宛てた手紙 in *Deloynes*, LIII, no.1513 を、アカデミー廃止に関する一般的問題については、*Procès-verbaux du Comité d'instruction publique de la Convention nationale*, II. 242ff を参照。

における方法論支持者とインスピレーション支持者の間の古い論争といえば、フランソワ・リッコボーニとレモン・ド・サンタルビーヌの間の論争が連想されるが、これは解決できるのではないだろうか。〈一二〉
ダヌテールは、一七六四年に演技学校を設立する話がもちあがったことに言及したとき、役者は画家と同等の社会的地位が認められてしかるべきであるという自らの見解を、諸芸術は一つであるという観念に訴えて正当化した。「俳優の術《アート》は、演劇を書く劇作家の術《アート》と同様に、画家の術《アート》とほぼ同じである。詩は絵画のごとく **ut pictura poesis**、いずれの術《アート》でも対象はいつでも自然なのだ」(d'Hannetaire, p.36)。すでにみたように、一五世紀には、異なる芸術ジャンルの間には類似性があるという信念は、絵画は「自由学芸」に値するという主張の一部をなしていた。このとき理論家たちはとりわけ、画家の第一の関心事は、弁論家たちと同様、情念を喚起することにある、と述べた。そして後の舞台の書き手たちも、役者について同じような議論をした。アルベルティの書『絵画について』は、歴史画は、描かれた人物がその人物の感情を表しているとき鑑賞者の心を動かすと力説し、身振りと顔の表情を通して感情を芸術的に表現することを重視した。アルベルティは、情念の内的状態を表す身体の動きとはどんな動きであるのか自然が画家に教えてくれるであろう、と記した。それで、彼は画家たちに周囲の人間の生活に注意を向けるよう勧めたが、後に役者や舞踊家たちも、舞台表現を学ぶのに世間を観察するよう勧められた。レオナルドは、身振り言語は唖者が使える唯一の言語なのだから、彼らの動きには特別な表現力があるはずだとして、とくに唖者を研究することを推奨した。一六世紀の末頃には、ロマッツォが『絵画芸術論』(1584)の「動き」の巻〈19〉でさまざまな魂の動きが喚起する身体運動について議論し、あらゆる感情を、それを表す身振りや表情とともに分類することを試みた。こうして、視覚イメージが観者の感覚に与える直接的影響を絵画の修辞理論のなかに組み入れることができるようになり、それが後には演技の理論に入ってくることになった。

ルブランの表情に関するアカデミーでの講演と添付のイラスト（一六九八年出版）は雛型本となり、その影響は一八世紀とそれ以降も続いた。[一三] しかし、絵画においてもパントマイムにおいても、表情を雛型で捉えるということ自体反発を受けることもあったし、個別の表情が示す内容について批評家の間で意見が一致しないことから、間接的にその適否が問われたりもした。デュボスの『批判的考察』には、妥当なことにも、ある身振りの意味は国によって異なるという見解も、身振りのなかには純粋に慣習的な意味をもつものもあるという見解も述べられていた。

ディドロの絵画評は、こうした論争の可能性を偶然にあるいは意図的に説明している。一七六五年にグルーズが出展した、死んだ鳥に泣く少女の絵の有名な批評は前者の例にあたる。ディドロは少女の表情から、彼女は自責の念に駆られ実際に泣き叫んでいる、と判断する。つまり、彼女は鳥をほったらかしにして恋人といちゃついていたのだから、鳥が死んだのは彼女のせいであろう、ということだ。[一四] しかし、（ディドロが ***Salons*, II. 147** に記すように）同時代の批評家たちの見方はこれとは違い、少女は単に死を知らさ

一二　リッコボーニの『演技術』*L'Art du théâtre*（1750）とサンタルビーヌの『俳優論』*Le Comédien*（1747）を参照。
一三　Jennifer Montagu, 'Charles Le Brun's *Conférence sur l'expression générale et particulière*', Ph. D. (London, 1959); John Montgomery Wilson, *The Painting of the Passions in Theory, Practice and Criticism in Later Eighteenth-Century France* (New York/ London, 1981) および B. R. Tighman, *The Expression of Emotion in the Visual Arts. A Philosophical Enquiry* (The Hague, 1970) を参照。
一四　おそらくディドロは、あるラテン詩人たちはペニスを鳥と同一視していたことを知っていたのであろう。J. N. Adams, *The Latin Sexual Vocabulary* (London, 1982), pp.32-3 を参照。

れた子供の悲しみを表しているにすぎない、と主張する。マトン・ド・ラ・クールは彼女は一一歳か一二歳とするのが妥当だとして、「愛の欲求により、初めて目の前に現れた対象に夢中になるような年頃」(ibid., p.35) であると言う。これに対してディドロは、彼女は頭部からは一五、六歳に見え、手や腕は一八、九歳に見える、と書く (p.147)。意義深いのは、ディドロが『絵画についての断章』で、画家などの芸術家が使える自責の念のシンボルが創られればよいのに、と述べていることである (Diderot, *Œ*, p.769)。そのようなシンボルがあったなら、それは、非時間的媒体では表現困難な内容を表現するために画家が長年の道具としてきたシンボルの蓄積のなかに加えられていたであろうに、というのである。グルーズ自身、彼独特の物語性の強い作品では、ひびの入った卵、ひびの入った鏡、ひびの入った水差しなど、処女の喪失を表すシンボルをよく使っていた。

つまり、顔の表情は、視覚芸術における鑑賞者の「意味」の判断を助けることも誤らせることもあるということだ。『サロン』においてディドロは、画家アレによる、パリの有力者たちがミネルヴァとピースを仲間に迎えるという寓意画において、これに相応しい表情が伝わってこない、と咎めている。空虚な愛想で迎える行政官《プレヴォ》の態度は、二人の客にショコラをどうぞとでも言っているようだ、と彼は言う (Diderot, *Salons*, III. 71)[20]。意図的であるにせよないにせよ、具象画において画家の表情の描き方が曖昧なものの例は、他にも多数ある。一八世紀のフランスの美術にモナ・リザの不可解さに匹敵するものは存在しないとしても、人物の外貌が鑑賞者によって異なる意味を感じさせたという例はいろいろある。例えばウァトーが描く人物の顔の表情の多くも、同じ意味で曖昧である。

同様の曖昧さは、当時フランス演技について書いていた人たちに指摘されることもあった。クレロン嬢のような役者は、その顔の表情の多様さが伝える感情の幅の広さが大いに賞賛されたが、批評家のなかには解釈が困難なこともあると言う者もいた。『身振りの構想』のなかでエンゲルは、ある人が泣くときにする顔は他の人が笑うときにする顔と同じである、というデカルトの観察を取りあげた（Engel, I. 141）。ガシェは、身体に見られる喜びの身振りと痛みの身振りの違いは微細であり、コンテクストの情報（これは絵画よりも演劇のほうが容易に得られる）がなければ厳密な意味はわからないであろう、と述べている。確かに、絵に描かれた人物の「情熱的な」顔の表情が幸せを伝えるのか惨めさを伝えるのか、喜びを伝えるのか苦痛を伝えるのか、描かれた人物のみから判断するのは近代人にはしばしば難しい。ルブランのアカデミー講演での「顔の表情」のイラストにあっては、このことはさらに難しい。別の言い方をすれば、所作や表情の機械論的な解釈は信頼できない、と人はしばしば感じてきたのである。この不確かさは、身体の動きや表現が自然に誘発されたものなのかそれとも計算されたものなのか、多くの場合判定はできない、ということにも起因するのであろう。この困難を人相との関連で語った書き手もいるが、その難しさ故に彼らは当時の人相理論を敬遠するようになった。ディドロの『ラモーの甥』では、顔は間抜けだが性格はずる賢くて鋭い人、逆に知的に見えるが間抜けな人を描写している。(一五)〈21〉ここでディドロは、こうした印象は個人の顔に刻まれた一定不変の特徴により伝えられるが、誤解を呼ぶような表情をすることも可能性としては明らかにあることを、示そうとしている。

一五　*Le Neveu de Rameau*, p.59; Graeme Tytler, *Physiognomy in the European Novel: Faces and Fortunes* (Princeton, 1982), pp.140-3 も参照。

古代の弁論家たちはその教えの大部分を、演説内容を言葉で準備しそれを声で伝えるための方法にあてていたが、感情表現の手段としてのアクティオの有効性についても意見を述べていた。これまでみてきたように、古代の人たちは大衆的な娯楽においてだけでなく真面目な演説においても、身振り動作が喜びをもたらすことを後の諸文化に伝えていったのであり、彼らのパントマイムに対する関心は一八世紀の書き手たちに大いに議論された。それは演劇のアクティオの理論に著しい影響を与えた。またその一方で、絵画の論者たちが展開した古典主義理論もまた、アクティオの理論に大きな影響を与えた。ルブランは古代の詩論を利用して、言葉も動きももたない絵画芸術がどうやって音声言語のもつ表現力を獲得するのかを示そうとした。彼は、アリストテレスの『詩学』のペリペティア peripeteia に由来する概念「大波乱 péripéties」を発展させ、絵画では多様な情念——幸福、不幸など——をカンバスに混在させて描くことで、著作家には表現可能な時間の豊かさをどうやったら表現できるのかを示した。[二六] 一八世紀にはシャフツベリが、ルーベンスのマリ・ド・メディシスの生涯の連作画にみられるような、視覚芸術において時間という限界を超えるために画家が使える手法について語った(Gombrich, op. cit., p.40ff)。類似のやり方は、ウァトーの二つの《シテール島への船出》において、行列のなかのカップルがそれぞれ一連の愛の過程のなかのエピソードを連想させる、という構想《インヴェンティオ》(Thuillier, p.204)や、グルーズの《村の花嫁》のような物語画にも見出されるであろう。

絵画と古代の詩学や弁論術との間の類似性が立証されたことで絵画芸術の地位が上がったのであれば、演技と絵画芸術の類似性が納得のいくように示されれば、演技の名声も保証されるかもしれない。一八世紀のフランスの理論家たちの多くがそう考えた。しかしこの二つの技芸には異論もあった。

共通項がないので、役者と画家が全く同一の効果を創り出そうとしても芸術的に惨めなものにしかならないであろう、というドルフィユの良識的な見解についてはすでにお話しした。役者の術は動きの術であり、画家の術は不動の術であった。つまり、別種の「真実」は別種の芸術媒体によって追求されなければならない、ということである。視覚芸術と舞台パフォーマンスの間には類似性がないことを指摘したのはドルフィユだけではなかった。当時の多くの人たちが、演劇は言葉と動作が連携する混成体であるので、安易な比較は誤りのもとになると考えていた。いずれにしても、彫刻的、絵画的な効果を入れると演劇は損なわれてしまうという主張は、視覚芸術のほうでも「演劇的」あるいは劇的要素に必ずしも対応できるとは限らないという主張によって、当時の批評家たちにしばしば対抗された。

一八世紀のある種の絵画から、この問題に関する批判的省察が引き起こされた。ヴァンローが描いたメディアに扮したクレロン嬢のアティチュードは、一見、絵画の慣習よりも演劇の慣習に従って描かれているように見える。最終版の一つ前の絵では、演技の世界ではごく普通の掟に著しく反して、イアソンは後ろ姿をみせている。興味深いことに、最終版ではヴァンローはこれをしかるべく横向きに変えている。しかし当時の報告によると、この変更がなされたのは、演劇としての適切さに従うためではなく、これを見た人たちがつまらないと感じたからであった。「イアソンの姿は美しかったが、背後から描かれていて多くの人がつまらないと感じたので、画家はその向きを変えるとともに構図全体を変え、それによってより高貴で絵画的な仕上がりとなった。イアソンはより快適にみえるようになった」とある批評家が書いてい

一六　Jacques Thuillier, 'Temps et tableau: la théorie des "péripéties"', in *Stil und Überlieferung in der Kunst des Abendlandes*, 3. vols. (Berlin, 1967), III. 203 を参照。

（一七）る。

一八世紀絵画には演劇の舞台から効果を借りることへの嗜好が明らかに多くみられたが、これに対して『文藝年鑑』の批評家による強い理論的反発が残されている。彼は、演劇の慣習は絵画のものとは異なるので、無頓着に絵画に利用すべきではないと力説する。第三章で引用した批判の大部分は、演劇的なるものが絵画や彫刻の適切《デコラム》さを侵してきたという考えに基づくものであったが、この『文藝年鑑』の批評によると、視覚芸術作品では、シリアス劇の適切さの規準に従うことが完全に不適切になる場合がある、という。彼に考察のきっかけを与えたのは、王太子誕生の折にパリ市に委託されたメナジョの作品であり、それはフランスを寓意する人物を介して市の官吏たちが太子に拝謁を賜る様子を描いた絵である。その画中人物のアティチュードが呼び起こしたのが、次の解説である。

失礼にならぬよう観客に少しでも背を向けようとはしない舞台の役者たちを見ているようだ。演劇の適切さは絵画のものとは違うのだ。時代遅れの偏見が、慣習という掟に役者を従わせようとする。しかし、芸術家であればこのばかげた軛など相手にしない。天才、趣味、自然、これらこそが彼の法則であり、手引きであり、模範なのだ。メナジョ氏はこれらに伺いをたてるべきだったのだ。例えば、王太子を紹介する「フランス」の擬人像の方を市の役人たちが見るのに、そのほぼ全員を横顔にする代わりに、アレゴリーの人物たち［フランス像、ミネルヴァ、ヒュギエイアなど］をもっと前方に描くこともできたはずだ。そうすれば、官吏たちの群像はより発展的、調和的、効果的に表現できたであろうし、アティチュードをもっと多様にして、個々の人物によりさまざまな動き、コントラスト、対立を与えることもできたであろう。この絵のように、すべての人物がカンバスに貼りついているようにはならなかったであろう（*Année littéraire*, vol. VI, 1783, letter XIII）。

しかしその四年後には『文藝年鑑』のこの批評家はまた別の見方を示す。役者が観客に背中を見せるのを禁ずるなど「演劇的適合性《ビアンセアンス・テアトラル》」の規則で画家を縛るのはばかげているが、エジプトに発つ聖王ルイ九世を描いたロバンの絵では、「主題の中心人物である英雄を完全な後ろ姿で描くのは、適切さに反するのではなかろうか？」と言うのである（*Année littéraire*, vol. VII, 1787, letter XIX）。後にこの批評家は、メナジョの絵を批判するサロン評のなかで、ブルネの絵《バイヤール》でバイヤールが立っているのに人物の一人が座るのが許されているのは、演劇の規則はどうであれ、明らかに上流社会の礼儀に反している、と厳しく非難している。

これらの例から学ぶ教訓は、異なる芸術にまたがって「不変なもの」[一八]——これが一八世紀に繰り返し言われたホラティウスの「詩は絵画のごとく」が意味することのすべてである——を探究してもおよそ無駄である、ということである。類似性がみられたとしても、そこに直接的な関係があることは、ディドロやその他の人たちが言うように稀なのである。適切さ（「デクス decus」）の観念は本来弁論術の概念であったが、弁論術の理論を越えて他の技芸の理論に導入された。しかし、それが意味することは分野によって

一七　MS *Exposition de peintures, sculptures et gravures du Salon* (*Année littéraire*, 1759, in *Deloynes*, XLVII, no. 1257).

一八　Basil Munteano, *Constantes dialectiques en littérature et en histoire* (Paris, 1967) を参照。

まちまちである。適切さ《デコラム》の概念は、一八世紀には、舞台の演者のアクティオの議論のなかでしばしば言及された。役者も説教師や弁護士と同じく抑制が必要であり、「興奮した役者」の時代は終わった、と多くの書き手たち、そして役者たちもが考えていたのだが、教会や法廷で必要とされるような節度に役者が従う必要はない、という意見も頻繁に聞かれた。「適切さ」は古代で最も普及した美に関係する概念のひとつであり、それは、芸術作品の各部分は互いに調和していること、芸術作品はそれが映しとる世界と「適切な」関係にあること、という二つの意味を含んでいた。適切さの原理のもとで世界を映し出すという、技芸《アート》における模倣のひとつの理想が掲げられたのである。キケロは、適切さの感覚は技芸《アート》によって与えられることはできないが技芸《アート》の要である、という俳優ロスキウスの言葉に賛同し、これを引用している〈22〉（Cicero, *De oratore*, i.132）。

ルネサンス期におけるとくに新古典主義の理論では、適切さの要求から、芸術ジャンルの厳格な分類がなされることになり、個々のジャンルに相応しい内容が「アカデミーによって」決定された。それで、例えば絵画はいくつかの類型――歴史画、風景画、風俗画など――に分類され、それぞれについて種々の要素が一連の規律によって定められた。同様に演技でも、その実演様式は、少なくとも理論の上では戯曲の種類により決定された。悲劇では、言葉の上でも身振りの上でも日常を越えた様式的な朗誦が必要とされ、歴史画の「崇高な」様式に匹敵する偉大な印象が求められた。一方喜劇は、演じ方の規則からは比較的自由であった。しかし、絵画と同様に演技においても、一八世紀には、それまでは一般的であった多くの規則を緩める必要がでてきた。ディドロは『私生児についての対話』で、シリアスな演技がより大衆的な演技様式に近づけばよい、それまでシリアス劇ではなく喜劇やパントマイムで行われていた「身体コミュニケーション」がシリアス劇にもある程度導入されればよい、と述べたが、これは、伝統的に「低俗な」様式とされていた風俗画に歴史画の高みをもたらそうという画家の試みとも重なった。相対的に卑しいとされる様式——日常生活を題材にした習俗を表す場面——に、それが本来もっていると思われる重要性を理論によって与えようというグルーズのような画家の新しい志に、ディドロは共感を覚えた。その一方でディドロは、グルーズが一七六九年の《皇帝セウェルスとカラカラ》で一度だけ試みた高尚な歴史画への挑戦の不適切さを強く非難し、グルーズは、歴史画に必要とされる誇張で画布を満たすこともできずに、真に自分の様式であるものを捨てた、と述べていることも認めなければならない（*Salons*, IV. 104）。つまり、《皇帝セウェルスとカラカラ》は、既存の歴史画のもつべき規則からみて「適切」ではなかったのである。〈23〉

一八世紀も終わりになって、反アカデミック派のダヴィッドが、従来歴史画の範疇とはされなかったエピソードを描き、平凡な人物たちとその生き方に独自の「英雄的」解釈を与えるのに成功したのだった。

絵画と文学の媒体は本質的に別個のものであるという論点から、多くの批評家たちは、異なるジャンルの芸術作品が観客や鑑賞者に作用する力について説明しようとした。複数の芸術形式が融合して一つの全体を構成したときに構成要素が発揮する効果は、それらが個別に発揮する効果よりも小さい、というカトルメール・ド・カンシーの見解はすでに議論した。この解釈によると（カトルメールはオペラを議論している）、それぞれの芸術分野は互いに共通項をもっておらず、合体させても、個々の芸術的価値がそのまま合成された「総合芸術 Gesamtkunstwerk」を創ることはできない。芸術がその訴求力を最大限に発揮するためには自立性を保つべきであるという考えは、総合的芸術形式である演劇はその複合的性格のために絵画芸術よりも優れている、とみなしたサンタルビーヌの考えとは明らかに異なっている。異なる芸術ジャンルの間に類似性が感じられたのは、単一の美的態度をもって個々の芸術を評価していたということにすぎず、こうしたことを越えてそれらはどうしたって異なっていると捉えるべきなのだ、と主張したいものである。

一八世紀のフランスでどのように演技が教えられたのかを探究してきた締めくくりとして、この時代にアクティオという技芸が進展したと考えられるのかどうか、検討しておくべきであろう。一七五一年のディドロの『聾唖者書簡』は、俳優の無言の演技で称賛に値するものは稀であると述べ、この見解を詳しく述べるのに『私生児についての対話』の一部を費やしている。一七七四年にはリーニュ公もまた、悲しいことに演劇公演ではなお粗野な身振りが目立つ、と記している。後に、ナポレオンはタルマに、ラシーヌの『ブリタニキュス』での彼のネロン役の演技は身振り過多だったと告げた、ということである(Regnault-Warin, p.493)。一九世紀の初めに、ジョフロアもこの点でタルマの演技様式を批判し、ルカンがその設立を夢見た演劇学校の数々は、上演の水準改善のために何もなさなかった、と述べている。「学校が創られたが何も改善されなかった。朗誦の教師たちはフランス学士院に迎え入れられたが、朗誦には、俳優たちがアカデミー・フランセーズから排除されていた時代には有していたような価値はもはやなかった」と(Geoffroy, *Cours de littérature dramatique*, VI. 177)。

アクティオ習得の道は険しく挫折しがちであり、ものになりにくい技芸であることは広く認められていた。例えばノヴェールの『舞踊についての手紙』には、ディドロの『私生児』と『一家の父』には涙が出るほど感動したが、うまく演じられたとは思わなかった、というある役者の次のような言葉が報告されている。

このパントマイムによる演技《アクシオン》は暗礁であり、おおかたの俳優はこれに躓く。無言の場面は難しく、それは役者の試金石なのだ。ばらばらにされたフレーズ、宙づりにされた意味、ため息、明瞭に発音されない音声は、誰もがもてるわけではない真実、魂、表現、機知を要求するのだ（Noverre, *Lettres sur la danse*, p.262）。

偉大な役者であればディドロと同意見であろうが、並の役者ではそうはいかないであろう、とノヴェールは書いている。

それ［ディドロの新しいジャンル］は自然のなかで捉えられるのであり、それを表現するのは人間でなければならず自動人形であってはならない、ということだ。自身に芽がなければ到達できないような完璧さが必要であり、ただ台詞を言うのではなく、物事を鮮明に感じとり、魂をもたなければならない、ということである。(Ibid.)

ノヴェールの言葉で、読者は再び、演技におけるアルスとインゲニウム、知的に距離を置くことと感情移入すること、というお馴染みの論争に引き戻される。しかしながら、彼の規則書嫌いが、語る身体で一八世紀に達成されたことについての最終結論である、と考えてはならない。

結論

本書の主要なテーマ――雄弁を身体に具現すること――には、身体所作の理論が一八世紀の教育政策に与えた影響という点から、さらに解説を加えることができるであろう。キリスト教団とくにイエズス会の教えが受肉の神学を採用していたことは、演劇公演だけではなく、教会、法廷、政治集会での演説においても実際にみてとれた[1]。古典古代に遡る世俗の実力者たちからの影響もまた、教育や職業の場においてアクティオの伝統が保持されるのを助けた。しかし、身体動作に対するこの時代の関心事の第三の要素となったのが、一六世紀の礼儀作法の理論に端を発した身体挙措への人々の興味であった。全人的発達に対する強い関心は、カスティリオーネの『宮廷人』のような影響力のあった著作にはっきりと現れているが、この関心は語る身体が果たす役割を検討することにも及んでいた。これは、初めは上流階級の人たちにしか関係のないことであった。しかし一八世紀が進むにつれ、何人も精神と同様に身体も教育されなければならない、という主張が高まっていった。役者の大義は次の二つのことから恩恵を受けた。第一に、「文明化」によって身体の気品が重要視されたこと、第二に、新たなニーズとなった民衆への訴求力が身体所作の技術によって習得されたこと。ルソーの『エミール』が出版され、さらに一七九〇年より革命議会において教育改革のための種々の公教育計画が練られると[2]、この種の身体所作は、個人の成長に副次的に伴うものというより、個人の成長に欠くべからざるもの、とみなされるようになっていった。

一六世紀に礼節の理想を広く普及させたエラスムスの『子供の作法書』(1530)は、一八世紀になっても刊行されていたが、そこでの礼節とは何といっても「外貌の適切さ externum corporis decorum」のことであった。(一)身体の適切な振舞いに関するエラスムスの教えの多くは、姿勢、身振り、顔の表情に関する古代の弁論家たちの言葉を想起させるものであり、それはフランス、イギリス、ドイツ、イタリアの著作者たちにも影響を与えていった。彼のこの著書はある公爵の子息に献呈されているのだが、宮廷生活では上辺の装いが重要であるというこの書に置かれた前提は、(二)後の文学における高名な表現のひとつとなっていった。フランスの作品のみをあげると、顕著な例として、新古典主義演劇、ラファイエット夫人の『クレーヴの奥方』といった小説、そしてモラリストたちによる著作多数がある。この最後の例には、ラ・ロシュフーコーやラ・ブリュイエールなどによるもののほかに、読者に社交の仕方を教える指南書も含まれる。そのうち最も有名なのがニコラ・ファレの『オネットム:宮廷での処世術』(1630)である。ファレは、上流社会では「身体による語り l'éloquence du corps」を効果的に使うことでしっかり、明確に話さなければならないと主張して、その一つである「所作」について次のように述べている。

所作もまた、我々が行うあらゆる語りの真髄として大いに考慮されなければならない。実際、我々の語りは身体所作の助けなしには活気を失うのであり、最高に素晴らしいことを口にしながら活気がなく、とにかく非常に冷淡で感動させることなど全くない人たちがたくさんいる。気品の素晴らしさで場を盛り立てて聴衆をみな楽しませることなど、少しもできない人たちもいる。(三)

ファレが述べていることのいくつかは、後の演技の理論家たちによる助言に極めて似ている。例えば、「態度contenance」と彼が呼ぶもの（すなわち「身体全体の適切な状態」のことで「女たちが褒めそやす男の美貌」を形づくる）や顔の表情とくに目の表情について、彼は次のように言う。「我々の魂がしばしば外に漏れ出てしまい、その秘密を盗もうと見張っている人たちに露わにしてしまうのは、これらを通してなのだ」(p.237)。

身体挙措に関する教えを教育論にまとめた例として、ロランの『学習論』（一七二六年の出版であるが、一七世紀の教育思想を示す書である）があげられる〈3〉。この書の第八巻では、男子学徒には身体訓練は重要と記され〔四〕、ロックの『教育論』(1693)が重視した議論をさらに進めている。（ロックは『教育論』の第一節でこの問題を取り上げ、身体訓練は心の訓練より優先されるべきであるという信念を述べている〔五〕。ロックの関心は有閑階級《ジェントルマン》の教育にあり、ブルジョアの教育ではなく、ましてや庶民の教育ではない。一六世紀から一八世紀にみられる他の多くの著作も、革命議会で公教育計画が出される以前は、同じようにエリート主義の立場から議論されている。若者に植え付けるべきは、上流社会における処世術なのである。ただし、「礼節」の視点からではなく健康の視点から身体訓練を扱う著作には、こうした偏りはみられない。この手の著作の例としては、ヴァンデルモンドの『人類の改善法についての試論』(1758)があり、乗馬や武術などを教える貴族のための学校と、動きたいという人間の自然の欲求を万人が満たすための古代ギ

一　Norbert Elias, *Über den Prozess der Zivilisation*, 4th edition, 2 vols. (n.p., 1977), I. 68 を参照。
二　Georges Vigarello, *Le Corps redressé* (Paris, 1978), p.52 を参照。
三　N. Faret, *L'Honnête Homme, ou L'Art de plaire à la Cour* (Paris, 1630), pp.234-5.
四　Jacques Thibault, *Les Aventures du corps dans la pédagogie française* (Paris, 1977), p.182 を参照。
五　Jacques Ulmann, *De la gymnastique aux sports modernes* (Paris, 1965), p.181 を参照。

リシアをモデルとした体育学校とが対比されている。(六)

一七、一八世紀の語る身体に関する書き手の多くは、アクティオの訓練とは一種の「調馬《ドレサージュ》」であって、知的努力による緊張をほぐす息抜きではない、と直接、間接に述べている。それでも『国家の第一級職や重要職に就く生徒のための教育講座』(1777)の著者ヴェルディエは、身体的活動と精神的活動はいつも相互に影響を及ぼし合う、という見解を述べている。体操との関連で、彼は「魂と身体の結合の法則により、脳や感覚器官を鍛えずに精神を鍛えることはできない。また逆に、精神を働かせずに身体を鍛えることもできない」と書いているのである。(七) 説教師のアクティオについての論考など、キリスト教の著作であることが明示されている書籍では、適切さ《デコラム》の原理によって身体運動を制御することの必要性が繰り返し強調されている。禁欲主義者ド・ラ・サルは、『キリスト教男子校のためのキリスト教徒の適切な振舞い《ビアンセアンス》と礼儀作法の規則』(1736)において、こうした見方とともにこの種の手引書の基調を打ち出し、次のように述べている。「我々の外的所作だけはすべて、適切な振舞い《ビアンセアンス》により統制することができるのであるが、これには高潔さが備わっていなければならない」(de La Salle, Preface)。ド・ラ・サルによる「外的な」礼節の定義もやはり宮廷論でいう意味に近いものにとどまっている。つまりそれは、仲間に対する、謙譲、敬意、丁重さから生まれる抑制された振舞いのことなのである。ド・ラ・サルの教える礼儀作法は世俗的な社交の慣習にしっかりと根ざした作法であり、礼節さはそこでは「人が発話と外的所作において見せる賢明で制御された振舞い。隣人への謙譲、敬意、協力、思いやりの感情から生まれ、時と場所、対話者は誰かをわきまえてなされる」(ibid.)と定義されている。

聖職者あるいは世俗の演説家に向けられたものであれ、上流社会一般に向けられたものであれ、こうした教えが役者にも応用できるものかどうかは、簡単には言えないかもしれない。しかしこれまで私の考えとして示してきたように、役者の弁舌が説教師や弁護士の弁舌と関連するということは、広く認められていた。そう認められたところでたいていは役者の名誉にはならなかったのではあるが。

役者と弁論家のこうした比較は、複数の解説者たちによってさらに進められている。一七三八年モンクリフの『好感を与える必要性および方法についての試論』には、外的な礼節に対して面白い見方を与えたある意見が記されている。彼はまず、誰であれ他者に話をするときの外的な気品とは、話の内容とそれに付随する動作が一致しているかどうかによって決定される、と導入し（八）、この見解を役者と「社交界の人々」の両方に適用しながら議論を進めていくのである。

> 演劇における優れた俳優の術とは、あらゆる優れた所作を使いこなし、表現する登場人物の基本的性格とそれが置かれた状況に最も合った強度とニュアンスで演じる技であるが、これと同じように社交界での所作がどれほど快いかということは、精神と感情にどれだけデリカシーがあるかによって決まる（pp.44-5）。

六　Charles Vandermonde, *Essai sur la manière de perfectionner l'espèce humaine*, 2 vols. (Paris, 1756), I. 115-18. この話題についてはDominique Julia, *Les Trois Couleurs du tableau noir: La Révolution* (Paris, 1982), p.241ffも参照。

七　J. Verdier, *Cours d'éducation à l'usage des élèves destinés aux premières professions et aux grands emplois de l'état* (Paris, 1777), p.234.

八　[F.-A.-P. Moncrif,] *Essais sur la nécessité et sur les moyens de plaire* (Paris, 1738), p.44.

このような「適正な所作」は社会身分によって異なり、高貴な家の出で「きちんとした」教育を受けてきた人をより身分が低い人たちから区別すると考えられる（p.45）。モンクリフは始めのほうでは役者を評価しているが、外的な気品で完璧を目指すには役者を手本にするだけでは不十分である、と指摘する。つまり「［気品の］完璧さとは……精神の公正さと繊細さの結晶であり」（p.45、脚注）、信頼できるともかぎらない俳優の演技を物真似するだけでは十分ではない、と示唆するのである。

一方ドルフィユにとっては、役者とは、カスティリオーネが『宮廷人』でその育成について扱ったまさに「万能人」であった(九)。ドルフィユは、プロの舞台人を目指す男女のための非常に幅広い教育の方法論を著している。志願者たちは、言語のしくみを入念に研究し、韻律の基本原理を理解し、異なる種類の詩を区別でき、文化史と人間の精神に関する知識を身につけ、正しい言葉遣いを学び、「無声の演技」を練習し、身振りを注意深く観察して喜劇と悲劇ではそれがどのように違うのかを知り、詩学のトポスに精通し、さまざまな弁舌の種類を理解していなければならない。この書の第九巻でドルフィユは、演劇パフォーマンスは古代ギリシアでは神聖化された技芸だったと述べ、現代のフランスでも役者がこれと同じだけの敬意を受けるようになればいいという（革命歴九年における）彼の思いを表している。そのメリットは大きいであろう、と彼は力説する。役者がより研究を深め、より深く考察し、より広い知識をもつようになれば、政府もこの職に対して無関心ではいられなくなり、敬意を示すようになるであろう。役者は名を馳せ、敬われ、権力者の信頼を得るであろう、と（Dorfeuille, IX. 12）。演技術はこれまでそれに相応しい真面目な扱いを受けてこなかった、と彼は書いている。周囲はたえず演技術に偏見をもったり適当にあしらったりしてきたが、しかし演技術は、学芸さらには倫理、政治理論、哲学とも関係するので、社会的に極めて重要な地位にある、とドルフイユは考えていた（IX. 10-11）。「俳優として大成した者は万能人であり、あらゆるところで勝利を呼ぶであろう。ギリシア人は俳優の重要性と有用性を感じていたのだ。俳優術もまた、このうえない栄誉に与った演説者、立法者、英雄、詩人、あらゆる分野の人材を輩出して、世界を驚かせてきた」（IX. 11）のだから。教育を受けなければ完全な知識は決して獲得できないことを演劇人と演説家にわからせたい、とドルフイユは述べる。話をする能力とそれに付随するあらゆる長所も、あらゆる種類の説得術を伴わずには不十分である。この説得術とは、ドルフイユによれば、普遍的調和の原理であるという。それが劇場、法廷、演壇あるいは説教壇において言葉と一体になるならば、それは腕利きの戦士が投げる槍ともなるが、言葉そのものは弱々しい子供の道具にすぎないのだ（IX. 13）。

しかし、もしドルフイユが役者に当然のものとみなすような社会的地位が、彼の教育課程が実施される以前から与えられていたのだとしても、いったい何がそんな地位を与えていたというのであろうか。これに答えようとしても、まさにドルフイユの「大成した俳優」の評価がそうであるように、ある程度仮説的なものにとどまらざるを得ない。彼は名前もあげていないし具体的な人物の事例も示しておらず、しかも現在より未来に向けてこの手引書を書いたとさえ言っているのだ。やや逆説的になるが、演技を自由学芸として認めてほしいという一部の批評家たちの願いは、一八世紀の大半を通してコメディ＝フランセーズの役者が誇り、それ以外の役者たちが抗議し続けた、あの排他主義の視点から述べられることもあった。演技という職が自由学芸の地位を獲得することになれば、演技は誰もが自由に取り組める分野ではないこ

九　カスティリオーネについては、Fumaroli, p.30 並びに Wilfried Barner, *Barockrhetorik* (Tübingen, 1970) を参照。

と、さらには、それは手仕事《クラフト》ではなく他の自由学芸を統御する原理と同等の原理で教授される学術《アート》であることが示されなければならなくなる。一八世紀の後半の人たちが役者の養成機関の設立に関心を示したのは、こうした認識を反映している。革命暦三年風月《ヴァントーズ》一一日（一七九五年三月一日）の国民公会での審議録によると、ドルフイユ自身こうした機関のひとつを設立する取り組みをしかるべく支援していた。〔一〇〕このとき、彼はオデオン座（このときフォーブール・サン＝ジェルマンのこの建物のホールは使われていなかった）〈4〉および演劇学校を自費で設立しようと、所見一覧を提示したのである。ドルフイユによると、このような学校設立の必要性は広く認識されていた、という。公教育委員会〈5〉に出された初期の報告で革命暦三年雨月《プリュヴィオーズ》一九日（一七九五年二月七日）のものには、劇場の自由化のせいで演技の水準が落ち、この職に就く入り口を管理する公的な体制をつくる必要が出てきた、というドルフイユの考えが記録されている。この考えは、自由学芸――彼は絵画、彫刻、建築、弁論、医術をあげている――にはやりたい人には誰に対しても開かれているものなど存在しない、というマーニュ・ド・サントーバンがこの数年前に述べている意見と一致している。〔一一〕

しかし、議論は役者としての専門的技量に関することのみには留まらなかった。というのは、役者の価値を評価するのに、演技の技能が唯一の基準であるとはされていなかったからである。役者の地位に関する議論は、役者は立派な人間でなければならないという考えが採られることで発展した。つまり、カトー、キケロの「語ることに習熟したよき人間 vir bonus dicendi peritus」との類比《アナロジー》が、役者の役割の著しい理論的広がりが指し示している。古代の弁論家のように、役者は朗誦や演技が上手いだけでなく、道徳的にも秀でていなければならなかった。そしてこのことは、弁論家との類似性に関する他の所見とともに、役者が自由学芸の実践者たり得る権利をもつことを示唆することになった。

弁論術の理論と演技理論との関係づけを行う前に、役者の道徳性に関して当時言われていたことについていくつか報告しておくのは意味があろう。一七五九年にヴィラレは『劇芸術についての考察』を公刊した。これはジャン＝ジャック・ルソーに献呈されているが、前年に出版されたルソーの『演劇《スペクタクル》についてのダランベールへの手紙』にあるような攻撃から演劇や役者を守るために書かれた書である。とくに重要なのは、ヴィラレがこの書で、役者の素行に対する長年の疑念には根拠がないことを証明しようとしている点である。彼は「フランスで定期的に見世物が上演されるようになって以来、いまだかつて俳優が重罪で警察のご厄介になったことはない。犯罪人台帳をめくってみなさい。犯罪記録簿には俳優の名前は出てこないだろうから」と記している[一二]。これは、当局が無力だからでも、役者は法を免れるからでもない、とヴィラレは言う。「役者たちはおとなしく、公序を乱したりはしない」。彼らが日常演じる劇の高い道徳性によって、役者たち自身の道徳心は培われてきたのだ、とヴィラレはさらに主張する。「演劇は最も崇高な美徳を日々授ける手段であり、それによって役者の魂がよい趣味を獲得しないわけがない。彼らは人に愛されるようになるのだ」。見識ある人たちから彼らは交際を求められる。「社交好きな人たちは、彼らとの交際

一〇　Archives nationales, F^{17} 1069, dossier 6.

一一　[Jacques Magne de Saint-Aubin,] *La Réforme des théâtres* (Paris, 1787), pp.91-2.

一二　Claude Villaret, *Considérations sur l'art du théâtre dédiées à M. Jean-Jacques Rousseau, citoyen de Genève* (Geneva, 1759), p.74.

を求め、彼らとの友情を培う。彼らは概して優しく礼儀正しいのだ」(pp.74-5)。ヴィラレは、役者の人間性と無私無欲さを賞賛して締めくくっている。

> 地方では、俳優たちは一年中、進んで貧しい人たちのために公演を捧げる。俳優は、見栄を張ることなく慎ましい生活を送ることを学び、感受性をもった役者として自らの任務を果たそうという以外、行動の動機をもたない。これに対して、この卑しいとされる職に過度な非難を浴びせるような人たちこそ、苦境にある人たちのために、自分のあり余る収入のうち僅かなりとも費やそうとはしないのだ。(pp.75-6)

その数年後に、ルソーと演劇観を同じくするド・ラ・トゥールは、半世紀前には罵られていた役者という職業が今では崇拝されているのには納得がいかない、と言明している。(一三) 年鑑や「覚書帳」そして演劇辞典が多数出版され、すべてが俳優の情報を満載しているのである。一七八七年、マーニュ・ド・サントーバンは『演劇改革』に関する著作を出版した。この本には、劇場経営と役者養成のために適切な中央管理体制をつくる必要性について述べている箇所がみられ、また、町や村で多数の役者が得ている高い評価についてヴィラレの見解を繰り返している。演劇愛好家たちは役者たちと交際し、彼らを自由に自宅に招いているのだ。こうした好意を受けるに値しない役者もいることは、サントーバンも認めてはいるのだが(p.35)。

多くの人が要求した役者の社会的地位がその権利として法律に定められることは一八四九年まではな

かったのだが、それは事実上、革命とともに認められた。[一四] ミラン・ド・グランメゾンは彼の試論『劇場の自由について』(1790) で、役者はもはや非難されるべき職業だと頭からみなされることはなくなった、と賛意を表して記している。国民議会は、役者たちに市民としての地位を要求されるとこれに応じ、役者も選挙権を得て「大部分の人たちは、彼らの地域部隊の将校の地位に昇進した」のである。[一五] このことに触れた、一七九〇年七月に上演されたオードの劇『亡霊たちに聴くジャーナリスト：エリゼ《シャンゼリゼ》の楽園のモームス』[6] のなかの次の台詞は、観客から熱狂的な拍手を浴びた。「もしルカンがもっと長生きしていたら、彼も同志として息を引きとることができたのに」(Étienne and Martainville, I. 120)。それ以降、ある役者たちは演ずるよりも市民としての義務を果たすことに時間を割くようになった、という解説者もいる (ibid., p.140f.)。

ド・モアは国民の祝祭に関する議論で、式典にはすべての人が役者として参加すべきだと主張したが、[7] プロの役者の技術をみくびるつもりはないことを強調している。それどころか、彼は優れた役者は才能だけではなく美徳ももっていなければならないことを認めている。この点は重要である。そこからド・モアは、役者は自分自身が経験したことのない心情は他者に伝えることはできない、という考えを展開しているからである。

一三 [Bertrand de La Tour,] *Réflexions morales, politiques, historiques et littéraires sur le théâtre*, 20 vols. in 10 (Avignon, 1763-76), I. 3.

一四 André Villiers, *L'Art du comédien* (Paris, 1959), p.5 を参照。

一五 A. L. Millin de Grandmaison, *Sur la liberté du théâtre* (Paris, 1790), pp.9-10.

もし彼［役者］自身が美徳をもっていないのなら、どうやってそれを自分の口で表現できるであろう？覚えた言葉やフレーズは繰り返すことができる。プロンプターが記憶から飛んだものを思い出させてくれる。しかし、調子、身振り、態度、アティチュードなど、自分の内奥から出てこなければならないものすべては、自らの感受性だけがインスピレーションを与えてくれるのだ（de Moy, *Des fêtes*, pp.29-30）。

このド・モアの一節を読むと、演技を説得力のあるものにするためには役の感情に深く入り込まなければならないという、お馴染みの「感受性のある」役者の観念が思い出され、この見方は、道徳的な高潔さと芸術作品の成功との間には必然的なつながりがある、というこれと関連する考えを思い起こさせる。以前ディドロはブシェについて論じるなかで、こうしたつながりの存在を前提にして、彼のひどい絵の様式は、道徳的に堕落した彼の性格がもたらしたものそのものだとみている。

この男については何を言うべきかわからない。素行の堕落に伴い、徐々に趣味、色、構成、性格、表現、デッサンが堕落していった。あなたはこの画家はカンバスに何を描くことを望むであろうか？彼が想像するものを描くことだ。しかし、最下層の売春婦たちと暮らす一人の男が想像するものとは、いったい何であろうか？（Diderot, *Salons*, II. 75）

(別の所ではディドロは実際、偉大な芸術はキリスト教が生みだした罪のような不品行な行為から生まれ得ると述べ、才能ある芸術家ならば、上品な振舞いの慣習など守ることはなかろうとも述べているのであるが)[一六]。つまり芸術家は、立派に演じる、立派に描くといった自らの専門においてだけではなく、たえず(道徳的にも)立派であることが要求されていることになる。それどころか、後者は前者の前提条件とみなされている。これはカトーの箴言の伝統をそのまま汲むもので、キケロやその他の古代の弁論家たちが繰返し述べてきた言葉まさにそのものである。[一七] 弁論家の場合、弁舌が絶対的な意味での善と結びついて弁論家に体現されたときのみ、すなわち「アクティオが存在に従う actio sequitur esse」ときのみそれは本物である、と古代の人たちは主張した。キケロにとって、また彼以前のカトーにとっても、善人とは私的生活でも公的生活でも市民の義務を喜んで果たす人であった。この考えが役者にも敷衍され、役者とは物真似屋にすぎないというプラトンそしてルソーらによる非難から、役者を解放したのである。この新しい見方によって、役者は社会で自立した存在になれたわけである。役者は、新体制のもとで妥当とされた道徳的要求に具体的な形を与えるような劇を演じて自らの職業を立派にこなしたうえ、市民の義務もまた実行したのだから、よき市民としての条件は、いっそう一八世紀末のフランスの役者に当てはまるのではなかろうか。

ところで、弁論術という古代の規範でこの時代の役者が守るべきものとして、他に何があるであろうか? 弁論術との類似性に訴えてその社会的地位を示そうとした確固とした前例が、別の技芸にあった。

一六　Diderot, *Salons*, III. 148-9 と *Le Neveu de Rameau*, pp.75-6; Fried, p.81 も。

一七　Alain Michel, *Rhétorique et philosophie chez Cicéron* (Paris, 1960), p.15f を参照。

すなわち、絵画理論では二世紀前にまさにこれを達成していた。これに続いてそれとなく、演技術も説教師や弁護士の技術と同じ原理に基づいているのだから、それゆえ立派な技芸なのだということを示す試みが、役者や演技の書き手たちによってなされた。この伝統に与して出された議論が、役者は人間を一般的、個別的に深く理解していることが必要であるという議論であり、これについては、とりわけソクラテスとプラトンの両者が弁論家に必要な知識として述べてきた。アリストテレスのエートス ethos すなわち話者の信頼性〈8〉とキケロのモーレス mores といった知識が要求されたのである。古代の弁論術の理論によれば、その知識によって話者は聴衆の情念を喚起することができ、それゆえ聴衆を説得することができるというわけである。〈一八〉この説得ということが、弁論術の原理と一八世紀フランスの演技理論の間につながりをもたらしている。一八世紀のフランスの演劇理論では、劇のなかで提示される道義的見解の正当性を観客に納得させる必要がある、とたびたび強調されてきた。そして、古代の修辞学者も一八世紀の演劇評論家も、アクティオはこのような説得の可能性を高めると考えていたのである。

デュブロカは、人に善を喚び起こし、悪を嫌悪させ、社会の不正を暴きだす役者に望まれる属性として(Dubroca, p.500)、品位ある振舞い、優れた記憶力、知性、習俗と性格の理解——弁論術の理論が弁論家に必須の特質としてきたすべての特質——をあげている。こうした資質を身につけるために、役者はよい教育を受けなければならない、と彼は続ける。アリスティップはこの考えの妥当性を支持し、役者は弁論家や画家と同様に幅広い教育を受けるべきであると言う(Aristippe, p.37)。しかし、これを最も徹底して求めたのはドルフイユである。彼は、役者志望者はまさに弁論術の理論を学校で学ぶべきだと言う。「弁論術は演劇に必要なセンスを育成する、つまりその規範がこれを導いてくれる」のであるから、「俳優として大成したい者は弁論術の授業を受けなければならない」（Dorfeuille, I. 22）。役者の演技は、古代弁論術の三つのオフィシア officia［責務］（ドルフイユはこうした言い方はしていないが）を原則としていなければならない。すなわち、楽しませ、教え、感動させることである〈9〉（I. 8）。ひとたび役者が、役者は弁論家であること、あらゆるレヴェル〈10〉あらゆるタイプの弁舌が役者に属すること、朗誦術は説得術の支えがなければ役に立たないことがわかれば、「説得術の構成要素とその使用法を知ることの必要性、重要性を感じるであろう」（IX. 9）とドルフイユは言う。しかし役者がこれを侮り詳しく学ぼうとしなければ、「彼は成功せず、天性を十分に開花させることはできない。」と（IX. 10）。

　これらの言説すべてには、他の論考でもすでに議論されてきたように、弁論術の体系は生きるための模範《モデル》を提供する、という見方が示唆されている。役者に限らず、どんな職業や社会的地位にある人でも仲間に理解されたいと思う人であれば誰でも、弁論術は模範になる〈一九〉。ある解説者が一六五九年に書いていることだが、このような体系は、弁論術、詩、文法、音楽、光学、あるいは他の数理的な技芸のいずれに存在していても、すべての人に等しく好まれる。なぜなら、均整と調和は「魂の目にしか見えない」ものであり、それは神に由来するものだからである。そして「結局、このあらゆる技芸を律する法則、この至高万能な造り手の法則とつながることでしか、人の魂はあらゆる美と形式、模範と実例、節度と調和を経

一八　Munteano, p.162 を参照。Klaus Dockhorn, *Macht und Wirkung der Rhetorik* (Bad Homburg, 1968), p.49 も参照。
一九　R. Chartier, M.-M. Compère および D. Julia, *L'Éducation en France du XVIe au XVIIIe siècles* (Paris, 1976), p.197 を参照。

験することはできないのである」[二〇]。この見解は、私が前章で記した、役者の技術も画家、舞踊家、弁論家の原理と同じく規則に基づく原理の上に成り立つ、ということを示そうとする試みと、関連しているように思われる。ジベールは一八世紀の初めに、彼自身は演説での話の順序を議論しているにすぎないのだが、弁論術はあらゆる人の営みを秩序づける原理である、と書いている（Gibert, I. 10f）。誰もが、自分の流儀や意図がまっとうなものであることを人に納得させることを学ばなければならないので、弁論術の教えはあらゆる人に役立つ、と彼は主張する（I. ii）。弁論術は、人生において規律と自制が必要であることを我々に教える、つまり「習俗」と緊密に結びついている。万物は質料と形相の「自然な」配分を示すのであるから、弁論術が学問《サイエンス》と関係するのは明らかであるのと同様に、技芸《アート》に応用可能であることも明らかである（II. 48）。これらのこうした考え方が、芸術間の類似性という当時よく知られていた観念に対して理論的にどのような関係にあるのか、これ以上明瞭に示唆することは不可能であろう。

演技術への体系的なアプローチは、それが弁論術から提供されたものかどうかはともかく、役者の養成は可能であると信ずる人たちはみな必要に応じてこれを受け入れた。タルマの先生でもあったモレは、伝えられるところでは、内面を表現する多様な身振りを法則に還元しようという、エンゲルの著作[11]を勉強するようにとタルマに奨めている。ほとんど知られていない書とモレの言うこのエンゲルの著作[12]は、『逆説』のなかで「すべては技術にある」としたディドロの理論と「自然に対して何も拒みたくない」というタルマの理論の間の橋渡しをした（Regnault-Warin, p.91）。モレがここに示す見方には、芸術は自然を改良し得るのであり、欠点や弱点があるところは修正する義務を負っている、という彼の考えが反映されている（ibid., p.93）。規則によってなされると冷たく堅苦しくなる、という反論に対するモレの返答も、同じ人「ル

ニョー＝ヴァラン」によって次のように報告されている。〈13〉

始めに精神に明確にもたらされた規則は、思考へ自ずと変わっていくであろう。そして、必要なときには即座に流れるように現れる感情と混ざり合うであろう。魂はもはや、規則に注意を払うことで力を失わない。なぜなら、もう注意は必要なく、実行も容易になるからだ。魂は、単純な自然の徒であったときのように、快活、柔軟に実行ができるのである。しかし、そこには以前より大きな効果がみられ、障害を乗り越えるための技巧も高まっているであろう（p.95）。

このことはあらゆる芸術に当てはまる、とモレはつけ加える。

一八世紀の役者の訓練の実際は、理論とは異なり、今でもなおほとんど知られておらず、当時、弁術の原理が生徒たちにどの程度教え込まれていたのかについてはほとんどわかっていない。革命歴三年（1794-5）に共和国学校でモレ自身が行った俳優術に関する講義録は、間違いなく貴重な情報を提供したであろうが、それは失われてしまったようである。〈二一〉彼の「学校設立に関する雑考」（一七八六年から一七八九年に存在した王立演劇学校のこと）には、朗誦、フランス詩の韻律学、フランス語、舞踊が教えられる、と書かれている（Pierre, *Conservatoire*, p.62ff）。しかし、一八二六年、アリスティップはコンセ

二〇　Preface by des Herminières to Bray, *La Rhétorique française, où l'on trouve de nouveaux exemples sur les passions et les figures etc.* (Paris, 1659).

二一　パリのいくつかのアーカイヴで探したが、何も見つけることができなかった。

ルヴァトワール（一八世紀末の演劇学校の後身で、アリスティップ自身その教授となった）での教育を批判し、生徒のためのレパートリーは非常に乏しく、既に刊行されている演技論なども図書館に収められていない、と指摘する（Aristippe, p.534）。今日一八世紀の演技を学ぶ生徒たちが利用できる理論的見解の多くは、本来一八世紀の生徒に向けられて書かれたものであるのに、彼らの許には届いていなかったということなのだ。さらに、専門学校を設立して演技術を権威づけようとした人々が掲げた高い志にもかかわらず、そこで学んだ者たちの職業生活は、ルカンやその他コメディ＝フランセーズの伝統を保持しようとした人たちの気高い理想には、はるかに及ばなかったのではなかろうか、と彼は記している。確かにタルマは専門学校の卒業生であったが、コンセルヴァトワールの歴史では、モリエールやラシーヌの劇の役者ばかりではなく、ヴィクトール・ケニェやピクセレクールのメロドラマの役者も多数輩出しているのである[14]（pp.532-3）。

一八世紀が終わりに向かうにつれ役者が「アカデミックな」地位を勝ち得た、ということの証拠の取り扱いには慎重でなければならないことを、こうした証言は物語っている。しかし反対に、王立アカデミーが解散され、一七九五年フランス学士院が創設されたとき、役者が文学・芸術部門の会員に任命されたという事実もあげることができよう。総裁政府はモレをこの「部門」での彼の職業の代表に任命し、彼の兄弟であるダランヴィルは非居住準会員となった[二三]。アリスティップはこのリストにグランメニルの名前も加え（Aristippe, p.13）、役者が学士院という威光を手にしたことに関連して、アカデミー・フランセーズの会員（一八二六年当時）であるピカールとアレクサンドル・デュヴァル[15]もかつては役者であった、と述べている（ibid.）。

こうした地位を享受することとはまた別に、観客に崇められていた役者がいたということも、疑う余地はない。モレはそのよい例である。彼が病気になったとき、パリ中の人々が仰天したことには、あるユーモア作家が、この病気はニコレ一座のよく知られた猿がかかった病気と同じだったと囃す、ある詩を流行らせた。

少々放蕩ものの畜生が、
ある日病気になった。
ほらパリ中が悲嘆のなか……
みながチュレンヌが臨終なのだと信じるほど。
だが、それはモレだったのだ
あるいは、ニコレの猿だったのだ。(二三)

モレが病の床に伏せている間じゅう、モレの観客は毎日彼の容態の速報を求め、これを読んだのである。仲間の役者たちは、彼の医療費を払うための慈善公演を企画した。モレが死去したとき、ダランヴィルはパリのすべての劇場の観客に、喪章をつけるよう求めた（Boissier, *et al.*, p.82）。だが、このように大衆が

(二二) G. Boissier, G. Darboux, G. Perrot, G. Picot, H. Ronjon, *L'Institut de France* (Paris, 1907), pp.80-2 を参照。

(二三) 例えば、Michèle Beaulieu, 'Le Théâtre et la sculpture française au XVIIIe siècle', *Le Jardin des arts*, 13 (1956), p. 169 を参照。

称賛するのは、彼という役者が本書で説明してきたような展開を通して、説教師や古代の弁論家と同等の社会的地位を得たためであるというよりは、彼という人間が長年観客を楽しませてきたからなのだ、と言うほうが間違いないであろう。革命期の政治家たちが、それまで教会が果たしていた多くの機能を劇場が担保するよういかに懸命に努力したのだとしても、常識的に考えて、新体制下のフランス人の大多数は当然、単純に娯楽を求めて劇場に足を運んだのである——これが一般の人の傾向であり、その重要性は革命祭の企画者たちでさえも認識していた。さらに、フランス学士院が一八〇三年の一月二三日の「決定arrêté」によって再編されたとき、従来の三つの部門は四つになり、朗誦芸術からは引き続き代表を出すことはできなくなった。〈16〉なぜ役者は外されたのか、明確な理由の説明はなかったが、彼らを排したその法令の序文でシャプタル〈17〉は、四国学院〈18〉で役者が物理学者、幾何学者、行政官、詩人、劇作家と席を並べるなどとんでもないことだ、と言明した。〈二四〉

こうして、一八世紀が進むにつれ役者たちは以前よりはるかに高い地位を得たという証拠は、多くの反論により御破算にされてしまうのである。一七八九年には彼らに対する差別は事実上なくなり、革命の理想と合致する心情を広めるという役者の役割の重要性が政治家や解説家たちに認識され、王立の専門学校の開校が認められ〈19〉、そして国家最高の「アカデミー」であるフランス学士院への参加が認められて、多くの著作家たちがこうした地位は彼らに相応しいとみなしたということ、これらは事実である。一方、従来以上にみなされた役者の権利を否定する人もたくさんいたこと、ある少数派劇団の代表者たち（コメディ＝フランセーズの「正座員」〈20〉）は自分たちが普通のフランスの役者に成り下がったことに不満であったこと、視覚芸術であれ、政治集会での演者や聴衆の振舞いあるいは説教師や法律家の振舞いであれ、演劇以外の分野で「役者的」、「演劇的」と言われれば、それは一八世紀末いや一九世紀になってもなお軽蔑を意味していたこと、これらもまた事実である。

一七八九年以降でさえも、役者はなお当局には不審を抱かれ、彼らは誠実であるという主張も幾分疑念をもって受け取られた。一七九四年、オペラ座と平等劇場《テアトル・ド・レガリテ》[21]を監視し、とくにその役者の「社会的、道徳的、政治的な振舞い」を見張るために国家調査官が任命されることになったことを、公安委員会の決議書が示している。こうした措置がとられたのは、きっかけとなった事件があったのか、それとも単純に過去から引きずる不信感の名残なのか、それはわからない。それはどうであれ、役者がフランス学士院から追放されたことについては、説得力のある理由が一つ示されている。そうでもなければ由々しき侮辱であろう。それは、道徳や政治とは全く関係ないことである。文学・芸術部門の他の会員には、パフォーマンスに関わる芸術においても単なる演者《パフォーマー》はいなかった。会員に選出された音楽家はまずは作曲家であり、演奏家であったとしても付随的にそうであったにすぎない。この「部門」の他の会員たちは画家、彫刻家、建築家であり、実演《パフォーマンス》という概念が適用できる職業の人はいなかった。代表者全員のなかで、俳優だけはアウクトル auctor すなわち原作者ではなかったのである。演劇とはまずは言葉の技芸でありアクティオは副次的なものにすぎない、という古い観念が根強く残っており、役者が身振りに示す個性や創造性も芸術的に極めて重要な意味をもっている、という主張は通らなかったのである。

一八世紀の最も頭脳明晰なマイム役者である、ディドロが描いた「ラモーの甥」も、役者などそんなも

二四　Jeanne Laurent, *Arts et pouvoirs en France de 1793 à 1981* (Saint-Étienne, 1982), p.27 を参照。

のだと考えている。彼の物真似人生は、彼を、物真似するだけで創造することができない人間、独創的な精神に備わる偉大な芸術感覚を決して開花させることがない人間へと仕立てたのである。哲学者である「私」が彼に、[22] 芸術は何もやらなかったのかねと尋ねると、「彼」はその返事として、自分が考えた身振りとアティチュードについて語るだけである。

例えば、さっきお話した、あの背中を曲げて感嘆する姿勢ですが。あれなどは、おそらく焼きもち焼きどもからは抗議を申し込まれるかも知れないけれど、わしとしては自分独特のものだと思っていますよ、この手は、以前も使われたとは思います。しかし、これが、自惚れの強い奴を褒めておいて影でそっと笑うのにどんなに便利であるかを会得した者があったでしょうか。(Diderot, *Le Neveu*, p.53)
(本田喜代治・平岡昇訳[23])

後に彼は「私」に向かって、卑しい行為については僕は独創性を主張できるのだ、と告げる(「わしは……少なくとも下劣さにかけては独創的であるということをあんたの口から言わせたかった」[24]p.76)。「私」のほうは、[「独創性」など] 普通は芸術を称賛するのに使う言葉を使って、道徳生活についても論じられるとは認めたがらないのだが。甥の演奏は音はなくしぐさのみであるという意味では、彼が他人の芸術作品を再現する身振りは架空のものである。しかし、ディドロがこの人物の住まう世界を吟味すると、全員が役を演じるように――その役が演技者から個性を奪うのだが――求められており、みな周囲との関係でアティチュードを決めていることが明らかになる[25](pp.104-6)。対話の最終部で「甥」が、自分のポジショ

〈26〉ンを身につけ、そのポジションをとりながら一生を過ごす貧しい人の話をすると、「私」は「甥」に「ポジション」という言葉の意味を尋ねる。「甥」は「私」にノヴェールのところに行って訊いてごらんなさいと言い（振付けでは「ポジション」とは、両足の関係で決まる足の置き方を意味する）、世の中では、舞踊芸術が見せるよりずっとたくさんのアティチュードが見られる、と付け加える（p.104）。こうした「ポジション」をとることで、非役者《ノン・アクター》すなわち社会の束縛に縛られない天才（これについてはすでに議論している）であれば守っていける自主的に生きる権利を、人々は喪失していくのだ、ということが暗示される。「甥」は次のように結ぶ。アクティオという慣習は、大半の人間の生活を支配し、国王の生活ですら支配して、彼らを傀儡にしてしまう。単なる演者に留まらない偉大な芸術家のみが、自由で独創的なのだ。

訳者あとがき

もう三年以上前のことになるが、ある芸術関係の共著を執筆する過程で、一八世紀の西洋演劇事情を知るための日本語のわかりやすい参考文献をあげてもらえないかと編者の先生から言われたことがあった。このときまず頭に浮かんだのが、Angelica Goodden, *Actio and Persuasion: Dramatic Performance in Eighteenth-Century France*, Clarendon Press, Oxford, 1986 であり、本書はその完訳である。この書はまさに一八世紀の演劇書であるのだが、概説書ではないし、わかりやすいわけでもなく、扱われている対象もフランスのみである。それにもかかわらず推薦したいと思ったのは、この書のもつ演劇を超えた広がりと、それをしっかりひとつにまとめあげてゆこうとする筆者の構想に、強く惹かれていたからである。

一八世紀のヨーロッパ演劇について、原著の出版とほぼ時を同じくして日本においても、毛利三彌氏をはじめとする演劇研究者のグループにより共同研究が行われていた。その研究報告——共同研究者諸氏による会話形式で綴られている——の冒頭の一節には、演劇史が一八世紀という時代に向ける眼差しについて明快に述べられている。「なぜ十八世紀演劇か……普通のヨーロッパ演劇史の本では、十八世紀は谷間、みるべきもの少なし、停滞の時期、とされています……十六世紀はルネサンス、十七世紀は黄金時代、とんで十九世紀は近代リアリズム劇の成立、でも十八世紀は何もいえない。正直なところ十八世紀演劇を専門領域としていると公言できるものは我々の中にいません……いや、いまの日本には、英・独・仏の演劇を研究している人は少なからずいるけれど、その中でも十八世紀に特に目をつけている人は稀でしょう……」(「十八世紀ヨーロッパ演劇の諸相(一)」、『成城文藝』(一一一)、一九八五、三頁)。一八世紀は「停滞の時期」、「みるべきもの少な」く、この時代については「何もいえない」。しかし、だからこそ研究領域としての魅力を放っているのだと、あまり手のつけられることのないこの時代の演劇研究の醍醐味が、ここに示唆されている。

この世紀の演劇を描くにあたり、本書の著者グデンも、マリヴォーやボーマルシェといったこの世紀の少ない「みるべきもの」を表に立たせようとはしない。むしろ定期市やブルヴァールの大衆娯楽、パントマイム、タブロー・ヴィヴァン、舞踊など、この世紀に流行したパフォーマンスの営みそのものに目を向け、一八世紀の「谷間」からこの世紀らしさを汲み上げようとしている。邦訳のタイトルとしても表現したが、彼女はこの雑然とした状況のなかに「演劇、絵画、弁論術」という三つの軸を打ち立てる。そしてこの三つを、異なる糸によって、あるところでは緩く絡め、あるところでは力強く縫い進めながらひとつに束ねあげてゆくのである。これが、一八世紀の演劇史像を組み立てる著者の構想であり、この時代の演劇を語る彼女の論法である。

このあとがきでは、この三軸を束ねる主要な二本の糸に注目しながら、本書の内容を振り返ってみたいと思う。第一の糸は「視覚」、第二の糸は「アカデミー」という糸である。

「演劇と弁論」——三つの軸のうちこの二つは実演される。グデンは、この時代の演劇を「一八世紀は視覚の時代である」ということを礎に、実演の理論を展開してゆく。原著の副題にもあり、また訳書の副題でも示したように、本書で論じられるのは「パフォーマンスの理論」である。それゆえ、言葉の術であるはずの「弁論術」においても、言葉よりも「アクティオ」あるいは"bodily eloquence"(訳書では「語る身体」「身体で語ること」「身体の語り」などの言葉をあてた)に焦点があてられ、「演劇に関しても、文学としての「戯曲」よりも行為としての「実演」に、戯曲を書く「劇作家」よりもそれを演ずる「役者」に興味の中心が置かれている。一八世紀のフランスでは、演劇は朗誦芸術と呼ばれていた。これは当時演劇が「声のパフォーマンス」とみなされていたことを示しているのだが、一方その一八世紀において、演劇は身体パフォーマンスの重みを増してゆき、「言葉の芸術」としての「劇」から「視覚芸術」としての「演劇」へという変革期を迎える。本書では「語る身体」をキーワードに、こうして演劇舞台の在り方が根本的に変革してゆくその様相と深層が、この第一の糸によって描き出されるのである。

「演劇と絵画」——著者はこの時代における両者の密接な関係を、作品およびその批評テキストを豊富に取りあげながら示してゆく。「演劇—絵画—弁論術」のうち絵画だけはパフォーマンスではない。しかし、絵画こそ視覚芸術であり、演劇の視覚的側面が強調されだしたのも絵画芸術に大きく負っていることは、この時代の演劇で盛んに「タブロー」の語が使われるようになったことを考えれば容易に想像できる。著者は、ホラティウスの「詩は絵画のごとく」を起点に、芸術間(劇詩と絵画)の「類似性」について詳細な議論を展開する。著者自身は、弁論術に由来する「適切さ」の概念を通してこの議論を、「異なる芸術にまたがって「不変なもの」——これが一八世紀に繰り返し言われたホラティウスの「詩は絵画のごとく」が意味することのすべてである——を探究してもおよそ無駄である」(二一七頁)と否定的な結論へと導くのだが、それでもこの議論は、序論で提示される著者のもう一つの主張のための重要な布石とされている。それは、「芸術どうしの相互関係――一八世紀美学で盛んに議論されたテーマである――に関する発言には、例えば演技といった特定の芸術の地位をより権威ある芸術との類似性を示すことで証明したい、という思いが少なくとも部分的にはあった」(二四~二五頁)という主張である。つまり著者は、たとえ芸術間には実質的には類似性など存在していなくとも、類似しているという観念そのものは、演劇が自らの社会的地位を主張するために利用されてきたのであり、その意味では「詩は絵画のごとく」というフレーズは「重大な役割を果たした」のだ(そしてその重要性は、このフレーズをいくら繰り返し唱えたところで理解できはしない)と主張し、類似性の観念の読み直しを行っているのである(二五頁)。

「絵画と弁論術」――この一見何の関係もなさそうな二つに対して、グデンはまさにこの「社会的地位」という視点から関係を与えている。すなわち、絵画は弁論術に依拠することで自由学芸の仲間入りをしたという、絵画の弁論術への依存関係を指摘する。そこからさらに、役者も演劇の弁論術や絵画との類似性を主張することで自らの社会的地位を主張しようとしてきたのだ、という議論が展開されてゆく。ここで演劇―絵画―弁論術の三軸を束ねるのは、「社会的地位」であり「アカデミー」であり、これが「視覚」や「パフォーマンス」と並ぶ第二の糸として、本書を力強く縫い上げてゆく。本書の一八世紀演劇史は、社会の最下層とみなされた役者たちが、演じる技芸の威光を世間に認めさせようとした、その奮闘史としても描かれているのである。

これら全体を貫く二本の糸からさらなる議論が次々と派生し、三つの軸を絡めてゆく。言語と絵画とどちらがより想像力を喚起するのか、想像力を喚起する芸術ほど芸術として価値が高いのか、身体表現にはどこまで節度が必要か、束の間に消え去る「実演」をどのように後世に伝えることができるのか、それを紙に記すことはできるのか、演技術は規則に定めて教授することは可能なのか、役者の創造性とはどのように認めることができるのか……。

演劇論の立場からとりわけ興味深いのが、演劇の舞台から本物の劇場に取って代わったというフランス革命の政治舞台へと視点が移され、実社会における「演劇的なもの」へと考察が及ぶくだりである。ここでも「演劇と弁論術」の関係性に焦点があてられ、役者は説教師、弁護士あるいは政治家と同列に並べられる。架空世界を構築して観客を楽しませる営みを演劇とするならば、演劇はあくまでも現実生活とは一線を画したエンターテインメントであり、役者の役割は弁護士や政治家のそれとはかけ離れているように思える。しかし本書では、説教も法廷弁論も政治演説もそして演劇も「人を教え、楽しませ、感動させる」ことを目的とする(六八頁)「パブリック・アドレス public address」(九四頁)であるという点で、当時これらの類似性が主張されていたことが指摘される。ちなみに、"PA" という語(「パブリック・アドレス」の略語)は、現在では一般に「劇場、コンサート会場、イヴェント会場などで音響設備を操作して行う音響拡声」の意味で使用されているが、字義通りにとればそれは不特定多数の聴衆に向けられた語りのことであり、本来「演劇と弁論」に通底する基本概念として理解されるべきなのである。

ここで重要なのは、こうした「演劇と弁論術」の関係に注目することで、現実か架空かということの区別は解消されてしまうということである。革命期に、大衆の心を掴むために役者からレッスンを受けていた議員たち、劇場化した国民議会を見物に集まる聴衆、大衆に愛国思想を吹き込むために演劇や祝祭を利用した政治家たち……。グデンは、実社会こそ演劇化されており劇場そのものだ、と言わんばかりに、「演劇的なもの」の力が実社会で大いに機能していることを指し示すのである。これを最も明快に表現するのが、実社会では「卑屈なパントマイム」を演じることを自らの役と引き受ける人たちが数多《あまた》いることを指摘する、ディドロの『ラモーの甥』である。グデンは、ディドロのこの書の一節を引き、役者の「アクティオ」の意味とその「独創性」を読者に問いかけながら、彼女の演劇論を締めくくる。「アクティオという慣習は、大半の人間の生活を支配し、国王の生活ですら支配して、彼らを傀儡にしてしまう。単なる演者に留まらない偉大な芸術家のみが、自由で独創的なのだ」と。

こうした本書の「広がり」と「まとまり」が、幅広い読者を呼ぶことを訳者は願っている。それによってこの時代の演劇研究を一歩でも進める力につながることになれば、嬉しいかぎりである。本書が刊行されてからすでに三〇年の月日が流れている。しかし、いま本書を紹介する意味が薄れてしまっているとは思わない。むしろ、文学とは違った視点からの演劇研究に注目が集まる今こそ、より興味ある問題を提示するものと考えている。本書の各話題は豊富な文献引用とともに綴られており、これらは一八世紀の演劇研究者にとって有用な情報源となるであろう。これらの文献を、著者は各地の図書館を巡って集めているのだが、それらのほとんどは、現在では実に手軽にウェブを通して入手することができるのである。

本書を翻訳するにあたって、多く方々のご指導、ご協力を賜った。フランス演劇の若手研究者で日本学術振興会研究員の奥香織氏には、粗訳の段階で、適切な訳語選択についてご教示いただき、また、原著のフランス語箇所の翻訳、および訳注作成についても協力を賜った。成城大学名誉教授の一之瀬正興先生には、初校の段階で原稿を通読していただき、貴重なご指摘をいただいただけでなく、フランス語のカタカナ表記については最後まで相談にのっていただいた。表紙画を描いていただいた同僚の画家、椡沢順氏には、ダヴィッドの『サビニの女たち』を舞台作品のごとくプロセニアムのなかに再現することで、本書のテーマのひとつを表現していただいた。同じく同僚のデザイナー、吉羽一之氏には、表紙デザインおよび本書全体の装丁において、工夫を凝らしていただいた。そして編集を担当してくださった筑波出版会の編集部には、多忙な日常の合間をぬって、本書を少しでも読みやすくするために、訳文に対する助言をはじめ、その他さまざまな作業に労を惜しまず取り組んでくださった。こつこつと誠実に作業を進められるそのプロフェッショナルぶりには、ただただ頭が下がる思いであった。最後に、本翻訳のための研究は、JSPS 科研費 26370170 の一環として行ったものである。いただいた助成に対して、ここに厚く御礼を申し上げたい。

著　者

Angelica Goodden（アンジェリカ・グデン）

オックスフォード大学セント＝ヒルダズ・コレッジのフェロー。専門はフランスを中心とした 18 世紀、19 世紀文学。著書に *The Sweetness of Life: A Biography of Elisabeth Louise Vigée Le Brun* (Andre Deutsch, 1997), *Diderot and the Body* (Legenda, 2001), *Miss Angel: The Art and World of Angelica Kauffman* (Pimlico, 2005), *Madame de Staël: The Dangerous Exile* (Oxford University Press, 2008), *Rousseau's Hand: The Crafting of a Writer* (Oxford University Press, 2013) などがある。

訳　者

譲原 晶子（ゆずりはら・あきこ）

千葉商科大学政策情報学部教授。専門は舞台芸術論。著書に *Anne Woolliams: method of classical ballet* (Kieser Verlag, 2006)、『踊る身体のディスクール』(春秋社, 2007 年)、主要論文に 'Kylián's space composition and his narrative abstract ballet', *Theatre Research International*, Vol. 38, No. 3, 2013, 'The construction of classical dance vocabulary in the light of the principle of variation: a comparison with compositional techniques of contemporary dance', *Comparative Theatre Review*, Vol. 12, No. 1, 2013, 'Historical and contemporary Schrifttanz: Rudolf Laban and postmodern choreography', *Dance Chronicle*, Vol. 37, No. 3, 2014 などがある。

演劇・絵画・弁論術

一八世紀フランスにおけるパフォーマンスの理論と芸術

発　行　平成29年4月17日　初版第1刷発行

著　者　アンジェリカ・グデン

訳　者　譲原 晶子

発行人　花山 亘

発 行 所　株式会社 筑波出版会　〒305–0821 茨城県つくば市春日 2–18–8
電話 029–852–6531　FAX 029–852–4522

発 売 所　丸善出版 株式会社　〒101–0051 東京都千代田区神田神保町 2–17
電話 03–3512–3256　FAX 03–3512–3270

印刷・製本　（株）シナノ パブリッシング プレス

 ISBN978-4-924753-62-4 C3074

・落丁・乱丁本は本社にてお取替えいたします。（送料小社負担）

・追加情報は右記に掲載いたします。http://www.t-press.co.jp/

索　引

カ　行

タ　行

ナ　行

ワ　行

訳　注

序　論

1. 「アティチュード attitude」とは「姿勢」あるいは「全身が示す態度」のこと。身振り、表情と並んで、身体表現における重要概念として、演技論、舞踊論において頻繁に言及される。
2. クインティリアヌスは「アクティオ」を次のように説明している。「プロヌンティアティオのことを多くの人はアクティオと呼ぶ。前者は声の要素から、後者は身振りの要素から来た名称だと思われる。キケロは、アクティオとは「言語の一種」であると言ったり「身体の弁舌」であると言ったりしている。しかし彼はアクティオを声と動きという2つの要素に分けており、これらはプロヌンティアティオの要素でもある。であるから、我々はどちらの名称を使用してもよいということになる」。Quintilian (trans. Donald A. Russell), *The Orator's Education*, Volume V: Book 11-12 (Loeb Classical Library, Harvard University Press, 2002), pp. 84-87. クインティリアヌスによるキケロからの引用は Cicero, *Orator*, xvii, (55) による。本書では、「アクティオ」は、声の要素を含めず身振りや動きの要素のみを指している。
3. ルカン(Lekain, 1729-1778)は18世紀を代表するフランスの俳優。ヴォルテールに見出され、1750年にコメディ=フランセーズにデビュー。
4. 舞踊は、自らも舞台に立ったルイ14世（1638-1715）の庇護を受け、親政が開始された1661年には王立アカデミーが設立され、他の実演芸術に先駆けて学術的地位を得た。
5. ボシュエ（Bossuet, 1627-1704）はフランスの説教師。コンドンの司教、モーの司教。数々の説教、追悼演説で名説教家と謳われる。王太子の養育係も勤める。演劇を厳しく糾弾した。
6. 本書では、鍵括弧付きの「ドラマ」は18世紀のフランスに生まれた狭義の「drame ドラム」を指す。「drame ドラム」とは「(調子、様式、登場人物の社会的地位において)悲劇と喜劇の中間的な劇作品」のことで、「真面目なジャンル」とも呼ばれる（Pierre Frantz et Sophie Marchand, *Le théâtre français du XVIIIe siècle*, L'avant-scène théâtre, 2009, p. 580）。

7. 62-63頁（第1章）の『聾唖者書簡』からの引用を参照。
8. ディドロ（本田喜代治・平岡昇訳）『ラモーの甥』，岩波文庫，1964（改版）を参照。「彼［甥］は、にやりと笑い、賞讃する人、哀願する人、迎合する人のまねをし始める。……ご主人と奥方を眺める。腕を垂れ、脚を揃えて、じっとしている。耳を澄まし、顔色を読もうとする。そして、つけ加える。『これがわしのパントマイムです。おべっか使いや宮廷人や召使いや乞食のパントマイムとほとんど同じでしょう』」(同書，pp. 150-1)。「……実際、君のいわゆる乞食のパントマイムなるものは、地球の大円舞だよ。」（同書, p. 152）。
9. 『ラモーの甥』，pp. 38-41を参照。
10. ラ・モット（La Motte, 1672-1731）はフランスの作家、劇作家。オペラ・バレエ『華麗なるヨーロッパ』(1697),『諸芸術の勝利』（1700）をはじめとするオペラのリブレットを執筆。
11. 『国家』，第7巻1～5章の「善のイデア」について説く「洞窟の比喩」。プラトン（藤沢令夫訳）『国家』（下），岩波文庫，1996，pp. 94-111を参照。
12. 《自分を犠牲にしてカリロエを救う大司教コレジュス》（タイトル全文）は1765年にフラゴナールがアカデミーへの入会資格を求めて提出した作品。
13. このディドロの批評はグリムとの対話形式で書かれている。ディドロは対話者グリムに、まずは、「日中にサロン展に行き、夜にはプラトンの対話篇を読んで過ごした日の夜に見た夢についてお伝えしよう」とは言っているが、批評の冒頭で、サロンに観に行ったときにはこの絵はもう展示されていなかったのでこの絵について語ることはできない、と述べている。つまりこの批評では、ディドロはサロン展で（本文での記述とは異なり）フラゴナールの絵を観ていないことになっている。
14. デュボスの『詩と絵画についての批判的考察』全2巻は1719年に初版が出版された。この本はデュボスの生前には、ユトレヒト(1732/36年)、パリ(1733年)、パリ（1740年）と3回再版され、その度に検討、修正が加えられた。とくに1733年版からは全3巻となり、3巻目に、第1巻の第42，43章の内容の一部、すなわち朗誦、音楽、古代の演劇、パントマイムに関する内容が移された。(すなわち、この第3巻に収められたパントマイムに関する内容の一部は、1719年版では第1巻，第42章に読むことができる)。著者名が印刷されたのは1740年版からである。Alfred Lombard, *L'Abbé Du Bos : un initiateur de la pensée moderne, 1670-1742*, Slatkine Reprints, Genève, 1969 (Réimpression de l'édition de Paris, 1913), pp. 542-3.
この書の邦訳として、木幡瑞枝氏による『詩画論 I』、『詩画論 II』（玉川大

学出版部, 1985）があるが、これは1770年版（全3巻）のリプリント（1967）の第1，2巻のみの翻訳であり、『詩画論I』には、初版の第42章には記されていた演劇、音楽、パントマイムに関する内容は含まれていない。

15. 本文には「最終幕」とあるが、デュボスの『考察』では「第4幕」となっている。訳注16を参照。
16. デュ・メーヌ公爵夫人（duchesse du Maine, 1676-1753）は大コンデ公の孫娘、ルイ14世とモンテスパン公爵夫人の息子デュ・メーヌ公爵の夫人。デュ・メーヌ公爵に与えられたパリ近郊のソー Sceaux の城館で、夫人は連夜夜会を開いた。バレエ・ダクシオン・パントマイム『オラース』はそこで上演された。デュボスの『考察』には、「ソーの劇場で、コルネイユの『オラース』第4幕のオラースが妹のカミーユを殺める場面を、彼ら［ダンサー］に身振りで演じさせた。複数の楽器が、この場面の台詞を歌うために創られた歌曲を演奏し、彼らはその音楽に合わせて演じた。ある巧みな作曲家［ムーレ］がこの場面に曲をつけたのだが、まるで台詞はもともと歌の歌詞であったかのように聴こえた」と記されている（Jean-Baptiste Dubos, *Réflexions critiques sur la poésie et sur la peinture*, 3 vols. (Paris, 1740), III, pp. 289-90）。つまり、ここで公演された『オラース』は歌詞付きのパントマイムであったと理解できる。
17. ノヴェールのバレエ『オラース』については、第5章訳注60を参照。ノヴェールは18世紀フランスのバレエ改革者。
18. メインブレイ Henry Mainbray は王立ドゥルリー・レイン劇場のパントマイム作家、役者、機械技師でもあったといわれる。
19. イタリア人劇団 Théâtre-Italien はコメディ=イタリエンヌ Comédie-Italienne とも呼ばれる。本書では両者の表記が併用されている。
20. フランソワ・リッコボーニ（François Riccoboni, 1707-1772）はルイージ・リッコボーニ（第2章訳注3を参照）の息子。イタリアの役者、劇作家。
21. 「サルタティオ」については、142頁（第4章）、161頁（第5章）、第5章訳注1を参照。
22. 「プロヌンティアティオ」については、本章訳注1および第2章訳注2を参照。
23. ヴォルテールの『セミラミス』は1748年にコメディ=フランセーズで初演された。ルカンがヴォルテール宅で再演したのは1756年。
24. プレヴィル（Préville, 1721-1799）はフランスの俳優。1856年から1883年にわたりコメディ=フランセーズで活躍する。
25. ディドロ（およびリッコボーニ夫人）は演劇のパントマイム（無言の演技）場面を「動くタブロー tableau mouvant」と呼んだ。しかしここで話題にされている『セミラミス』では、「このタブローは数分続き」（M. Ourry,

Mémoires de Préville et de Dazincourt, Baudouin Frères, Paris, 1823, p. 191）とあるように、ルカンは静止ポーズを保ったのであり、すなわちこれは「タブロー・ヴィヴァン tableau vivant（活人画）」であったと考えられる。ディドロは『聾唖者書簡』において「我々の魂は動くタブローである」とも述べており（Diderot, *Lettre sur les sourds et muets*, ed. Paul Hugo Meyer, in *Diderot Studies VII*, Otis Fellows ed., Librairie Droz, Genève, 1965, p. 64）彼は「タブロー」の概念を、絵画や演劇の範疇を超えて使用している。

26. ウァトー、ジローの絵とイタリア喜劇の関係については、121-3 頁（第 3 章), 208-9 頁（第 6 章）を参照。
27. ウィリアム・ホガース（宮崎直子訳）『美の解析』, 中央公論美術出版, 2007, p. 150 を参照。
28. 同上, p. 153。
29. この一座が演じることになっていたメゼッティーノの『偽貞女』*La Fausse Prude* というタイトルがマントノン夫人を指しているとされた（小場瀬卓三『フランス古典喜劇成立史』, 法政大学出版局, 1970, p.87)。マントノン夫人（Mme de Maintenon, 1635-1719）はルイ 14 世の 2 度目の正妻。王妃マリ・テレーズが 1683 年に逝去した翌年に結婚、王の晩年に連れ添う。
30. ルイ 14 世の死後（1715)、演劇好きの摂政オルレアン公が再びイタリア人役者をパリに招き、彼らはイタリア人劇団として活動を再開する。
31. 1707 年、非公認劇団は舞台上で対話をすることが禁止された。それで彼らは対話なしで劇を進めるさまざまな手段を考えた。非公認劇団に課された種々の禁止令については、143-8 頁（第 4 章）を参照。
32. 小佐野重利（解題・監修）「シャルル・ル・ブラン『感情表現に関する講演』」,『西洋美術研究』1992, No. 2, 特集・美術アカデミー、にこの講演の一部が邦訳されている。
33. キケロー（大西英文訳）『弁論家について』(下), 岩波文庫, 2005, pp. 255-6 を参照。
34. アルベルティ（三輪福松訳）『絵画論』, 中央公論美術出版, 1992, pp. 56-61 を参照。
35. キケロは、弁論には、証明する、楽しませる、説得するという 3 つの機能があるとして、次のように述べている。「証明はまず必要であり、楽しませるのは素敵であり、説得は勝利である。[……] これらの 3 つの機能に対して、3 つの様式（ゲヌス・ディケンディ genus dicendi, 本文では genera dicendi と複数形で表記)、証明のための簡素な様式、楽しみのための中間的様式、説得のための情熱的な様式がある。」(*Orator*, XXI. 69)。クインティリアヌ

スは3つの様式を次のように説明する。「まずは簡素な様式、2つ目は大きく強い様式、これに「中間的」あるいは「飾った」様式と呼ばれる第三の様式が加わる。第一のものは情報を与える機能を果たし、第二のものは感情に訴え、第三のものは、名称はどうであれ、楽しませまた取りなす」(*Institutio Oratoria*, 12. 10. 58-59)。

36. アルベルティはコンポシティオ(構図)について次のように述べている。「構図とは、描かれた作品のなかの諸々の部分が、組み合わされるところの絵画の仕方である。画家の最も偉大な作品は歴史画である。歴史画の部分は人体であり、人体の部分は肢体であり、肢体の部分は諸々の面である」。『絵画論』, p. 41。

37. 『弁論家について』において弁論家の声を画家の色に喩えている箇所で、キケロは表情と身振りについても言及している。「人間の感情にはすべて、それ自体のある種の表情や声や仕草が自然にそなわっているのであり、人間の身体の全体、そして、その表情、その声は、あたかも竪琴の弦のようなものであって、感情という心の琴線もまた爪弾かれるのに呼応して、共鳴し、響き返すのである」(キケロー(大西英文訳)『弁論家について』(下), p. 255)。

38. レオナルドの『絵画論』は彼の死後に弟子のフランチェスコ・メルツィの編纂により出版された。

39. シャルル=アントワーヌ・コワペル(Charles-Antoine Coypel, 1694-1752)はフランスの画家。父のアントワーヌ・コワペルから絵画を学ぶ。1747年に国王首席画家、王立絵画彫刻アカデミーの院長に任命される。劇作家でもある。父コワペルも、1719年に摂政オルレアン公の首席画家、王立絵画彫刻アカデミーの院長も務める。

40. ヴォルテール(林達夫訳)『哲学書簡』, 岩波文庫, 1980(改版), p. 195を参照。オールドフィールド(Oldfield, 1683-1730)は英国の女優。ルクヴルール(Lecouvreur, 1692-1730)はコメディ=フランセーズの女優。両女優は同じ1730年に没した。保苅瑞穂『ヴォルテールの世紀:精神の自由への軌跡』(岩波書店, 2009, p. 274)によると、「ヴォルテールが眼をかけていた女優のアドリエンヌ・ルクーヴルールが若くして死んだとき、教区の司祭は、役者を生業にするものは宗門から追放する、という教会の命令に従って、アドリエンヌにキリスト教による埋葬だけではなく、いっさいの埋葬を拒否した。ヴォルテールは、それに憤慨する役者たちとともに、その措置に激しく抗議した。かれらは屈辱的な措置が撤回されるまで舞台に立つのを拒否するといって司祭に迫ったが、司祭は聞き入れようとしなかった。その結果、やむ

をえず遺体は、夜陰に紛れて、荷かつぎ人足によってセーヌ河岸の空き地に埋められたのである」。ヴォルテールは『哲学書簡』に、「こんなにまでしてこの女優［オールドフィールド］の思い出に栄あらしめようとしたのは、我々がルクーヴルール嬢の死体を芥捨て場に投げ捨てたという、彼らが咎めている野蛮な卑劣な非行をいっそうよく我々に感銘させようとしてわざとしたのだと主張する人々もある」（同掲箇所）と書いている。

41. 『カイロノミア』*Chironomia*（1806）のこと。206-7 頁（第 6 章）を参照。
42. クレロン嬢（Mlle Clairon, 1723-1803）はフランスの女優。1736 年にコメディ＝イタリエンヌでデビュー。1743 年よりコメディ＝フランセーズで活躍する。ヴォルテール、ディドロらに高く評価される。
43. コンタ嬢（Mlle Contat, 1760-1813）はフランスの女優。1776 年にコメディ＝フランセーズにデビュー。ボーマルシェの『フィガロの結婚』のスザンヌが当たり役となる。
44. 結論訳注 20 を参照。
45. デュラス公（Duc de Duras, 1715-89）は王室付き首席貴族（第 6 章訳注 4 を参照）を務めた王室の側近。演劇好きで、コメディ＝フランセーズ、コメディ＝イタリエンヌのディレクターも務めた。
46. モレ（Molé, 1734-1802）、デュガゾン（Dugazon, 1746-1809）、フルリー（Fleury, 1750-1822）はコメディ＝フランセーズの俳優。モレは 1754 年（1761 年に正式座員）、デュガゾンとフルリーは 1772 年にコメディ＝フランセーズにデビュー。モレは 1769 年にディドロの『一家の父』で息子サンタルバンの役を演じている。
47. エンゲル（Engel, 1741-1802）は俳優の演技に関する理論書『身振りの構想』*Ideen zu einer Mimik*（1785/86）を出版した。1788/89 年に仏訳されている。205 頁（第 6 章）も参照。
48. 読まれることを目的とし、上演を目的としない劇作品。日本ではドイツ語の「レーゼドラマ Lesedrama」の語がよく使われるが、英語では「クローゼットドラマ closet drama」という。
49. 韻文で記された古典主義理論書『詩法』（1674）は 4 篇で構成され、その第 3 篇は悲劇、叙事詩、喜劇にあてられている。ボワロー（守屋俊二訳）『詩法』，人文書院，2006 を参照。
50. ホラティウス『詩論』，361-365 行。第 1 章訳注 23 を参照。
51. この書の邦訳として、シャルル・バトゥー（山縣熙訳）『芸術論』，玉川大学出版部，1984 がある。
52. エロー・ド・セシェル（Hérault de Séchelles, 1759-1794）は貴族出身の国民

議会議員。国民公会議長、公安委員会委員を務める。ロベスピエールと対立して処刑される。

53. ミラボー（Mirabeau, 1749-1791）はフランス革命初期に国民議会を支配した政治家。1789 年の全国三部会では、貴族でありながら第三身分の議員として選出される。

54. マレ・デュ・パン（Mallet du Pan, 1749-1800）は反革命派のジャーナリスト。

55. エドマンド・バーク（Edmund Burke, 1729-1797）はイギリスの政治家、政治思想家、哲学者。『フランス革命の省察』*Reflections on the Revolution in France*（1790）（邦訳：半沢孝麿訳, みすず書房, 1997）の他、美学書として *A Philosophical Enquiry into the Origin of Our Ideas of the Sublime and Beautiful* (1757)（中野好之訳『崇高と美の観念の起原』, みすず書房, 1999）が有名。

56. ジュリ・タルマ（Julie Talma, 1756-1815）はオペラ座のダンサー。1791 年に俳優タルマと結婚、1802 年に離婚。

57. ボワシー・ダングラ（Boissey d'Anglas, 1756-1826）はフランス革命期の政治家。第三身分出身の国民議会の議員、国民公会の議長を務める。

58. ラ・ルヴェリエール・レポー（La Revellière-Lépeaux, 1753-1824）はフランス革命期の政治家。国民議会の議員、総裁政府のメンバー。

59. ルソー（今野一雄訳）『演劇について：ダランベールへの手紙』, 岩波文庫, 1979, p. 224 を参照。

60. メルラン・ド・ティオンヴィル（Merlin de Thionville, 1762-1833）はフランス革命期の政治家。国民公会の議員。

61. ルキニオ（Lequinio, 1755-1814）は第三身分出身の国民議会の議員。

62. 最高存在の祭典 La fête de l'Être Suprême は、革命期にロベスピエール政権下のフランス共和国で、1794 年 6 月 8 日、シャン・ド・マルスにおいて挙行された。

63. より正確には、ド・モアは、公的祝祭のうち総祝祭でないもの（個別祝祭のうち公的なもの）と総祝祭を対比している。彼は、すべて総祝祭 fête generale は公的なものであるが、これに対して個別祝祭 fête particulière には公的なものと私的なものがあるとしている（p.6）。そして、公的な個別祝祭は見世物であり（p.8）、公道は平土間になるが（p.12）、これに対して総祝祭はゲームであり、公道も舞台になる（p.12）と述べている。本文は、ド・モアの原文を参考に修正・補足して訳出した。［Charles-Alexandre de Moy,］ *Des fêtes, ou quelques idées d'un citoyen français relativement aux fêtes publiques et à un culte national*（Paris, an VII）, pp.6-12.

64. 王制が終わりに近づくにつれ、コメディ=フランセーズは「国民劇場 Théâtre de la Nation」と呼ばれるようになっていった。
65. ボルドーからパリに出てきたガイヤール Gaillard とドルフイユは、1791 年ヴァリエテ=パレ=ロワイヤル座 Varietés-Palais-Royal を創設した（1792 年に共和国劇場 Théâtre de la République と改名）。このころ、コメディ=フランセーズの座員たちは保守派と革新派との間で分裂し、タルマ、デュガゾン、グランメニルなどの革命派の座員はこの劇場の創設とともに彼らに引き抜かれた。共和国劇場はジャコバン派の勢力が衰えるとぐらつき出したが、1799 年にコメディ=フランセーズの本拠であったオデオン座が放火され焼失したのを機に、分裂した座員たちはコメディ=フランセーズとして統合し、共和国劇場は幕を閉じる。コメディ=フランセーズにおける座員の分裂については原注 44 を参照。
66. 1792 年に王制が廃止されると、王立アカデミーは解体されるが、アカデミーの組織自体は 1795 年に創設されたフランス学士院 Institut de France に引き継がれ、これは組織の再編を重ねながら現在まで受け継がれている。
67. 学士院の会員は、パリに居住する会員とパリ以外に居住する会員によって構成された。ここでいう非居住会員とはパリ以外に居住する会員のこと。
68. グランメニル（Grandmesnil, 1737-1816）はフランスの俳優、劇作家。パリ高等法院の弁護士として勤めた後、1790 年から 1811 年までコメディ=フランセーズの舞台に立つ。1796 年にフランス学士院の文学・芸術部門の会員に選ばれた。250 頁（結論）も参照。

第 1 章

1. 王の公認団体とは、イタリア人劇団（コメディ=イタリエンヌ）、フランス人劇団（コメディ=フランセーズ）、王立音楽アカデミー（オペラ座）の 3 団体を指す。これらによる公認外の役者の活動制限については 143-8 頁（第 4 章）を参照。
2. これについても第 4 章を参照。イタリア人劇団は 17 世紀、ルイ 14 世の時代に王の公認劇団としてパリに定住し、コンメディア・デッラルテの伝統をフランスに伝えた。イタリア人劇団が国外追放されている間（1697-1716）、彼らの活動はパリの定期市で活動するフランス人たちに受け継がれ、18 世紀後半になるとその活動はブルヴァールへと移っていた。
3. イエズス会の学校では、説教師や教養人に必要な弁論術の教育の一環として、

演劇公演がカリキュラムに組み込まれていた。（オディール・デュスッド／伊藤洋監修『フランス17世紀演劇事典』，中央公論新社，2011，「イエズス会と演劇」（榎本恵子），p. 562，および「イエズス会学校演劇の上演」, pp. 563-65を参照）。

4. イグナチオ・デ・ロヨラ（門脇住吉訳・解説）『霊操』，岩波文庫，1995，p. 100を参照。
5. プラトン（藤沢令夫訳）『国家』（下），岩波文庫, 1979の第10巻5～8章を参照。
6. デュボス（木幡瑞枝訳）『詩画論Ⅰ』, p. 30。
7. デュボス『詩画論Ⅰ』，p. 240。
8. デュボス『詩画論Ⅰ』，pp. 28-30。
9. 佐々木健一氏は、ディドロの『絵画論』の末尾にある「天才」の語が意味することが、通説でディドロの天才概念でもあるとみなされている『百科全書』の「天才」の項目（サン・ランベールによる）で語られていることと正反対であることを指摘している（佐々木健一『ディドロ『絵画論』の研究』第一部，中央公論美術出版，2013，pp. 392-4）。また佐々木氏は、原注4で述べられている、ディドロと『百科全書』の「天才」の項目との関係にまつわる誤解についても、詳しく論じている（同書，p. 501, 注38）。
10. ルソー（今野一雄訳）『演劇について：ダランベールへの手紙』, pp. 54-56を参照。
11. デュボス『詩画論Ⅰ』, p. 21。
12. デュボス『詩画論Ⅰ』, p. 41。
13. シェニエ（Marie-Joseph Chénier, 1764-1811）はフランス革命期の詩人、劇作家、政治家。詩人のアンドレ・シェニエの弟。国民公会、公教育委員会のメンバーとしても活動。1792年にフランス共和制が樹立すると、公安委員会（「時の革命指導者たち」）は共和主義演劇の公演を推進した。序論の原注44も参照。
14. 序論の訳注2に記したように、「プロヌンティアティオ」という用語は、実演に関わる2つの要素である「声」と「身体」のうちの「声」のみを指す場合もあるが、ディヌアールは両者を含めた意味で使っている。
15. デュボス『詩画論Ⅰ』, p. 34。
16. ライレッセ（Lairesse, 1641-1711）はベルギー生まれ、アムステルダムで活躍した画家。リーパの『イコノロギア』（1593）に強い影響を受ける。歴史画に力量を発揮し、天井画では当時アムステルダムで最高の画家とされた。18世紀には「オランダのプッサン」と呼ばれる。50歳で視力を失い芸術理論に専念し、1707年に『大絵画本』を出版した。この書は、英語（1738年）、

独語（1728-29 年），仏語（1787 年）に翻訳され、江戸時代に日本にも輸入されている。（磯崎康彦『ライレッセの大絵画本と近世日本洋風画家』，雄山閣出版，1983 を参照）。

17. 『絵画についての断章』（タイトル全文は「絵画、彫刻、建築、詩についての断章、サロン展の続篇をなす」）は、ディドロがドイツの美術愛好家で収集家でもあったハーゲドルンの『絵画についての考察』（Christian Ludwig Hagedorn, *Betrachtungen über die Malerei*, 1762）に刺激を受けて（1775 年に仏訳刊行）、1776 年に執筆したもの（翌年の『文藝通信』の 2 ～ 6 月に掲載）であり、ハーゲドルンからの借用やそのはっきりとした刻印が認められる（佐々木健一『ディドロの『絵画論』の研究』，p. 434）。ヴェルシーニによれば、ディドロはライレッセのことは少なくとも 1768 年には知っていたが、『大絵画本』については 1775 年に仏訳されたハーゲドルンのこの著作を通して初めて知ったという。『断章』ではライレッセに何度か言及されているが、それらはハーゲドルンのこの著作からの借用である。（Diderot,（éd. par Laurent Versini）, *Œuvres, Tome IV Esthétique–Théâtre* (Robert Laffont, 1996), pp. 171, 1009-10、同書 *Pensées detaches sur la peinture*, pp. 1013-58 における、ライレッセへの言及箇所でのヴェルシーニによる注を参照）。
18. デュボス『詩画論 I 』, p. 216。
19. Dubos, *Réflexions critiques sur la poésie et sur la peinture*, 2 vols. (Paris, 1719), I, p. 385.（デュボス『詩画論 I 』, p. 221）。
20. アリストテレス『詩学』第 26 章を参照（本書の序論 22 頁を参照）。
21. 文飾法のこと。弁論術の 5 つの領域（第 2 章訳注 2 を参照）のうち「措辞 elocutio」の一領域とされた。
22. 「イメージは……虚 (vamite) の性格を与えかねない」とは、視覚イメージは「空虚さ」を感じさせるにすぎないかもしれない、という懸念。16、17 世紀には、静物画は「ヴァニタス vanitas」すなわち人生のはかなさ、空しさを観る者に喚起する寓意像として描かれ、それによって静物画に宗教的意味が与えられた。
23. 「詩は絵と同じ。あるものは近づけば近づくほど人を引きつけ、あるものは離れれば離れるほど人の心をとらえる。あるものは薄暗い所を好み、あるものは光のもとで見られることを望んで、批評家の鋭い眼力も恐れない。一度しかよろこびをあたえないものもあれば、10 回見てもよろこびをあたえるものもあるだろう」（361-365）。（アリストテレース／ホラーティウス（松本仁助・岡道男訳）『詩学，詩論』，岩波文庫，1997，p. 251 より）。
24. 詩は模倣芸術ではないとするバークの一連の議論については、Edmund

Burke, *A Philosophical Enquiry into the Origin of Our Ideas of the Sublime and Beautiful*, Part 5, Section 4, 5, 6, 7（エドマンド・バーク（中野好之訳）『崇高と美の観念の起原』）を参照。

25. 224 頁（第 6 章）を参照。

26. 「ヴェルサイユでの出来事」とは、1789 年 6 月 20 日、ルイ 16 世がムニュ・ブレジールの議場を閉鎖したとき、第三身分代表議員たちがジュ・ド・ポームに集合し、国民議会は憲法が制定されるまで解散しない、という誓いをしたことを指す。この『ジュルナル・ド・パリ』に宛てられた手紙には、「18 世紀の哲学の最も栄えある側面」を示すのにこの絵にどのようなエピソードが描かれているのかについて、具体的な説明はない。

27. 『生理学原論』においてディドロは、「諸部分と全体のこの正確な観念を得るためには、想像力が悟性 entendement にすべてを描きだし、まるで木が目の前にあるかのように自ら木の感覚を経験しなければならない。木全体を知覚しようとするときに悟性で起こっていることを吟味するならば、人は自己の外部で進めるとともに自己の内部でも進めている。次々と継起的に重なる、多少なりとも広がりのある領域を経過しながら……」と述べている。Diderot（par J. Assézat): *Éléments de physiologie,* in *Œuvres complètes de Diderot*, Tome 9,（Garnier Frères, Paris, 1875/ Kraus Reprint, Nendeln, 1966), p. 343.

28. 176-7 頁（第 5 章）および 229 頁（第 6 章）を参照。

29. ホガース（宮崎直子訳）『美の解析』, pp.152-3。

30. 216-7 頁（第 6 章）を参照。

第 2 章

1. プルタルコスの『対比列伝』第 5 巻（デモステネスとキケロの巻）には次のようにある。デモステネスは自分の演説の受けが悪いことを悲劇役者に相談し、訓練を受けることで「演技が弁論にどれほど華やかさと雅味とをつけ加えるかに気づいた」。彼は「発音や声調に留意しない練習はほとんど無意味であると考えた。そこで地下に稽古部屋をつくり［……］そこに毎日欠かさず降りて行って、演技の練習をし、声を鍛えた」(7)。「彼は話し手の調子や身振りが信用を博する上に大きな役割を果すと考えていた。そして多くの人々を身振り手振りで驚く程堪能させたのだが、ファレーロンのデメトリオスのような洗練された人たちは、彼の演説のスタイルを卑しくて下品で、そ

の上柔弱なものであると考えていた」(11)。プルタルコス(村川堅太郎編)『プルタルコス英雄伝』(上), ちくま学芸文庫, 1996, pp. 397, 402, 407 より。デモステネスの「弁論術は一にも二にも三にもアクティオだ」という言葉は、キケロ(*De oratore*, 3. 56. 213)、クインティリアヌス(*Institutio oratoria*, 11. 3. 6)にも引用されている。キケロー(大西英文訳)『弁論家について』(下), p. 252 および Quintilian, *The Orator's Education*, Book 11-12, pp. 86-89 を参照。

2. クインティリアヌスは、弁論術は「発想 inventio」「配列 dispositio」「措辞 elocutio」「記憶 memoria」「口演 pronuntiatio または実演 actio」の 5 つの領域からなるとし、これらを『弁論家の教育』Institutio oratoria で順にとりあげている。この書は全 12 巻からなり、口演・実演については第 11 巻第 3 章に記されている(京都大学学術出版会より、現在、第 8 巻まで邦訳が出版されている)。
3. ルイージ・リッコボーニ(Luigi Riccoboni, 1676-1753)はイタリアの役者。1716 年にオルレアン公の招きでに来仏し、パリの新イタリア人劇団の座長となる。
4. 「プロヌンティアティオ」とは、弁論術において発声法、身振りに関わる領域のこと(訳注 2 参照)。プロヌンティアティオとアクティオを同義とする場合と、発声に関するものをプロヌンティアティオ、身振りに関するものをアクティオとする場合とがある。序論訳注 2 を参照。
5. 1791 年にコメディ=フランセーズの座員は保守派と革新派に分裂し、1799 年に再統合するまでの間、革新派は共和国劇場に移籍していた。序論訳注 65 を参照。
6. グランメニルについては、序論訳注 68 を参照。
7. アベ・プレヴォ(河盛好蔵訳)『マノン・レスコー』, 岩波文庫, 1957(改版)48 頁。
8. カロ(Callot, 1592-1635)はロレーヌ公国出身の版画家。コンメディア・デッラルテに取材する作品を手がけた。
9. ディヌアールのこの書(Dinouart, *L'Éloquence du corps, ou l'action du prédicateur*, G. Desprez, Paris, 1761, p. 249)によると、この引用の一節はキケロの『ヘレンニウス宛弁論術』*Rhetorica ad Herennium* の次の一節を参照している。「役者あるいは日雇い労働者であるような印象を与えるといけないので、身振りは上品になりすぎても粗野になりすぎてもいけない」。Cicero (trans. Harry Caplan), *Rhetorica ad Herennium* (Loeb Classical Library, Harvard University Press, 1989), III, 26, p. 200-3.
10. ラリーヴ(Larive, 1697-1770)はフランスの俳優。1775 年にコメディ=フラ

ンセーズの座員となる。

11. ボシュエ、ブルダルー、マシヨンの3人を、ヴォルテールも『ルイ十四世の世紀』において、「説教を理性的にし、常に雄弁に語りつづけた」説教師としてあげている。ヴォルテール（丸山熊雄訳）『ルイ十四世の世紀』（三），岩波文庫，1982，pp. 66-67。
12. マルモンテルは『文学原論』の「弁論家 orateur」の項目で、古代では弁論家の第一の関心事は政治家になることであったが、現代では（イギリス以外の国では）政治は弁舌を揮う場を提供していないので、弁論家が学ぶべき対象は教会と法廷に関することに限られる、と述べている。それ故、ボイエルデューが指摘するように、革命期においても政治演説は拙く、説教師の演説には到底かなわなかった、と著者グデンは述べている。
13. メロドラマ（メロドラム mélodrame）とは、もともとはイタリアで音楽劇を意味する言葉であった。しかし、ルソーが『ピグマリオン』（1770年リヨン、1775年パリで初演）で実現した独自の音楽劇の形式のことが「メロドラマ」と呼ばれるようになる。これをきっかけにその後フランスでは、「劇的効果を高めるために音楽を利用する作品」のことを指すようになり、19世紀初頭にはピクセレクールらによる大衆感傷劇がメロドラマの名称で呼ばれるに至った。ジャン＝マリ・トマソー（中條忍訳）『メロドラマ：フランスの大衆文化』，晶文社，1991，pp. 18-21を参照。
14. コロ・デルボワ（Collot d'Herbois, 1749-1796）はフランスの俳優、劇作家。国民公会の議長。革命期の公安委員会のメンバー。ロベスピエールを失脚させる。
15. ファーブル・デグランティーヌ（Fabre d'Églantine, 1750-1794）はフランスの役者、詩人、政治家。革命暦の各月の名称を創案した。
16. プルティエ（Poultier, 1753-1826）はフランスの役者、政治家。
17. 17世紀中頃、パリ高等法院の大広間、回廊、中庭、階段は、審議の進行を知りたくてうずうずしている人々に溢れ、彼らは、この忍びの間から絶えず漏れ出る情報を町中に吹聴したという（原注26の文献を参照）。
18. ネッケル（Necker, 1732-1804）はスイス、ジュネーヴ生まれの金融家、ルイ16世の財務長官。スタール夫人の父親。
19. 国王一家がヴェルサイユからパリに移動したのに伴い、国民議会は、1789年10月19日にヴェルサイユからパリに移される。
20. 序論訳注64を参照。
21. フルリーの『回想録』は、彼の死後に見つけられた覚え書きからジャン＝バティスト＝ピエール・ラフィット Jean-Baptiste-Pierre Lafitte が編纂し、出版

された。

22. このパンフレットのテキストは、テキストの区切に「次のスライド」という言葉が入るなど、スライドをプレゼンテーションする原稿のような形式で書かれている（原注 31 の文献を参照）。
23. このパンフレットの第 7，8，9 のスライドでは、聖職者、貴族、第三身分の会議場の様子がそれぞれ描写される。第三身分の会議場のスライドで、スライド解説者はミラボー、シエイエス、バイイ、シャプリエなどを描写し、彼ら「演説家たち」をしゃべらせたいところだがそれは自分にはできないと述べて、次の 6 月 23 日のスライドへと進む（原注 31 の文献を参照）。
24. 連盟祭はパリ民衆蜂起（バスティーユ襲撃）1 周年を記念する祝典。
25. バレール（Barère, 1755-1841）はフランスの政治家。国民議会、国民公会の議員、革命期の公安委員会のメンバー。
26. フルリー、モレについては、序論訳注 46 を参照。
27. 序論原注 44 を参照。
28. エティエンヌ・デュモン（Étienne Dumont, 1759-1829）はスイスの政治思想家。ベンサムの著作の仏語翻訳者。ミラボーの協力者。
29. バスティーユ襲撃において中心的役割を果たしたデムーランは、『フランスとブラバンの革命』と題する新聞を刊行（1789 年 11 月～ 1791 年 7 月）。彼がベルギーに隣接するギーズの出身であったため、フランスのみならずブラバンの情勢も視野に入れた新聞となった。
30. ヴェルニョー（Vergniaud, 1753-1793）はフランスの弁護士。国民議会、国民公会の議員。
31. ボズ（Boze, 1745-1826）はミラボーの肖像画を描いたフランスの肖像画家。
32. オータンの司教とはタレイラン（Talleyrand, 1754-1838）のこと。国民議会の聖職者議員。自ら司教でありながら国民議会で教会財産の国有化を進めた。
33. ルソー（今野一雄訳）『演劇について：ダランベールへの手紙』，pp. 68-69 を参照。
34. ライト Wright は 16 ～ 17 世紀のイギリスの著作家。著書に『心の情念』*The Passions of the Minde*（1601）、『心の情念一般』*The Passions of the Minde in General* (1604) がある。
35. 序論訳注 32 を参照。
36. カイァヴァ（Cailhava, 1731-1813）はフランスの劇作家、詩人、批評家。1803 年にアカデミー・フランセーズ会員。
37. デュメニル嬢（Mlle Dumesnil, 1713-1803）はフランスの女優。1737 年コメディ=フランセーズにデビュー。

38. 『ラモーの甥』では、クレロン嬢は「ラモーの甥」に辛辣に批判される。(*Le Neveu de Rameau*, Édition critique avec notes et lexique par Jean Fabre (Genève, 1963), p. 54. ディドロ(本田喜代治・平岡昇訳)『ラモーの甥』, p.78)。しかし『ラモーの甥』の注釈者ファーブルは「ラモーの並べた辛辣な形容詞は、ディドロのこの女優への……称賛の言い換えにすぎない」としている。(*Le Neveu de Rameau*, p. 198, 注 187)。『俳優についての逆説』では、ディドロは、クレロン嬢はデュメニル嬢とは異なり冷静な女優であるとして、「クレロン嬢の演技以上に完璧なものがあるであろうか」と彼女を賛美している。Diderot, *Paradoxe sur le comédien*, in *Œuvres esthétiques*, ed. Paul Vernière (Paris, 1968), pp. 307-9.
39. ダヌテール（Servandoni d'Hannetaire, 1718-1780）はフランスの俳優。1752年にコメディ=フランセーズにデビュー。モネ劇場（ブリュッセル）のディレクター。
40. サンレックはこの引用の一節の前に、我々のなかには、一つの言葉の代わりに多くの身振りをしようとする馬鹿者、また一つの身振りに代えて多くの言葉で語ろうとする馬鹿者がいる、と述べている。そしてこの引用の一節で、身振りと意味（サンレックは言葉 mot を意味 sens と言い換えている）はどちらかを多用することなく、互いに関連させながら、同じだけ使用すべきだ、と中庸を説くのである。
41. ファヴァール（Favart, 1710-1792）はフランスの劇作家。オペラ・コミック作品を多数執筆し、このジャンルの確立に貢献する。ここで述べられているファヴァールの手紙とは、ウィーンの宮廷劇場総支配人のドゥラッツォ伯へ宛てたもの。
42. このロゼッティ嬢の批評は、ファヴァールからドゥラッツォ伯への 1760 年 8 月 18 日付の手紙に記されている。このときロゼッティ嬢は 18 〜 20 歳であったが、オペラ座で上演された『ピグマリオン』の終わりに、作品とは別にアリアを歌った。C.-S. Favart, *Mémoires et correspondance littéraires, dramatiques et anecdotiques,* 3 vols.（Paris, 1808/Slatkine Reprints, Genève, 1970）, I, p.84.
43. ソフィ・アルヌー（Sophie Arnould, 1740-1802）はオペラ座のソプラノ歌手。1757 年にデビューし、とくにグルックのオペラ（エウリディーチェやイフィゲニア役）で成功を収める。
44. ドラ（Dorat, 1734-1780）はフランスの詩人、劇作家。彼の著作『演劇の朗誦、三つの詩編からなる教育詩』*La Déclamation théâtrale, poème didactique en trois chants*（1766）は 3 つの詩編（第一の詩：悲劇，第二の詩：喜劇，第

三の詩：オペラ）で構成されている。

45. 「威厳には腕はない」という言葉をデュブロカはもちろんフランス語で書いているのだが（“la dignité n’a pas de bras”）、著者グデンは英訳して引用している（“dignity has no arms”）。この言い換えの理由として、後にアイルランドのロバート・ウォルシュが悲劇の演技を論じるなかで “dignity has no arms” と言っていること、あるいは arms の語に「武器」という意味をかけていることなどが考えられる。Louis Dubroca, *Principes raisonnés sur l’art de lire à haute voix*（Paris, 1802）, p.517. Robert Walsh, *Didactics : Social, Literary, and Political,* vol. 1（Carey, Lea & Blanchard, 1836）, p.157.

46. 「ひっきりなしに空を切ること」は『ハムレット』第 3 幕第 2 場冒頭で、ハムレットが劇中劇の役者に演技指示を与える台詞 “Nor do not saw the air too much with your hand” による。ホガース（宮崎直子訳）『美の解析』の p. 153 および p. 202（注 124）を参照。

47. シャルル＝ジョゼフ・ド・リーニュ（Charles-Joseph de Ligne, 1735-1814）はブリュッセル生まれの軍人、著作家。ウィーン会議を「会議は踊る、されど進まず」と評したことで知られる。モネ劇場のディレクター、ダヌテールの娘で女優のウージェニー・ダヌテール Eugénie d’Hannetaire を称賛し、彼女に『スペクタクルについてウージェニーへの手紙』*Lettres à Eugénie sur les spectacles*（1774）を献呈する。

48. モンドリー（Mondory, 1594-1653/4）は 17 世紀前半を代表するフランスの悲劇俳優。1634 年にマレー座を創設。オディール・デュスッド／伊藤洋監修『フランス 17 世紀演劇事典』、「モンドリー」（戸口民也）, p. 709 を参照。

49. バロン（Baron, 1653-1729）はコメディ＝フランセーズ草創期を代表する名優、劇作家としても活躍した。前掲書，pp. 57-58 を参照。

50. ジョフロアは 1814 年に死去。『劇文学講義』*Cours de littérature dramatique* などのジョフロアの著作は、彼の死後に出版された。

51. ドルフィユ（Dorfeuille, 1745-1806）はフランスの俳優、作家、劇場支配人。序論訳注 65、238-40 頁（結論）および結論訳注 4 を参照。

52. 「ジュ・ド・テアトル」については、第 4 章訳注 31 を参照。

第 3 章

1. 『文藝通信』*Correspondance littéraire* は手書きの定期刊行物で、パリからヨーロッパの君主たちへ送られた。1753 年にレナール Raynal が刊行を始

め、1773年まではグリム Grimm が、1773年から1793年まではマイスター Meister が発行する（Diderot, *Œuvres, Tome IV Esthétique–Théâtre*（Robert Laffont, 1996), p. 1631 を参照）。

2. フランスの画家デュフレノワ（Dufresnoy, 1611-1668）のラテン語による韻文詩『絵画術について』*De arte graphica* をド・ピール（de Piles, 1635-1709）が仏訳（*L'art de peinture*）し、注釈をつけた。
3. 佐々木健一氏によると、ディドロはこの本を王立図書館から借り出していたことがプルーストの研究により確認されている（佐々木『ディドロ『絵画論』の研究』第1部，第3章，註43, p. 459）。
4. 佐々木氏は『絵画論』*Essais sur la peinture* というタイトルについて、ディドロ自身がこれを「エッセイ」の名で呼んだことはなく、*Essais sur la peinture* は不適切であり、*Traité de peinture* とすべきである、と指摘している。前掲書，p. I-II。
5. フランシスクス・ラング（Franciscus Lang, 1654-1725）はドイツの詩学、修辞学の教師。フランシスクスはラテン語名であり、ドイツ語名はフランツ Franz。イエズス会の学校公演のために演劇を書き数々の舞台公演を行い、その集大成として晩年に『舞台演技論』（原文はラテン語）を執筆した。
6. 紀元前428年、エウリピデスが『ヒュポリュトス』を初演し、またソポクレスも同じ題材による悲劇『パイドラ』を執筆しており、その断章が伝えられている（「ヒュポリュトス」（松平千秋訳），『ギリシア悲劇 III』エウリピデス（上），ちくま文庫，1986，pp. 200-201）。ヒュポリュトスとパイドラの伝説はラシーヌの『フェードル』でも描かれている。
7. デザリエ・ダルジャンヴィル（Dézallier d'Argenville, 1680-1765）はフランスの美術収集家、美術史家。1745-51年に『最も高名なる画家たちの生涯』*Abrégé de la vie des plus fameux peintres*（全3巻）を出版。
8. タルマがダヴィッドとの交流を通して行ったコスチューム改革については、Pierre Frantz, 'Théâtre et peinture à la fin du XVIIIe siècle : Talma et David',『演劇博物館グローバル COE 紀要 演劇映像学』2010 報告集 1，pp. 113-130,（奥香織訳「18世紀末における演劇と絵画 ― タルマとダヴィッドをめぐって ―」，同書，pp. 131-145）が参考になる。
9. デュボス『詩画論 I』，p. 208.
10. アリスティップ Aristippe はフランスの俳優。1820年～23年、コメディ=フランセーズで活動。
11. ブリザール（Brizard, 1721-1791）はフランスの俳優。ヴァン・ローのもとで学んだ後、コメディ=フランセーズの座員になる。1761年と69年にディ

ドロの『一家の父』、1765年に『それを知らない哲学者』のそれぞれタイトルロールを演じる。

12. ベルクール（Bellecourt, 1725-1778）はフランスの俳優。ヴァン・ローのもとで学んだ後、1752年にコメディ=フランセーズの座員になる。1761年にディドロの『一家の父』の息子サンタルバン役を演じる。
13. オーディノ（Audinot, 1725-1778）はフランスの役者、劇作家、劇場支配人。サン=ジェルマンの定期市で人形芝居を行い人気を博し、後にタンブル通りに進出しアンビギュ=コミック座を創設する。第4章を参照。
14. ヴィアン（Vien, 1716-1809）はフランスの画家で、最後の国王首席画家。
15. アントワーヌ・ド・ラ・プラス Antoine de la Place については第4章を参照。
16. 大アラール Alard はフランスの軽業師。1678年にサン=ジェルマン定期市で「愛と魔法の力一座」を旗揚げし、常設劇団と張り合う一座へと発展する。後に2人の息子が加わり、定期市で台詞劇が禁じられた時代には、エクリトー（パネル）を使ったパントマイム劇を展開する（蔵持不三也『シャルラタン』, 新評論, 2003, pp. 165-172を参照）。これについては145-6頁（第4章）を参照。
17. ダンクール（Dancourt, 1661-1725）はフランスの俳優、劇作家。始めは弁護士であったが、1685年にコメディ=フランセーズにデビュー。オディール・デュスッド／伊藤洋監修『フランス17世紀演劇事典』,「ダンクール」（萩原芳子）, pp. 48-50を参照。
18. 《コレジュスとカリロエ》のディドロによる批評については、6-7頁（序論）を参照。
19. カルロ・ベルティナッツィ（Carlo Bertinazzi, 1710-1783）はイタリアの俳優、劇作家。ボローニャでデビューしヴェネツィアで活躍した後、パリに出てフランス語で演じた。1742年にイタリア人劇団に加わり、アルルカン役者として活躍。
20. ドゥラッツォ伯（Durazzo, 1717-1794）はイタリアの外交官。1749年ウィーンに派遣され、1754年に宮廷劇場の総支配人。ファヴァールと交流をもち、オペラ・コミックをウィーンに紹介する。グルックとともにオペラ改革を行い、アンジョリーニにバレエ改革を進めさせる。
21. このパロディー作品の台本によると、このタブロー・ヴィヴァンでは、ダヴィッドの絵の前景の人物が、剣の代わりに傘、盾の代わりに帽子、槍の代わりに竹の棒をもって登場する。登場人物の一人が次のように叫ぶ。「ああ何だ、この絵は！ 動くな、動くな。これはダヴィッドのタブローの生きた模写だ」。Kirsten Gram Holmström, *Monodrama, Attitudes, Tableaux Vivants* (Stockholm, 1967), pp. 218-19.

22. 『秘録』*Mémoires secrets* はパリから各地の宮廷などに発信された手書きの時評通信。
23. シュヴェ（Suvée, 1743-1807）はベルギーの画家。この絵画のタイトル全文は《暗殺者と対するコリニー提督》(1787)。コリニー提督はサン・バルテルミの虐殺におけるユグノーの指導者。
24. ジル Gilles とはピエロのこと。
25. シャル Challe の《パリスの臆病を叱るヘクトル》は 1765 年にサロン展に展示された。
26. ニコレ Nicolet はフランスの軽業師、劇場支配人。綱渡り芸の興行をしたのち、1753 年に定期市で人形芝居を行う。1759 年にブルヴァールに笑劇、人形芝居、軽業を行う一座「大綱渡り芸人」を立ち上げる。1772 年に国王の前で公演したのを機に「王の大舞踊団 Grands Danseurs de Roi」と改名、1792 年には「ゲテ座」と改名する。第 4 章を参照。
27. ヴェストリス (Vestris, Gaetano, 1729-1808; Auguste, 1760-1842) の親子はともにパリ・オペラ座の第一舞踊手。ガルデル Gardel 兄弟はともにパリ・オペラ座のバレエダンサーであり振付家。兄のマクシミリアン（Maximilien, 1741-1787）は 1781 年にオペラ座の首席メートル・ド・バレエに就任するが、1787 年に早逝。弟のピエール（Pierre, 1758-1840）がこれを継ぎ、革命期を乗り越えて 1820 年に引退するまでバレエ・パントマイム作品を多数創作する。
28. 特待生学校 École royale des élèves protégés は 1745 年にシャルル・アントワーヌ・コワペルのもとに設立。才能ある生徒にローマ賞受賞の準備をさせた。1775 年に閉校。
29. 《月の皇帝アルルカン》が、ウァトーがファトゥヴィル Fatouville の同名の演劇を観てこれを再現したものであるのかどうかについては、佐々木健一『フランスを中心とする 18 世紀美学史の研究』, 岩波書店, 1999, pp. 8-17 において、詳しく議論されている。
30. ピエール＝フランソワ・ビアンコレッリ（Pierre-François Biancolelli, 1680-1734）はアルルカン役者として知られたドメニコ・ビアンコレッリの息子。フランス生まれ。新イタリア人劇団が来仏するとこの一座に加わる。
31. *Mercure de France,* Mars, 1733 (Paris), p. 554
32. Le Comte de Caylus, *La vie de Antoine Watteau*, par M. Charles Henry (E. Dentu, Paris, 1887), p. 39.
33. 『対話』においてディドロ（「私」）は「ク・ド・テアトル」coup de théâtre を「劇で起こる思いがけない出来事で、登場人物の状況を急変させる」と定義して

いる。*Entretiens sur 'Le Fils naturel'*, in *Œuvres esthétiques*, ed. Paul Vernière (Paris, 1968), p. 88。

34. 省略部には「欲望を失って我々のかわいい女を得るように」とある。L.-S. Mercier, *Du théâtre, ou Nouvel Essai sur l'art dramatique* (Amsterdam, 1773), p. 81.
35. リッコボーニ夫人（Mme Riccoboni, 1713-1792）は女優であり、小説も書いた。1734 年マリボーの『愛の不意打ち』によってイタリア人劇団でデビュー。1735 年俳優のフランソワ・リッコボーニ（序論訳注 20）と結婚。ディドロの友人であり、彼との往復書簡で演劇のタブローに関する論争を展開している。
36. 「動くタブロー tableau mouvant」については、序論訳注 25 を参照。
37. Diderot, 'Salon de 1759' in *Œuvres, Tome IV Esthétique–Théâtre* (Robert Laffont, 1996), p. 194.

第 4 章

1. アソシエ座（1792 年に愛国座 Théâtre patriotique と改名）を創設したサレの没後（ca.1795)、これを受け継いだプレヴォ（Augustin Prévost, 1753-1830）が、一座をサン・プレタンシオン座 Théâtre Sans Prétention と改名した (Michaud, *Biographie Universelle ancienne et moderne*, Tome 34, nouvelle édition (Madame C. Desplaces, Paris, 1843-18··), p. 331)。
2. 58-61 頁（第 1 章）を参照。
3. 『レ・スペクタクル・ド・パリ』*Les Spectacles de Paris*（1751-1797）は、ド・ラ・ポルトによって創刊された演劇年鑑。ド・ラ・ポルト（de La Porte, 1714-1779）はフランスの聖職者、文藝批評家、劇作家。
4. 『愛と魔法の力』はアラール一座の十八番であった。これにちなんで、1678 年大アラールはこれと同名の一座を旗揚げする。第 3 章訳注 16 を参照。
5. 1791 年 1 月 13 〜 19 日、フランス国民議会は「スペクタクルに関する法令」Décret relatif aux Spectacles を制定した。劇場開設の自由、著作権、当局による劇場視察に関する条項が含まれている。L. Rondonneau, *Collection générale des lois, décrets, arrêtés, sénatus-consultes, avis du conseil d'état et réglemens d'administration*, Tome Premier, 11e Partie (Rondonneau et Decle, Paris, 1817), pp. 845-6. しかし、「劇場開設の自由」は帝政時代になるとナポレオンにより再び制限され、1807 年にはパリの劇場は 8 つに減らされる。

6. 第 3 章訳注 26 を参照。
7. 第 3 章訳注 13 を参照。
8. サレはもとニコレの一座の役者であった。1774 年にブルヴァールにアソシエ座 Théâtre des Associés を創設。
9. デラスマン・コミック座 Théâtre des Délassements Comique は、作家であり役者でもあったヴァルクール（Valcour, 1751-1815）が 1785 年に開設。
10. オペラ座の演劇養成学校である演劇学校座 Théâtre du Lycée Dramatique は、1777 年にブルヴァールに開設される。21 頁（序論）を参照。
11. 大綱渡り芸人座（後の王の大舞踊団）は 1759 年、アンビギュ=コミック座は 1769 年、アソシエ座は 1774 年、オペラ座演劇養成学校は 1777 年、デラスマン・コミック座は 1785 年にそれぞれブルヴァールに進出。
12. シャンゼリゼ街区に 1771 年にオープンしたヴォ=アール Vaux-Hall（娯楽施設）。1780 年に閉鎖される。
13. ヴォ=アール Vaux-Hall の名はロンドンの娯楽施設ヴォクソール・ガーデンズに由来する。夏のヴォ=アール Vauxhall d'été は、1764 年イタリア人花火師トレによって創設された。
14. トレ Torré はイタリア人花火師。
15. ジャン=ニコラ・セルヴァンドーニ（Jean-Nicolas Servandoni, 1695-1766）はフランス／イタリアの画家、舞台装置家、建築家。パリのオペラ座の舞台美術および舞台技術のディレクター（1728-48）。本文にあるように、彼はテュイルリー宮殿の機械ホール（本章訳注 18 を参照）で、舞台美術、装置とパントマイムによる独自のスペクタクル公演を行い話題を呼んだ。
16. 第 2 章訳注 39 を参照
17. 超自然的存在、魔法使い、妖精などが登場する文学。
18. パリのテュイルリー宮殿に建てられたテュイルリー劇場 Théâtre des Tuileries は、巧みな舞台機構を設えていたので「機械ホール」Salle des Machines と呼ばれた。
19. ク・ド・テアトルについては第 3 章訳注 33 を参照。ここでは「場面の急展開」というほどの意味。
20. ノヴェールは『舞踊とバレエについての手紙』（1760）でセルヴァンドーニの舞台に言及している。ノヴェール（小倉重夫訳）『舞踊とバレエについての手紙』，冨山房，1974,（第二の手紙）p. 13 を参照。
21. フランソワ・パルフェとクロード・パルフェの兄弟（Parfaict, François, 1689-1753; Claude, 1705-1777）。演劇に関する著作を多数執筆。
22. オテル・ド・ブルゴーニュ座 Hôtel de Bourgogne は旧ブルゴーニュ公の館

で、1548 年に開設されたフランス最初の常設劇場。17 世紀中頃には悲劇の殿堂としての地位を確立する。1680 年にコメディ=フランセーズが創設されると、フランス人俳優がゲネゴー座で、イタリア人俳優がオテル・ド・ブルゴーニュ座で上演を行うようになる。1697 年にイタリア人劇団が追放され、劇場は一時閉鎖されるが、1716 年にイタリア人俳優がパリに戻ると再び新イタリア人劇団の拠点となる。オディール・デュスッド/伊藤洋監修『フランス 17 世紀演劇事典』,「オテル・ド・ブルゴーニュ座」(戸口民也), pp. 583-587。

23. イタリア人劇団がサン=ローランの定期市に移ったのは 1721 年。パルフェ兄弟は「イタリア人たちは、オペラ=コミック座は[定期市で]今後も活動できないであろうから、そこでスペクタクルを行えるのは自分たちしかいないだろう、と思った」(『定期市見世物史のための回想録』*Mémoires pour servir à l'histoire des spectacles de la foire,* Tome 1, p. 237)と書いている。定期市では、1719 年に人形芝居と綱渡り舞踊以外のすべての定期市芝居が閉鎖され(本書 148 頁を参照)、1721 年に再開されたオペラ=コミック座も、モノローグと道化芝居しか許されないことになった。しかし、オペラ=コミック座は 1724 年に再開され、彼らの予測通りにはならなかった。
24. サンテドゥメ夫妻 Saint-Edmé は定期市のスペクタクルの興行主。オペラ座に巨額の許可料を支払うことで、定期市で歌と踊りの入ったスペクタクルを公演する許可を得て、オペラ・コミックの誕生へと導いた。
25. ルサージュ(Lesage, 1668-1747)はフランスの劇作家。彼は 1714 年にオペラ座で上演されたデトゥーシュ/ペルグランの音楽悲劇『テレマック』のパロディーを上演、このルサージュの『テレマック』(1715)がオペラ・コミックと称された最初の作品となる(Alain-René Lesage, *Théâtre de la foire* (Desjonquères, Paris, 2000), p. 13)。以降彼はオペラ=コミック座に脚本を多数提供している。
26. 8 頁(序論)、161 頁(第 5 章)および第 5 章訳注 1 を参照。
27. 1733 年版以降の『考察』では第 3 巻の内容。序論訳註 14 を参照。
28. ブランジェ・ド・リヴリー(Boulenger de Rivery, 1725-1758)はパリ高等法院の弁護士。著作家。
29. ド・ロルネ(de L'Aulnaye, 1739-1830)はマドリッド生まれの著作家。フランソワ・ラブレー François Rabelais の著作の編纂、『ドン・キホーテ』の翻訳などで知られる。
30. ダルジャンソン(d'Argenson, 1652-1721)は 1697 年から 1718 年の 21 年間にわたり警察総督を勤める。職務のひとつにパリの演劇界の監視があった。

31. 「ジュ・ド・テアトル」について、フランソワ・リッコボーニは「役者全員がしばらくの間無言になり、彼ら自身の内部で起きていること、あるいは彼らが行おうとしていることを動作によって知らせる」場面と説明している。François Riccoboni, *L'art de Théâtre* (Paris, 1750), p. 82. また、本書 211 頁のモリエールによるこの語の説明も参照。
32. 第 3 章訳注 16 を参照。
33. モーリス未亡人は、アラールの相方であったドイツ人モーリス・フォン・デア・ビーク（Maurice (Moritz) von der Beek, 1649?-1694）の未亡人。1699 年に「アラール・モーリス未亡人一座」を旗揚げする。蔵持不三也『シャルラタン』、新評論，2003，pp. 167-70 を参照。
34. ギネ Guynet は 1704 年から 1712 年にわたり、王立音楽アカデミーのディレクターを務める。
35. 第 5 章訳注 15 を参照。
36. ド・ラ・プラス de la Place とドレ Dolet は定期市の役者、見世物興行主。2 人は 1705 年にアラール・モーリス未亡人一座に所属、以降ともに定期市芝居で活動する。
37. 「ジュ・ド・テアトル」については、本章訳注 31 を参照。このように観客に歌わせる場面で、役者は歌詞の内容を無言の演技で表現した。Parfaict, *Mémoires*, Tome 1, p. 137.
38. 布告すなわち「国王の決定 Arrêt du Conseil」は、国王一人で決めるのではなく必ずその「側近たちとともに」決められた。
39. アンビギュ=コミック座のこと。
40. オーディノは 1768 年に劇場創立の許可を受けた。しかし、オペラ座は歌、舞踊、オーケストラの使用を禁止、コメディ=フランセーズは朗誦を禁止、コメディ=イタリエンヌはアリエットとヴォードヴィルを禁止した。そのため、オーディノのアンビギュ=コミック座（1769 年創立）は人形芝居の劇場として立ち上げられた。Bachaumont, *Memoires secrets pour servir à l'histoire de la république des lettres en France*, Tome 29, p. 35-36.
41. オルレアン公ルイ=シャルル・ボジョレー伯爵（conte de Beaujolais, 1779-1808）は、オルレアン公ルイ=フィリップ 2 世（1747-1793）の末の息子。ボジョレー劇場はルイ・フィリップがこの息子を楽しませるために 1784 年にパレ=ロワイヤルに造った小スペクタクルホール。一座は「ボジョレー伯爵の小さな俳優たち」Petits comédiens de M. le comte de Beaujolais と呼ばれた。始めは人形劇が行われたが、人形はやがて子供に置き替えられた。Magnin, *Histoire des Marionnettes en Europe* (Michel Lévy Frères, Paris, 1852), p.175.

42. ヴァルクールについては本章訳注 9 を参照。ニコレ、オーディノ、サレといったブルヴァール劇場の古株たちは、ブルヴァールに劇場が増えるのを好しとせず、新参者のヴァルクールの活動を制限させた。Hemmings, *Theatre and State in France 1760-1905* (Cambridge University Press, 1994), p. 55 を参照。
43. 王室付き首席貴族 Premiers Gentilshommes de la Chambre については第 6 章訳注 4 を参照。
44. 「1709 年 1 月 2 日の高等法院の決定により、ドレ、ラ・プラス、ベルトランは彼らの本業である綱渡り芸と人形劇以外を禁じると厳命された」(Magnin, 1852, p.154)。また、アラールとモーリスが 1708 年にオペラ座から得た許可（本書 144-5 頁を参照）も撤回された。
45. ルサージュについては本章訳注 25 を参照。フュズリエ Fuzelier はフランスの劇作家、定期市芝居作家。ラモーの『華麗なるインド』をはじめ、オペラ・バレエの台本も執筆している。ドルヌヴァル Dorneval はフランスの劇作家。
46. フランシスク（Francisque, 1695- ca.1760）はフランスの軽業師、アルルカン役者、見世物興行主。1718 年にパリに出てきて家族とともに一座を形成。1721 年、彼はサン=ローラン定期市でオペラ・コミックを上演する権利を認められオペラ=コミック座を再建、9 月にこの 3 人の作家による脚本を上演するが、コメディ=フランセーズの反対で、モノローグと軽業師たちによる道化芝居しかできなくなり、1722 年には再び閉鎖される。そこでこの 3 人の作家はド・ラ・プラスの小屋を借りて彼らの作品を人形芝居として上演した。Parfaict, *Mémoires*, Tome 1, pp. 207-8, pp. 232-34; Tome 2, p.3.
47. ピロン(Piron, 1689-1773)はフランスの詩人、歌謡作家、劇作家。当時モノローグの上演しか許されなかったフランシスクの劇場に、ピロンはアルルカンによるモノローグ作品『アルルカン・デゥカリオン』を提供し大成功を収めた。(Parfaict, *Mémoires*, Tome 2, p. 2)。この作品には、フランシスク夫人の姪の舞踊家マリー・サレ（Marie Sallé, 1707-1756）も出演している。ピロンは後に定期市作家から公認劇場の作家となり、最終的にはコメディ=フランセーズで成功する。
48. ジャック・シェネ Jacques Chesnais『マリオネット史概説』*Histoire générale des marionnettes* (Michel Lévy Frères, Paris, 1852), p. 123 には、2 人の新参の人形遣いが 5 ピエ 2 プス（約 168 cm）のプルチネッラを使った、とある。
49. 本章訳注 41 を参照。
50. セラファン（Dominique Séraphin, 1747-1800）は、フランスでの完成度の高いオンブル・シノワーズの真の創始者とされる。Magnin, *Histoire des Marionnettes en Europe*, 1852, p. 178.

51. 1770年8月15日の『文藝通信』でグリムは、フランスでも1767年の末ころから影絵が上演され始めたことを伝えているが、そこにはクレリーの回想については記されていない（本文の記述は、著者の勘違いであろう）。

52. クレリー（Jean-Baptiste Cléry, 1759-1809）の兄弟 Pierre-Louis Janet Cléry による回想録 *Mémoires de P. L. Hanet Cléry*, Tome 1 (La Librairie d'Alexis Eymery, Paris, 1825, pp. 114-115) には、王妃（マリ・アントワネット）がセラファンに週3回公演をやらせたこと、セラファン夫妻が、パリで公演を始めるのに公認劇場への支払いを免除してもらえるように王に許可を願い出たことが記されている。「ノルマンディー公[ルイ16世の次男]はまだ2歳であったが非常に喜んだ」とあるので、これは1787年のことであるのがわかる（したがって、本文にあるように、1770年の『文藝通信』にこのことが記載されるはずはない）。クレリーは王室に仕える従僕。王室がタンプル塔に幽閉されたとき、王太子の従僕として仕える。

53. グゥレット（Gueullette, 1683-1766）はフランスの作家、法学者。劇作も行っている。

54. 「状況作品 pièces de circonstance」とは、祝事を祝って創られる作品のことをいう場合もあるが、ここでは、同時代の政治・社会的時事問題を扱った作品のこと。

55. 1789年10月5～6日、パリの女たちはパンを求めてヴェルサイユの国王のもとに徒歩で行進し、王一家の住居をパリに移させた。

56. ディドロの原文は次の通りである。Ils attendent [...] un homme de génie qui sache combiner la pantomime avec le discours, entremêler une scène parlée avec une scène muette, et tirer parti de la réunion des deux scènes, et surtout de l'approche ou terrible ou comique de cette réunion qui se ferait toujours.

57. この作品では、父母が召使から息子の死を伝え聞く会話場面と、死を嘆き悲しむ無言劇場面が交互に現れる。また、ここに提示される父親のタブローと母親のタブローの2つは、母親が夫の部屋へ導かれることで1つの場面になる（Diderot, *Entretiens*, in *Œ*, p. 116-7）。

58. ドラの『演劇の朗誦』は詩の形式で書かれている。第2章訳注44を参照。

59. リッコボーニの理論とは息子フランソワ・リッコボーニの理論のこと。リッコボーニ親子の演技論については、大崎さやの「リッコボーニ親子の演技論——演技における「感性（sensibilité）」の問題を中心に」,『西洋比較演劇研究』vol. 12, No.2（日本語版）March 2013 を参照。

第5章

1. ピラデス、バティルスは古代ローマのアウグストゥス治世のパントマイム役者／舞踊家。ピラデスは悲劇役者、バティルスは喜劇役者であったと言われる。この2人については、メネストリエの『演劇の規則による古代と近代のバレエ』（1682）を始め、デュボスの『考察』（1719）やノヴェールの『舞踊とバレエについての手紙』(1760) など、17、18世紀の関連書に広く言及されている。当時、古代ではダンスとパントマイムは同義であったと考えられていたので、ラテン語の「サルタティオ」は「ダンス」とも「パントマイム」とも訳されている。
2. ノヴェールのバレエ改革の理念が綴られるこの書の初版のタイトルは、『舞踊とバレエについての手紙』*Lettres sur la danse, et sur les ballets* (1760)。リヨンとシュトゥットガルトにて出版された。この書はその後大幅に加筆されながら版を重ね、『舞踊、バレエ、芸術についての手紙』（サンクト・ペテルブルク，1803/4年）、『模倣芸術一般とくに舞踊についての手紙』（パリ，1807年）と書名も変更されている。各国語にも翻訳されており、邦訳としては、小倉重夫訳『舞踊とバレエについての手紙』，冨山房（1974）などがある。
3. 『体系百科全書』は本論編158巻、図版50巻、総計208巻からなる百科全書。ディドロの『百科全書』の増補改訂版として、リール市出身の出版業者パンクークにより企画、刊行された。1782 〜 1832年の約50年にわたり刊行されたが、完結されることなく終了した（千葉治男「フランス体系百科全書とパンクーク」，『ヨーロッパ文化研究』第10集，成城大学大学院文学研究科，1991を参照）。
4. メネストリエ（Claude-François Ménestrier, 1631-1705）はイエズス会の神父、歴史学者、紋章学者。
5. カユザック（Louis de Cahusac, 1706-1759）はフランスの劇作家、台本作家。ラモーのオペラの台本を執筆。『百科全書』において舞踊関連の項目を執筆。
6. ル・ジェはイエズス会神父、修辞学者、演劇に関する論考を執筆。
7. ルイ＝ル＝グラン Louis-le-Grand は1563年にイエズス会の学校として創設され、現在もルイ＝ル＝グラン高校としてカルティエ・ラタンにある。
8. 「グランバレエ」とは（メネストリエによれば）通常、宮廷バレエの作品の最後を飾る総踊りのことをいうが（「登場するダンサーの数が他のアントレよりも多く、パッセージ、フィギュール数も最多であるので、グランバレエと呼ばれる」Ménestrier, *Des ballets anciens et modernes selon les regles*

du théâtre (Paris, 1682), p. 257, 277)、ここでは宮廷バレエ形式による作品のことを指していると思われる（この語は、『百科全書』の「劇場舞踊 danse théâtrale」の項目でもこの意味で使用されているようである）。

9. ボーシャン（Pierre Beauchamps, 1631-1705）は王立舞踊アカデミーのディレクター。バレエの5つの足のポジションを創ったとされる。ボーシャン=フイエの舞踊記譜法の考案者。

10. p. 138-40（第4章）を参照。

11. 「惨めな道化師たち misérables bouffons」とは、イタリアの旅回りの一座であるバンビーニ Bambini 一座のこと。彼らは1752年の『奥様女中』を皮切りにオペラ座で公演を行い、ブフォン論争を巻き起こした。

12. ディドロ（本田喜代治、平岡昇訳）『ラモーの甥』, p.124.

13. 『百科全書』の「バレエ」の項目はカユザックによる。ここでも「グランバレエ」とは宮廷バレエ形式のバレエのことを意味していると思われる。

14. カユザック（および本書）の叙述とは異なり、この作品には国王は出演していない（国王はすでに1669年に舞台を引退）。Louis de Cahusac (Édition présentée, établie et annotée par Nathalie Lecomte, Laura Naudeix, Jean-Noël Laurenti), *La danse ancienne et moderne* (Édition Desjonquères, Paris, 2004), p. 217, 260 の編者による注釈を参照。

15. 王立舞踊アカデミーは、ルイ14世（1661年3月布告）から高等法院（1662年3月登記）への開封勅書 Lettres Patentes du Roy, pour l'établissement de l'Académie royale de Danse en la Ville de Paris に基づき設立された。その冒頭でルイ14世は、本文にある通り、舞踊芸術の有用性について記している。

16. 1715年12月31日の布告により、オペラ座で週3回舞踏会が開催されることになった。会場は1階席 Parterre とオーケストラピットを舞台の高さに上げることで作られた。Compan, *Dictionnaire de danse*, (N.Y., Broude Brothers Limited, 1974/ Cailleau, Paris 1787) の「公の舞踏会 bal public」の項目（p. 19）を参照。

17. ピエール・ガルデルはフランスの舞踊家、パリ・オペラ座の首席メートル・ド・バレエ（1787-1820）。第3章訳注27を参照。

18. オメール（Jean-Louis Aumer, 1774-1833）はフランスの舞踊家、振付家。グラン・オペラの誕生に寄与したスクリーブの台本によるバレエ作品をいくつかオペラ座で発表している。

19. 両作品ともベルナルダン・ド・サン=ピエール Bernardin de Saint-Pierre（1737-1814）の小説『ポールとヴィルジニー』*Paul et Virginie*（1787）をもとにしている。ガルデルは、ロドルフ・クロイツェル Rodlolphe Kreutzer

による同名のオペラ・コミック（1791）を参考に創作した。ガルデルとオメールの作品はほとんど同時期に初演の運びとなったので（ガルデルが 1806 年 6 月 24 日，オメールが 4 日後の 6 月 28 日）、オメールは同じタイトルでの公演を内務大臣より禁止され、急遽タイトルと 2 人の主人公の名前を変更し『二人のクレオール』*Les Deux Créoles* とした（したがって、オメールの『二人のクレオール』は『ポールとヴィルジニー』のパロディー作品というわけではない）。これらの作品の内容については、Ivor Guest, *Ballet under Napoleon*, Dance Books, 2002, pp. 222-237 を参照。ゲストによると、「ダンサーの質は比較にならなかったが、作品としては、オメールのものはガルデルのものと並べても立派に通用するものであった」(ibid., p. 233)。

20. 「オルケシスについて」（ラテン語タイトルは「サルタティオについて」）のこと。英訳のタイトルは *The Dance* または *Of Pantomime*.（本章の冒頭にあるように、この時代には古代の「パントマイム」と「舞踊」は同義語と考えられていた）。
21. 前述の『舞踊の指導』（原注 13）のこと。
22. フイエ（Feuillet, 1660-1710）はフランスの舞踊教師。舞踊記譜法（ボーシャン＝フイエの記譜法）の著作で有名。
23. Antoine Furetière, *Dictionnaire universel, contenant généralement tous les mots françois tant vieux que modernes, et les termes de toutes les sciences et des arts*, 1690.
24. 原文では「ギョーム Guillaume」となっているが「ギィユマン Guillemin」の誤りだと思われるので、訂正して記した。
25. メネストリエはその著『演劇の規則による古代と近代のバレエ』で、古典文献における舞踊（パントマイム）に関する叙述を豊富に引用し、自らを「バレエの古典文献への道を拓いた人物」としている。Ménestrier, *Des ballets anciens et modernes*, p. 8. 実際、この書は『百科全書』を始めとして 18 世紀の舞踊書の種本となっている。
26. カユザックのこの書における舞踊史の記述は、その多くをメネストリエの『演劇の規則による古代と近代のバレエ』と『古代と近代の音楽の上演』、ボネの『聖・俗舞踊史概説』から引いている。Louis de Cahusac (Édition présentée, établie et annotée par Nathalie Lecomte, Laura Naudeix, Jean-Noël Laurenti), La danse ancienne et moderne, p. 293 において、これらの書からの引用箇所一覧が記されている。
27. コンパンの『舞踊辞典』に記された、舞踊における「所作」のこの定義は、ノヴェールが『手紙』（第十の手紙）に記しているものと同じである。Jean-

George Noverre, *Lettres sur la danse et sur les ballets* (Aimé Delaroche, Lyon, 1760), p. 262. ノヴェール（小倉重夫訳）『舞踊とバレエについての手紙』, p. 131。

28. ガエタノ・ヴェストリスのこと。第 3 章訳註 27 を参照。
29. ラ・ボルド Jean-Benjamin de La Borde 作曲、ロージョン Pierre Laujon 台本によるオペラ。1763 年にショワジー城にて初演。M. J. Ravenel, *Mémoires secrets de Bachaumont de 1762 à 1787*, Tome 3 (Paris, 1830), p. 239.
30. 大デュプレとはルイ・デュプレ（Louis Dupré, 1689-1774）のこと。弟の Jean-Denis と区別してこう呼ばれた。オペラ座のダンサー、メートル・ド・バレエ。1743 年よりオペラ座の舞踊学校の教師として、ガエタノ・ヴェストリス、ノヴェール、マクシミリアン・ガルデルなどを指導する。
31. 絵画が歴史画、風景画、風俗画などに分類されランク付けされた（228 頁（第 6 章）を参照）のと同様に、舞踊（家）もエロイック（英雄）、ドゥミ・キャラクテール、グロテスクと分類されランク付けされた。英雄バレエは、歴史画や悲劇に相当する高貴な様式として位置づけられた（ノヴェール『舞踊とバレエについての手紙』, p. 122-23（第九の手紙）を参照）。
32. ここでいう「古い様式」（あるいは「古い高貴な様式」）とは、ルイ 14 世下の王立舞踊アカデミーで発展した様式を指す。メネストリエらに「単純舞踊」と呼ばれ批判された。
33. これらの舞曲は当時盛んに踊られた。メヌエットは 4 分の 3 拍子、アルマンドは 4 分の 4 拍子、サラバンドは 2 分の 3 拍子。
34. メネストリエは、行為、性格、情念を表現しない舞踊のための舞踊を「単純舞踊」danse simple と呼んだ（Ménestrier, *Des ballets anciens et modernes*, p.40）。この語は 18 世紀になっても広く使われている。
35. メネストリエは「今日、ダンサーに表現する役柄に相応しいシンボルをもたせるのは困難であり……舞台に三つ又の矛をもつネプチュン、ヘルメスの杖をもつメルキュール、大樽をもつジュピターがいても、踊る前にそれらを置いてしまう」と述べ、宮廷舞踊においてダンサーたちが役柄のアトリビュートをもって踊らなくなったことで、舞踊が舞踊以外の事物を表現しなくなったこと（単純舞踊と化したこと）を憂いている（Ménestrier, *Des ballets anciens et modernes*, p. 146.）。本文での「小道具をもたずに踊られ」とは、このメネストリエの一節を引いていると考えられる。
36. 「サルタシオン saltation」とは第 4 章（142 頁）および本章の冒頭で触れられているように、一般には古代ローマの身振り術（舞踊術）を意味するが、ここでは「跳ね回ること」の意味として使われている。

37. 『私生児』は1771年にコメディ=フランセーズで公開初演された。しかしそれ以前に、私邸劇場において初演されている。
38. メネストリエは、バレエにおいて「提示、縺れ、結末」という演劇の構成を否定することで、演劇の規範とされていた三統一をバレエにおいて否定したが、ノヴェールは「提示、縺れ、結末」という構成は肯定しながら三統一を否定した。ノヴェール『舞踊とバレエについての手紙』, p.12（第二の手紙）, p.22（第三の手紙）, p.68（第七の手紙）を参照。
39. 「バレエマスター」はフランス語では「メートル・ド・バレエ maître de ballet」。「バレエ教師」の意味であるが、作品を創作し、現代でいう振付家の職能も果たしていた。
40. 『百科全書』によると、「プティ・メートル」とはかつては「他者の上に立ってあらゆることに口を出し、威厳をもって決定を下し、良き趣味の判定者を自称する人」であったが、18世紀には「当世流の欠点によって目立とうとする若者」を意味するようになった。「18世紀初期では無信仰者（放蕩者）風を装う人、次に現れたのが、女にもてる男（運のいい男）に見られようとする人、現在ではこれに独断的な調子と無能さが加わった人」のこと。ここでは、愚かな気取りで自己を誇示する人のこと、と理解できよう。
41. 本書4頁（序論）でも指摘されているように、ディドロは『ラモーの甥』の「彼（甥）」と「私」の対話を通して、「賞賛する人、哀願する人、迎合する人」（「おべっか使い、宮廷人、召使い」）のパントマイムは「乞食のパントマイム」であるとし、「この世の中には非常にたくさんの乞食」がいて、「君（甥）のようなダンスのステップの踏み方を多少とも心得ないような者は一人もない」と述べている（『ラモーの甥』, pp.150-2）。ここでいう対比とは、「社交ダンス」対「乞食のパントマイム」という対比、および「人々がこぞって社交ダンスを習おうとする社会状況」対「人々が権力を前にして卑屈になる社会状況」という対比のこと。
42. ハイネル（Anna Heinel, 1753-1808）はドイツのダンサー。ノヴェールに師事。シュトゥットガルト、ウィーンで踊り、1767年パリでデビューし、ノヴェールの『アペレスとカンパスペ』『メディアとイアソン』『オラース』などに出演。その高い舞踊技術をガエタノ・ヴェストリスと争った。
43. 本章訳注60を参照。
44. 活人画《タブロー・ヴィヴァン》とは、舞台で人が静止ポーズをとることによって、よく知られた絵画作品を模写したもの。タブロー・ヴィヴァンは、第3章（108-10頁）にも例があげられているように、演劇舞台の一場面を形作ったが、サロン（私邸夜会）の余興としてタブロー・ヴィヴァン単独でも楽しまれた。しかしこ

こでノヴェールが「タブロー・ヴィヴァン」と呼ぶものは、こうした静止ポーズによる場面を指すのではなく、ディドロが「動くタブロー」（序論訳注25，および第3章129頁を参照）と呼んだものに近い。

45. ノヴェール『舞踊とバレエについての手紙』, p.26（第三の手紙）を参照。ルーベンスの連画とは、マリ・ド・メディシスの生涯を描いた21面からなる連作。現在はルーヴル美術館蔵。「マリの誕生」から「結婚」「ルイ13世の誕生」「マリの摂政」「ルイ13世の成年」「マリの脱出」「ルイ13世との和解」など、その生涯が描かれている。

46. ノヴェールは、舞台に突然新たな人物が登場して状況が一変したり、新たな展開が与えられたりする瞬間を「ク・ド・テアトル」と呼び、バレエにおいてこれを重視している（Noverre, pp. 30-31, 434）。彼のバレエ『嫉妬する女たち（後宮の祭り）』（1758）において、女たちが激しく争っているところに王が入ってきて一瞬にして空気が和む、という場面が、その一例としてあげられている（Noverre, pp.425-6, ノヴェール『舞踊とバレエについての手紙』, 201頁）。

47. ディドロはク・ド・テアトルをタブローと対立する概念として捉えている。125-6頁（第3章）を参照。

48. このことは、コンパン以前にカユザックおよびノヴェールが述べていることでもある。Louis de Cahusac, *La danse ancienne et moderne*, Tome 3 (Jean Neaulme, La Haye), 1754, p. 150. Jean-George Noverre, *Lettres sur la danse et sur les ballets* (Aimé Delaroche, Lyon, 1760), p. 81.

49. ド・エッス (Jean-Baptiste de Hesse, 1705-1779) はフランスの舞踊家、メートル・ド・バレエ。イタリア人劇団で活躍。

50. ここで著者は「単純」舞踊に対比させて「複合」バレエと書いているが、ここでいう複合バレエとはアクション・バレエのこと（コンパンの書には danse en action と記されている）。

51. キャラクターが次々と登場する単調なバレエとは、宮廷バレエのアントレ形式のバレエのことを言っているのであろう。メネストリエは、バレエは演劇とは違いフィギュールと動きによってのみ再現するから「同一の登場人物は、少なくとも同じ衣装では、一度しか登場してはならない」と述べ（Ménestrier, *Des ballets anciens et modernes*, pp. 141-2)、バレエでは演劇的な構成（「提示、縺れ、結末」のある構成）よりも、むしろ異なる人物が次々に登場する構成が相応しいとした。

52. 原文では「コンパン」となっているが、「バロン」の間違いであると思われるので、訂正して記した。

53. これについては、ディドロの『劇詩論』の「16. 場面」の章において、「複合場面」という言葉とともに、『一家の父』での試みを例にあげ説明されている。
54. カンプラの『華麗なるヨーロッパ』、ラモーの『華麗なるインド』など、現在「オペラ・バレエ」と呼ばれているものを指す。これらの作品は当時「バレエ」または「バレエ・エロイック」ballet héroïque と呼ばれた。
55. 第二部、書簡 23。ルソー（安士正夫訳）『新エロイーズ』（二），岩波文庫，1997，p. 169 も参照。
56. *Encyclopédie, ou Dictionnaire raisonné des sciences, des arts et des métiers, par une société de gens de lettres*, Tome 12, 1751-65, p. 833.
57. ノヴェールは、マリア・テレジアの口添えで 1776 年オペラ座の主席メートル・ド・バレエに就任するが、1781 年に退いた。
58. 「宮廷画家アペレスがアレキサンダー大王の側室カンパスペを描くうちに恋に落ちる」という大プリニウスの『博物誌』に取材したバレエ。1774 年ウィーンで初演。1776 年 10 月に『アペレスとカンパスペ：アレクサンドロスの寛大』*Apelles et Campaspe, ou Le Générosité d'Alexandre* としてパリでも上演。
59. 『秘録』1776 年 10 月 13 日の記事。ここで「作品の主要部分にする試み」とは、ノヴェールがオペラから独立したバレエ作品をつくった、ということ。
60. これは『秘録』1777 年 1 月 21 日に掲載されたパリでの初演前の記事である。バレエ『ホラティウス家とキュリアス家』は 1774 年ウィーンで初演、1777 年 1 月にパリで上演された。バレエ化にあたり、最後を結婚式のシーン（ハッピー・エンド）にするなど、コルネイユの原作の筋書きに変更が加えられている。このバレエもパリでは酷評された。
61. 184 頁（第 5 章）を参照。1770 年 12 月 12 日に上演されたオペラ『イスメネとイスメニアス』第 2 幕のディヴェルティスマンにおいて、バレエ『メディアとイアソン』が踊られた。（これは、パリ・オペラ座で上演された初めてのアクション・バレエと言われている）。バレエ『メディアとイアソン』はノヴェールが 1763 年にシュトゥットガルトで初演、その後ウィーンでも上演されている。ヴェストリスはこのノヴェールの作品に出演しており、1770 年のオペラでもノヴェールの作品をもとに踊ったものと考えられる。1776 年には、ヴェストリスはこのバレエを単独でパリ・オペラ座で上演している。Ivor Cuest, *The Ballet of the Enlightenment* (Dance Books, 1996), p. 44, 76 を参照。
62. 著者グデンによるバショーモンの引用と Bachaumont, *Mémoires secrets pour servir à l'histoire de la République des lettres en France*, Tome 19 (John Adamson, London, 1784), p. 246 に読めるバショーモンの原文との間に異な

る箇所があり（前者は誤植と考えられるため)、後者を参考にして訳出した。

63. バレエ『海賊になった愛神：シテール島への船出』は、「ドルヴァル、その妹のコンスタン、その恋人のクレールヴィルの3人が船の難破でミソジン島に流れ着き、コンスタンが生贄として殺されそうになるところを、海賊の姿をした愛神が現れて助けられ、最後にはクレールヴィルとコンスタンが結ばれ、みながシテール島に旅立つ」という筋書きである。この3人の登場人物の名前は、ディドロの『私生児』の登場人物から借用されている（ただし、『私生児』ではコンスタンはクレールヴィルの姉である)。

第6章

1. ディドロ（本田喜代治・平岡昇訳）『ラモーの甥』, p. 10 における訳をそのまま引用した。
2. 第2章の94頁および訳注38を参照。
3. 1745年から1751年までオペラ=コミック座は閉鎖されていた。
4. 王室付き首席貴族 Premier Gentilhomme de la Chambre は、宮廷で王の日常に仕える貴族。数は4人。彼らは王の娯楽も担当し、コメディ=フランセーズの運営にどんなことでも介入することができ、また一座を監視し役者を処分することもできた。彼らがどのように劇団運営に介入したかについては、Hemmings, *Theatre and State in France 1760-1905*（Cambridge University Press, 1994), pp. 9-15 を参照。
5. バロンについては、第2章訳注49を参照。
6. レノルズ（Joshua Reynolds, 1723-1792）はイギリスの肖像画家。イギリスのロイヤル・アカデミー・オヴ・アーツの初代会長。
7. ケンブル（John Philip Kemble, 1757-1823）とシドンズ夫人（Sarah Siddons, 1755-1831）はイギリスの演劇一家の兄妹。「有名な肖像画」とはトマス・ビーチ Thomas Beach による《マクベス》(1768)。
8. 客寄せ芝居をする芸人たちとともに放浪し、いかさま治療を行う香具師のこと。蔵持不三也によると「……民衆芝居の役者たちの中には、シャルラタン上がりも少なからずいた。いや、シャルラタンたちの独特のパフォーマンス自体が、すでにして芝居だったともいえる」(『シャルラタン』, p.11)。
9. イタリア人劇団の役者たちは1697年から1716年の間フランスから追放されていた。
10. ジェルサン（Edme-François Gersaint, 1694-1750）の画廊の看板として制作

されたウァトーの絵に《ジェルサンの看板》*L'Enseigne de Gersaint* がある。

11. ここで「ジュ・ド・テアトル」とは身体演技が主体となる場面のことを指すと思われる。第 4 章訳注 30 も参照。
12. 135-6 頁(第 4 章)を参照。
13. ヴォーカンソン(Jacques de Vaucanson, 1709-1782)はフランスの発明家。オートマタ(自動人形)の制作で有名。
14. 113 頁(第 3 章)を参照。
15. 佐々木健一『ディドロ『絵画論』の研究』第三部, 中央公論美術出版, 2013, p.17 による訳をそのまま引用。
16. 王立絵画彫刻アカデミー(フェリビアン André Félibien)は、歴史画、肖像画、動物画、風景画、静物画という、絵画ジャンルの 5 段階の等級を定めた。
17. アカデミー・ド・サン=リュック Académie de Saint-Luc は 14 世紀にパリの行政官《プレヴォ》によって設立された画家と彫刻家の同業者組合(ギルド)を起源とするが、17 世紀になって王立絵画彫刻アカデミーが設立されると、これに対抗する組織となった。
18. 天才の「熱狂 enthusiasm」については、第 1 章の原注 4 でも触れられている。
19. 「動き」の巻は第 2 巻。西野嘉章『西洋美術書誌考』, 東京大学出版会, 2009 のなかの「ジョヴァンニ・パオロ・ロマッツォと『絵画芸術論七書』」pp.173-83 を参照。
20. アレの《ピースを連れるミネルヴァ》のディドロの批評は、1767 年の『サロン』に掲載されている。
21. ディドロ(本田喜代治・平岡昇訳)『ラモーの甥』, p. 85.
22. ロスキウスは古代ローマの喜劇役者。
23. それまで風俗画家として美術アカデミーの準会員であったグルーズは、歴史画家としてアカデミーの正会員となるべく、1769 年に《皇帝セウェルスとカラカラ》*Séréve et Caracalla*(皇帝セウェルスのスコットランド進軍中に、その息子カラカラが父親の殺害を企てたというローマ史の一挿話に基づき、父の皇帝が息子を叱責する場面が描かれる)を出品した。この作品は酷評され、グルーズはやはり風俗画家として正会員としての入会が認められることになった(大野芳材「ジャン=バティスト・グルーズの「セプティムス・セヴェルス帝とカラカラ」について:ディドロの美術批評を通して」,『青山学院女子短期大学紀要』**49**, 1995, pp. 111-133 を参照)。それまでグルーズの風俗画を高く評価していたディドロは 1769 年のサロン評で「グルーズは自分のジャンルであるものから逸脱してしまった。しかし、誠意ある自然の模倣者である彼には、歴史画に必要とされる誇張の高みに昇っていくことなどでき

なかったのだ」と述べている。Diderot, *Œuvres, Tome IV Esthétique-Théâtre* (Robert Laffont, 1996), p. 867.

結　論

1. イエズス会の学校での演劇公演については、第 1 章 40 頁（訳注 3)、第 3 章 104 頁（訳注 5)、第 5 章 163-4 頁を参照。また、ルイ=ル=グラン（イエズス会の学校）は多くの人材を法廷や政界にも輩出している。
2. 旧体制下の教育組織を廃止して、公教育のための制度を確立するために、議会において白熱した議論が展開された。
3. 『学習論』として知られるロランの著作のタイトルは『頭と心に対して、文藝を教え学ぶ方法について』。
4. 現在のオデオン座 Théâtre de l'Odéon は、コメディ=フランセーズの劇場として 1779 年に着工され、フランス座 Théâtre Français の名の下に 1782 年に開場した。革命期の 1793 年、保守派の座員たちが、愛国派を侮辱しているとされた『パメラ』(フランソワ・ド・ヌフシャトー François de Neufchâteau 作）を上演すると、9 月に公安委員会はこれに出演した座員たちとヌフシャトーを拘留する。1794 年にロビスピエールが失墜すると、座員たちは「平等劇場 Théâtre de l'Égalité」の名のもとに活動を再開しようとするがうまくいかず一座は解散、12 月にオデオン座は一時閉鎖される。1796 年、総裁政府はフランス座の再興のために、この劇場を起業家のドルフイユに委譲する（このときオデオンに改名)。しかし、彼らの企画は失敗し、劇場はさらに銀行家のサジェール Sagert に委譲される。
5. 公教育委員会 Comité d'instruction publique は 1791 年に立法議会で作られた委員会。国民公会では政府委員会のひとつとなる。
6. オードのこの劇 *Le Journaliste des ombres, ou Momus aux Champs-Élysées* は 1790 年 7 月 14 日の連盟祭においてフランス座（本章訳注 4）で上演するために執筆された。舞台はレテ河を臨むエーリュシオン（エリゼの楽園《シャンゼリゼ》)。ルソー、ヴォルテール、ルカン、ルクヴルール、カラス夫妻など、故人たちが亡霊として登場する。Joseph Aude, *Le journaliste des ombres, ou Momus aux Champs-Élysées*, pièce héroï-nationale, en un acte, en vers, représentée pour la première fois par les Comédiens François ordinaires du Roi, sur le Théâtre de la Nation, le 14 juillet 1790, à l'occasion de la Confédération de la France (Gueffier, Paris, 1790).

7. 33 頁（序論）を参照。
8. アリストテレスの「エートス（性格）」については、アリストテレス（戸塚七郎訳）『弁論術』，岩波文庫，1992 の第 2 巻、第 13 〜 17 章を参照。また、アリストテレスは弁論が説得力を持つための要素のひとつとして「エートス（人柄）」すなわち話者の信頼性をあげている。同書 p.32 を参照。
9. 第 2 章原注 4 を参照。
10. ここでいう弁舌の「レヴェル」とは、15 頁（序論）で述べられている「語りの類」のことを指すと思われる。
11. エンゲルの『身振りの構想』*Ideen zu einer Mimik* (Berlin, 1785-6) のこと。
12. しかしこの書は 1788/89 年にはすでに仏訳されており、このことはルニョー＝ヴァランの書でも指摘されている。
13. ルニョー＝ヴァランの著書では、モレがタマラに宛てた手紙を紹介するというかたちで、モレの言葉が紹介されている。この手紙で、モレはエンゲルの著書を引用しながらその内容に賛同している。ここでモレの考えとして紹介されている引用は、エンゲルの『身振りの構想』（第 1 巻第 2 の手紙）のテキストのコピーに近い。Johann Jacob Engel, *Ideen zu einer Mimik,* Erster Theil (Berlin, 1785), p. 21 (Zweiter Brief) を参照。
14. 劇作家のケニェ、ピクセレクールはメロドラマと呼ばれるジャンルを確立する。第 2 章訳注 13 参照。
15. ピカール、デュヴァルはともに劇作家、台本作家としても活躍する。
16. 1795 年にフランス学士院が創設されたときの法令（1795 年 10 月 25 日）では、フランス学士院は 3 つの部門に分かれ、第三の文学・芸術部門では「音楽・朗誦分野」から会員が選出されることが明記されている。しかし、1803 年にこれが再編されたときの法令（1803 年 1 月 23 日）では、4 つの部門に分けられ、第四の芸術部門は「絵画、彫刻、建築、版画、音楽（作曲）分野の会員から構成される」とされ、「朗誦」の文字は消えている。
17. シャプタルはフランスの化学者で、ワインの醸造に関する貢献で知られる。1803 年には内務大臣の任にあり、ボナパルトのもとでフランス学士院の再編に携わる。
18. 1805 年より、フランス学士院は四国学院 Collège des Quatre Nations の建物に移され、現在もそこに居を構えている。しかし、1803 年の時点ではまだルーヴル宮殿にあり、シャプタルによる法令の序文には（本文にあるように）「四国学院で」とは書かれていない。
19. 21 頁（序論）および 137 頁（第 4 章）を参照。
20. コメディ＝フランセーズには 17 世紀より正座員 sociétaire の制度があり、彼

らは固定給を受け取り、総会、運営委員会に出席し、建前上は座内の事項を民主的に決定することになっていた。一座は、正座員の他に、最大2年契約で固定給を受ける準座員（pensionnaireと呼ばれた）、準座員になるための試験座員で構成され、準座員は後に正座員になることもできた（Hemmings, *Theatre and State in France 1760-1905*（Cambridge University Press, 1994), pp. 8-9を参照）。

21. コメディ＝フランセーズが本拠地とする「フランス座」は、革命期前に「国民劇場」と呼ばれるようになったが、1794年に「平等劇場」と改名する。本章訳注4を参照。
22. ディドロの『ラモーの甥』は、ラモーの甥である「彼」と哲学者ディドロとしての「私」の対話形式で綴られている。
23. 訳は、本田喜代治・平岡昇訳『ラモーの甥』, p. 76をそのまま引用した。
24. 同上, p. 110。訳は同書の訳をそのまま引用した。
25. 同上, pp. 150-3。
26. ここで「ポジション」とは、バレエのポジションすなわちポーズを規定するための四肢の配置の仕方を意味する。第5章181頁および訳注9を参照。『ラモーの甥』（邦訳）の当該箇所（p. 150）では、原文の「ポジションposition」は「姿勢《ポーズ》」と訳出されている。

文 献

Ah! Ah! Encore une critique du Salon! Voyons ce qu'elle chante (n.p., n.d.).

Almanach général de tous les spectacles de Paris et des provinces, 2 vols. (1791 and 1792).

Anecdotes curieuses et peu connues sur différents personnages qui ont joué un rôle dans la Révolution (Geneva, 1793).

Apologie du goût français relativement à l'opéra (n.p., 1754).

Aristippe [Bernier de Maligny], *Théorie de l'art du comédien, ou Manual théâtral* (Paris, 1826).

[Antoine Arnauld,] *Réflexions sur l'éloquence des prédicateurs* (Amsterdam, 1695).

[Arnould-Mussot,] *Almanach forain, ou Les Différents Spectacles des boulevards et des foires* (Paris, 1773).

Gustave Attinger, *L'Esprit de la Commedia dell'arte dans le théâtre français* (Paris, 1950).

Charles Aubertin, *L'Éloquence politique et parlementaire en France avant 1789* (Paris, 1882).

François Hédelin, abbé d'Aubignac, *La Pratique du théâtre*, 3 vols. (Amsterdam, 1715).

A. Augustin-Thierry, *Le Tragédien de Napoléon, François-Joseph Talma* (Paris, 1942).

F.-A. Aulard, *Le Culte de la raison et le culte de l'être suprême (1793–1794)* (Paris, 1892).

—— *Les Orateurs de l'Assemblée Constituante* (Paris, 1882).

—— (ed.), *Recueil des actes du Comité de salut public*, 28 vols. (Paris, 1889–1951).

Gilbert Austin, *Chironomia, or A Treatise on Rhetorical Delivery*, ed. Mary Margaret Robb and Lester Thonssen (Carbondale and Edwardsville, 1966).

[Louis Petit de Bachaumont,] *Mémoires secrets pour servir à l'histoire de la république des lettres en France*, 36 vols. (London, 1777–89).

Mikhail Bakhtin, *Rabelais and His World*, trans. Hélène Iswolsky (Cambridge, Mass., and London, 1968).

B. Barère de Vieuzac, *Mémoires*, 4 vols. (1842–4).

Wilfried Barner, *Barockrhetorik* (Tübingen, 1970).

Dene Barnett, 'The Performance Practice of Acting: The Eighteenth Century', *Theatre Research International*, new series, II (1976–7); III (1977–8); V (1979–80); VI (1980–1).

—— 'La Rhétorique de l'Opéra', *XVIIe Siècle*, 133 (1981).
—— 'Die Schauspielkunst in der Oper des 18. Jahrhunderts', *Hamburger Jahrbuch für Musikwissenschaft*, 3 (1978).
Baron, *Lettres et Entretiens sur la danse ancienne, moderne, religieuse, civile et théâtrale* (Paris, 1824).
René Bary, *Méthode pour bien prononcer un discours et pour le bien animer* (Paris, 1679).
—— *Nouveau Journal de conversations sur toutes les actions publiques des prédicateurs* (Paris, 1675).
—— *La Rhétorique française, où l'on voit de nouveaux exemples sur les passions et les figures etc.* (Paris, 1659).
Michael Baxandall, *Giotto and the Orators* (Oxford, 1971).
Michèle Beaulieu, 'Le Théâtre et la sculpture française au XVIIIe siècle', *Le Jardin des arts*, 13 (1956).
Annie Becq, 'Expositions, peintres et critiques: vers l'image moderne de l'artiste', *Dix-huitième Siècle*, 14 (1982).
Yves-Marie Bercé, *Fête et révolte: des mentalités populaires du XVIe au XVIIIe siècles* (Paris, 1976).
Louis Bergeran, 'Évolution de la fête révolutionnaire: chronologie et typologie', in *Les Fêtes de la Révolution* (see below).
Gösta M. Bergman, 'La Grande Mode des pantomimes à Paris vers 1740 et les spectacles d'optique de Servandoni', *Recherches théâtrales*, 2 (1960).
Jacob Bernays, 'Aristotle on the Effect of Tragedy', *Articles on Aristotle, 4: Psychology and Aesthetics*, ed. Jonathan Barnes, Malcolm Schofield, and Richard Sorabji (London, 1979).
Marie-Louise Biver, *Fêtes révolutionnaires à Paris* (Paris, 1979).
Yvonne Boerlin-Brodbeck, *Watteau und das Theater* (Basel, 1973).
Marie-Jacques-Amand Boiëldieu, *De l'influence de la chaire, du théâtre et du barreau dans la société civile, et de l'importance de leur rétablissement sur des bases qui puissent relever en France leur ancienne et véritable splendeur. Ouvrage politique et moral* (Paris, an XII/1804).
G. Boissier, G. Darboux, G. Perrot, G. Picot, H. Ronjon, *L'Institut de France* (Paris, 1907).
Didier B*** [Boissieu], *Réflexions sur la festomanie qui nous ont été laissées en partant par Robespierre, Chaumette, Pache, Saint-Just, Hébert et autres philosophes de la même volée* (Paris, n.d.).
François-Antoine, comte de Boissy d'Anglas, *Essai sur les fêtes nationales, adressé à la Convention nationale* (Paris, 12 messidor an II/30 June 1794).

—— *Quelques idées sur les arts, sur la nécessité de les encourager, sur les institutions qui peuvent en assurer le perfectionnement, et sur divers établissements nécessaires à l'enseignement public, adressées à la Convention nationale et au Comité d'instruction publique* (Paris, n.d.).
de Boizi [Charles Palissot], *Considérations importantes sur ce qui se passe depuis quelques jours, au prétendu Théâtre de la Nation, et particulièrement sur les persécutions exercées contre le Sieur Talma* (Paris, 1790).
E. Bonnardet, 'Un Oratorien et un grand peintre', *Gazette des beaux-arts*, I (1938).
Philippe Bordes, 'Jacques-Louis David's *Serment du Jeu de Paume*: Propaganda without a Cause?', *Oxford Art Journal*, 3 (1980).
Jacques-Bénigne Bossuet, *Maximes et réflexions sur la comédie*, 4th edition (Paris, 1930).
[P. Bourdelot and] Bonnet, *Histoire générale de la danse sacrée et profane* (Paris, 1732).
Louis Fauvelet de Bourrienne, *Mémoires sur Napoléon, le Directoire, le Consulat, l'Empire et la Restauration*, 10 vols. (Paris, 1829).
Frank Paul Bowman, 'Le "Sacré-Cœur" de Marat (1793)', in *Les Fêtes de la Révolution* (see below).
Brazier, *Histoire des petits théâtres de Paris*, new edition, 2 vols. (Paris, 1838).
Anita Brookner, *Jacques-Louis David* (London, 1980).
Else Marie Bukdahl, *Diderot, critique d'art*, 2 vols. (Copenhagen, 1980 and 1982).
Edmund Burke, *Reflections on the Revolution in France*, ed. F. G. Selby (London, 1890).
Cahier. Plaintes et doléances de MM. les Comédiens Français (n.p., 1789).
Louis de Cahusac, *La Danse ancienne et moderne, ou Traité historique de la danse*, 3 vols. (The Hague, 1754).
Jean-François Cailhava de l'Estendoux, *Les Causes de la décadence du théâtre* (Paris, 1807).
—— *De l'art de la comédie*, 4 vols. (Paris, 1772).
Émile Campardon, *Les Spectacles de la foire*, 2 vols. (Paris, 1877).
Carl Friedrichs von Baden brieflicher Verkehr mit Mirabeau und Du Pont, ed. Carl Knies, 2 vols. (Heidelberg, 1892).
Marvin Carlson, *The Theatre of the French Revolution* (New York, 1966).
[Louis Charpentier,] *Causes de la décadence du goût sur le théâtre* (Paris, 1768).
R. Chartier, M.-M. Compère, and D. Julia, *L'Éducation en France du XVIe au XVIIIe siècles* (Paris, 1976).
François-René, vicomte de Chateaubriand, *Mémoires d'outre-tombe*, 6 vols.

(Paris, 1849–50).
G. Chaussinand-Nogaret, *Mirabeau* (Paris, 1982).
[Marie-Joseph Chénier,] *De la liberté du théâtre en France* (n.p., n.d.).
Jacques Chesnais, *Histoire générale des marionnettes* (Paris, 1947).
Sylvie Chevalley, 'Les Bals de la saison d'hiver en 1716–1717', *Comédie-Française*, 66 (1978).
Marie-Françoise Christout, *Le Merveilleux et le 'théâtre du silence'* (The Hague and Paris, 1965).
Hippolyte Clairon, *Mémoires*, new edition (Paris, 1822).
Charles Collé, *Journal et mémoires*, ed. Honoré Bonhomme, 3 vols. (Paris, 1868).
[Charles Compan,] *Dictionnaire de danse* (Paris, 1787).
MS *Compte rendu de l'affaire des auteurs* (Archives nationales, 0[1] 843 B).
Alfred Copin, *Talma et la Révolution* (Paris, 1887).
Pierre Corneille, *Writings on the Theatre*, ed. H. T. Barnwell (Oxford, 1965).
Correspondance dramatique entre MM. Mercier (de l'Institut), Cubières-Palmézeaux, auteur dramatique, et M. Simon, avocat, et secrétaire du Comité de lecture de l'Odéon (Paris, 1810).
Jacques-Michel Coupé, *Des fêtes en politique et en morale* (Paris, n.d.).
Louis Courajod, *L'École royale des élèves protégés* (Paris, 1874).
Charles-Maurice Couyba, *Le Parlement français* (Paris, 1914).
Antoine Coypel, *Discours prononcés dans les conférences de l'Académie royale de peinture et de sculpture* (Paris, 1721).
Thomas Crow, 'The Oath of the Horatii: Painting and Pre-Revolutionary Radicalism in France', *Art History*, 1 (1978).
Jules David, *Le Peintre Louis David* (Paris, 1880).
De l'organisation des spectacles de Paris (Paris, 1790).
Deloynes, Collection, 63 vols. (Bibliothèque nationale, Paris).
Deux Siècles d'opéra français (catalogue to exhibition at Bibliothèque nationale, Paris, 1972).
Denis Diderot, *De la poésie dramatique*, in *Œuvres esthétiques*, ed. Paul Vernière (Paris, 1968).
—— *Éléments de physiologie*, ed. Jean Meyer (Paris, 1964).
—— *Entretiens sur 'Le Fils naturel'*, in *Œuvres esthétiques*.
—— *Essais sur la peinture*, in *Œuvres esthétiques*.
—— *Lettre sur les sourds et muets*, ed. Paul Hugo Meyer, in *Diderot Studies*, VII (1965).
—— *Le Neveu de Rameau*, ed. Jean Fabre (Geneva, 1963).
—— *Œuvres complètes*, ed. Jules Assézat and Maurice Tourneux, 20 vols.

(Paris, 1875–7).
—— *Paradoxe sur le comédien*, in *Œuvres esthétiques*.
—— *Pensées détachées sur la peinture*, in *Œuvres esthétiques*.
—— *Salons*, ed. Jean Seznec and Jean Adhémar, 4 vols. (Oxford, 1957–67).
—— and Falconet, *Le Pour et le contre*, ed. Yves Benot (Paris, 1958).
Joseph-Antoine-Toussaint Dinouart, *L'Éloquence du corps, ou l'action du prédicateur*, 2nd edition (Paris, 1761).
Discours et motions sur les spectacles (Paris, 1829).
Klaus Dockhorn, *Macht und Wirkung der Rhetorik* (Bad Homburg, 1968).
Claude-Joseph Dorat, *La Déclamation théâtrale, poème didactique en trois chants, précédé d'un discours* (Paris, 1766).
Prosper Dorbec, 'Les Premiers Contacts avec l'atelier du peintre dans la littérature moderne', *RHLF*, XXVIII (1921).
[Dorfeuille, i.e. P.-P. Gobet,] *Les Eléments de l'art du comédien, considéré dans chacune des parties qui le composent, à l'usage des élèves et des amateurs du théâtre*, 9 vols. (Paris, an VII-an IX).
David L. Dowd, 'Art and the Theatre during the French Revolution: The Rôle of Louis David', *The Art Quarterly*, 23 (1960).
—— 'Art as National Propaganda in the French Revolution', *The Public Opinion Quarterly*, 15, no. 3 (1951).
—— *Pageant-Master of the Republic: Jacques-Louis David and the French Revolution* (Nebraska, 1948).
Victor Du Bled, *La Comédie de société au dix-huitième siècle* (Paris, 1893).
Jean-Baptiste Dubos, *Réflexions critiques sur la poésie et sur la peinture*, 2 vols. (Paris, 1719).
Jean-François Dubroca, *Discours sur divers sujets de morale et sur les fêtes nationales* (Paris, an VII).
Louis Dubroca, *Principes raisonnés sur l'art de lire à haute voix, suivis de leur application particulière à la lecture des ouvrages d'éloquence et de poésie* (Paris, 1802).
Jean Dubu, 'Bossuet et le théâtre: un silence de l'Évêque de Meaux', *Journées Bossuet: La Prédication au XVII*e *siècle*, ed. Thérèse Goyet and Jean-Pierre Collinet (Paris, 1980).
[Ducoudray,] *Correspondance dramatique*, 2 vols. (Paris, 1778).
—— *Il est temps de parler, et Il est temps de se taire, précédés de la lettre au public sur l'établissement d'une école dramatique, protégée par les Comédiens Français*, 2 vols. in 1 (Paris, 1779).
Dumont, *Le Désœuvré mis en œuvre*, in [Nougaret,] *La Littérature renversée, ou L'Art de faire des pièces de théâtre sans paroles* (Paris, 1775).

—— *Le Vol le plus haut, ou L'Espion des principaux théâtres de la capitale* ('Memphis', 1784).
Étienne Dumont, *Souvenirs sur Mirabeau et sur les deux premières Assemblées législatives*, ed. J. Bénétruy (Paris, 1951).
Guillaume Du Vair, *De l'éloquence française* (*1594*), ed. René Radouant (Paris, n.d.).
Alexandre Duval, *Réflexions sur l'art de la comédie* (Paris, 1820).
Émile Duval, *Talma. Précis historique sur sa vie, ses derniers moments et sa mort* (Paris, 1826).
Jean Ehrard, 'Les Lumières et la fête', in *Les Fêtes de la Révolution* (see below).
Norbert Elias, *Über den Prozess der Zivilisation*, 4th edition, 2 vols. (n.p., 1977).
J.-J. Engel, *Ideen zu einer Mimik*, 2 vols. (Berlin, 1785–6).
Entretiens sur l'état actuel de l'Opéra de Paris (Amsterdam, 1779).
Essai sur l'opéra (Paris, 1772).
Charles-Guillaume Étienne *et al.*, *Almanach général de tous les spectacles de Paris et des provinces*, 2 vols. (Paris, 1791–2).
Charles-Guillaume Étienne and Alphonse-Louis-Dieudonné Martainville, *Histoire du Théâtre Français depuis le commencement de la révolution jusqu'à la réunion générale*, 3 vols. (Paris, an X/1802).
Exposé de la conduite et des torts du Sieur Talma envers les Comédiens Français (Paris, 1790).
MS *Exposition de peintures, sculptures et gravures du Salon* (*Année littéraire*, 1759, in *Collection Deloynes*, XLVII, no. 1257).
Nicolas Faret, *L'Honnête Homme, ou L'Art de plaire à la cour* (Paris, 1630).
Charles-Simon Favart, *Mémoires et correspondance littéraires, dramatiques et anecdotiques*, 3 vols. (Paris, 1808).
[Charles-Élie de Ferrières,] *Mémoires pour servir à l'histoire de l'Assemblée Constituante et de la révolution de 1789*, 3 vols. (Paris, an VII).
Les Fêtes de la Révolution: Colloque de Clermont-Ferrand, juin 1974 (Paris, 1977).
Feu Séraphin: Histoire de ce spectacle 1776–1870 (Lyon, 1875).
Joseph-Abraham Bénard Fleury, *Mémoires de Fleury de la Comédie-Française*, 6 vols. (Paris, 1835–8).
W. W. Fortenbaugh, *Aristotle on Emotion* (London, 1975).
[Nicolas-Étienne Framéry,] *De l'organisation des spectacles de Paris, ou Essai sur leur forme actuelle* (Paris, 1790).
Peter France and Margaret McGowan, 'Autour du *Traité du récitatif* de Grimarest', *XVIIe Siècle*, 132 (1981).
Michael Fried, *Absorption and Theatricality: Painting and Beholder in the Age of Diderot* (Berkeley, Los Angeles, and London, 1980).

Marc Fumaroli, *L'Âge de l'éloquence* (Geneva, 1980).
Frantz Funck-Brentano, *La Bastille des comédiens. Le For l'Évêque* (Paris, 1903).
Louis Gachet, *Observations sur les spectacles en général, et en particulier sur le Colisée* (Paris, 1772).
Léonard Gallois, *Histoire des journaux et des journalistes de la Révolution*, 2 vols. (Paris, 1845–6).
Roger Garaudy, *Les Orateurs de la Révolution française* (Toulouse, 1939).
Jean-Baptiste-Modeste Gencé, *Vues sur les fêtes publiques et application de ces vues à la fête de Marat* (Paris, an II).
Julien-Louis Geoffroy, *Cours de littérature dramatique*, 6 vols. (Paris, 1825).
—— *Manuel dramatique à l'usage des auteurs et des acteurs* (Paris, 1822).
Balthasar Gibert, *Réflexions sur la rhétorique, où l'on répond aux objections du Père Lamy, bénédictin*, 3 vols. (Paris, 1705–7).
Stanislas Girardin, *Mémoires et souvenirs*, 2nd edition, 2 vols. (Paris, 1829).
Jacques Godechot, *La Grande Nation: L'Expansion révolutionnaire de la France dans le monde, 1789–1799*, 2 vols. (Paris, 1956).
—— *Les Institutions de la France sous la Révolution et l'Empire*, 2nd edition (Paris, 1968).
E. H. Gombrich, '*Icones symbolicae*: The Visual Image in Neo-Platonist Thought', *Journal of the Warburg and Courtauld Institutes*, 11 (1948).
—— 'Moment and Movement in Art', in *The Image and the Eye* (Oxford, 1982).
John Grand-Carteret ed., *L'Histoire, la vie, les mœurs et la curiosité*, 6 vols. (Paris, 1927–8).
Grimm, Diderot, Raynal, Meister, etc., *Correspondance littéraire, philosophique et critique*, ed. Maurice Tourneux, 16 vols. (Paris, 1877–82).
Joseph-François-Louis Grobert, *Des fêtes publiques chez les modernes* (Paris, an X).
Alain-Charles Gruber, *Les Grandes Fêtes et leurs décors à l'époque de Louis XVI* (Paris and Geneva, 1972).
—— 'Les "Vauxhalls" parisiens au XVIIIe siècle', *Bulletin de la Société de l'histoire de l'art français, année 1971* (1972).
Gabriel Guéret, *Entretiens sur l'éloquence de la chaire et du barreau* (Paris, 1666).
Guillaume, *Almanach dansant* (Paris, 1770).
J. Guillaume (ed.), *Procès-verbaux du Comité d'instruction publique de l'Assemblée législative* (Paris, 1889).
—— *Procès-verbaux du Comité d'instruction publique de la Convention nationale*, 7 vols. (Paris, 1891–1907).
Guillemin (maître de danse), *Chorégraphie, ou L'Art de décrire la danse* (Paris, 1784).

Gerhard Anton von Halem, *Paris en 1790*, trans. A. Chuquet (Paris, 1896).
Victor Hallays-Dubot, *Histoire de la censure théâtrale en France* (Paris, 1862).
Jean-Nicolas Servandoni d'Hannetaire, *Observations sur l'art du comédien et sur d'autres objets concernant cette profession en général, avec quelques extraits de différents auteurs et des remarques analogues au même sujet*, 2nd edition (Paris, 1774).
Marie-Jean Hérault de Séchelles, 'Réflexions sur la déclamation', *Magazin encyclopédique, ou Journal des lettres, des sciences et des arts*, I (Paris, 1795).
Robert L. Herbert, *David, Voltaire, 'Brutus' and the French Revolution: An Essay in Art and Politics* (London, 1972).
Roger Herzel, 'Le Jeu "naturel" de Molière et de sa troupe', *XVIIe Siècle*, 132 (1981).
Christel Heybrock, *Jean-Nicolas Servandoni: eine Untersuchung seiner Pariser Bühnenwerke* (Cologne, 1970).
Eugen Hirschberg, 'Die Encyklopädisten und die französische Oper im 18. Jahrhundert', D. Phil. (Leipzig, 1903).
Marian Hobson, *The Object of Art: The Theory of Illusion in Eighteenth-Century France* (Cambridge, 1982).
William Hogarth, *The Analysis of Beauty* (London, 1753).
Kirsten Gram Holmström, *Monodrama, Attitudes, Tableaux Vivants* (Stockholm, 1967).
Seymour Howard, *Sacrifice of the Hero: The Roman Years. A Classical Frieze by Jacques-Louis David* (Sacramento, 1975).
W. G. Howard, 'Ut pictura poesis', *PMLA*, 24 (1909).
W. D. Howarth, *Sublime and Grotesque* (London, 1975).
[Huerne de la Mothe,] *Libertés de la France contre le pouvoir arbitraire de l'excommunication* (Amsterdam, 1761).
Idées sur l'opéra (Paris, 1764).
F. Ingersoll-Smouse, 'Charles-Antoine Coypel', *Revue de l'art ancien et moderne*, XXXVIII (1920).
Robert M. Isherwood, 'Entertainment in the Parisian Fairs in the Eighteenth Century', *Journal of Modern History*, 53 (1981).
Georg Jacob, *Geschichte des Schattentheaters*, 2nd edition (Hanover, 1925).
Aniela Jaffé, 'Symbolism in the Visual Arts', in Carl Jung *et al.*, *Man and his Symbols* (London, 1964).
I. Jamieson, *C.-A. Coypel, premier peintre de Louis XV. Sa Vie et son œuvre artistique et littéraire* (Paris, 1930).
Paul Jarry, 'Notes sur le Colisée', *Bulletin de la Société historique des VIIe et XVIIe arrondissements* (1913).
B. L. Joseph, *Elizabethan Acting* (Oxford, 1950).

Dominique Julia, *Les Trois Couleurs du tableau noir: la Révolution* (Paris, 1982).
Diane Kelder, *Aspects of 'Official' Painting and Philosophic Art 1789–1799* (New York and London, 1976).
Manfred Krüger, *J.-G. Noverre und das „Ballet d'action": Jean-Georges Noverre und sein Einfluss auf die Ballettgestaltung* (Emsdetten, 1963).
Jacques Lablée, *Du théâtre de la Porte Saint-Martin, de pièces d'un nouveau genre, et de la pantomime* (Paris, 1812).
Charles Lacretelle, *Dix Années d'épreuves pendant la Révolution* (Paris, 1842).
Sigismond Lacroix (ed.), *Actes de la Commune de Paris pendant la Révolution*, 15 vols. (Paris, 1894–1914).
Catherine Lafarge, 'L'Anti-fête chez Mercier', in *Les Fêtes de la Révolution* (see above).
Henri Lagrave, *Le Théâtre et le public à Paris de 1715 á 1750* (Paris, 1972).
La Harpe, *Discours sur la liberté du théâtre, prononcé le 17 décembre 1790 à la société des amis de la Constitution* (Paris, 1790).
Gérard de Lairesse, *Le Grand Livre des peintres*, 2 vols. (Paris, 1787).
Bernard Lamy, *De l'art de parler*, 2nd edition (Paris, 1676).
François-Xavier Lanthenas, *Bases fondamentales de l'instruction publique et de toute la constitution libre* (Paris, 1793).
—— *Développement du plan et des motifs de loi ou cadre pour l'institution des fêtes décadaires* (Paris, 16 nivôse an III).
[Joseph de La Porte,] *Les Spectacles de Paris, ou Suite du calendrier historique et chronologique des théâtres* (Paris, 1754–[1778]).
Louis-Marie de La Revellière-Lépeaux, *Essai sur les moyens de faire participer l'universalité des spectateurs à tout ce qui se pratique dans les fêtes nationales* (Paris, an VI).
—— *Réflexions sur le culte, sur les cérémonies civiles et sur les fêtes nationales*, in Dubroca, *Discours* (see above).
Jean-Marie Mauduit-Larive, *Cours de déclamation* (Paris, an XII [1804]).
Pierre Larthomas, *Le Langage dramatique, sa nature, ses procédés* (Paris, 1972).
Jean-Baptiste de La Salle, *Les Règles de la bienséance et de la civilité chrétienne, à l'usage des écoles chrétienne des garçons* (Reims, 1736).
Théodore Lassabathie, *Histoire du Conservatoire impérial de musique et de déclamation* (Paris, 1860).
[Bertrand de La Tour,] *Réflexions morales, politiques, historiques et littéraires sur le théâtre*, 20 vols. in 10 (Avignon, 1763–6).
De L'Aulnaye, *De la saltation théâtrale* (Paris, 1790).
Jeanne Laurent, *Arts et pouvoirs en France de 1793 à 1981* (Saint-Étienne, 1982).
Rensselaer W. Lee, 'Ut pictura poesis: The Humanistic Theory of Painting',

The Art Bulletin, XXII (1940).
Michel Le Faucheur, *Traité de l'action de l'orateur ou de la prononciation et du geste*, ed. and rev. by Conrart (Paris, 1657).
Le Gras, *La Rhétorique française ou les préceptes de l'ancienne et vraie éloquence accommodés à l'usage des conversations et de la société civile: Du barreau et de la chaire* (Paris, 1671).
Henri-Louis Lekain, *Mémoires* (Paris, 1825).
Népomucène Lemercier, *Du second théâtre français, ou Instruction relative à la déclamation dramatique* (Paris, 1818).
Joseph-Marie Lequinio, représentant, *Des fêtes nationales* (Paris, n.d.).
Antoine de Léris, *Dictionnaire des théâtres de Paris*, 7 vols. (Paris, 1767).
MS *Lettre aux auteurs du 'Journal de Paris'* (*Collection Deloynes*, XVII, no. 435).
Lettre critique à un ami sur les ouvrages de MM. de l'Académie exposés au Salon du Louvre 1759 (Paris, 1759).
*Lettre critique de M. le Marquis de *** à M. de Servandoni au sujet du spectacle qu'il donne au Palais des Tuileries* (Paris, 1754).
Lettre critique sur notre danse théâtrale (Paris, 1771).
Lettre d'un artiste sur le tableau de Mlle Clairon (Paris, 1759).
Lettre écrite à un ami sur les danseurs de corde et sur les pantomimes qui ont paru autrefois chez les Grecs et chez les Romains et à Paris en 1738 (Paris, 1739).
Lettres à un artiste sur les fêtes publiques (Paris, an IX).
Lettres analytiques, critiques et philosophiques sur les tableaux du Salon (Paris, 1791).
Lettres pittoresques à l'occasion des tableaux exposés au Salon en 1777 (Paris, 1777).
[Jean-Charles Levacher de Charnois,] *Conseils à une jeune actrice* (n.p., 1788).
[Pierre-Alexandre Levesque de la Ravaillère,] *Essai de comparaison entre la déclamation et la poésie dramatique* (Paris, 1729).
George Levitine, 'The Influence of Lavater and Girodet's *Expression des sentiments de l'âme*', *The Art Bulletin*, XXXVI (1959).
[prince de Ligne,] *Lettres à Eugénie sur les spectacles* (Brussels, 1774).
Simon-Nicolas-Henri Linguet, *Annales politiques, civiles et littéraires du 18ᵉ siècle*, 19 vols. (London and Paris, 1777–92).
—— *Œuvres complètes*, 2 vols. (Paris, 1779).
Jean Locquin, *La Peinture d'histoire en France de 1747 à 1785* (Paris, 1912).
Robert Lowe, 'Les Représentations en musique au collège Louis-le-Grand de Paris (1689–1762)', *Revue d'histoire du théâtre*, 11 (1959).
[Jacques Magne de Saint-Aubin,] *La Réforme des théâtres* (Paris, 1787).
Charles Magnin, *Histoire des marionnettes en Europe*, 2nd edition (Paris, 1862).
Jacques Mallet du Pan, *Mémoires et correspondance*, ed. A. Sayous, 2 vols.

(Paris, 1851).
Malpied (maître de danse), *Traité sur l'art de la danse*, 2nd edition (Paris, n.d.).
P.-J. Mariette, *Abecedario*, ed. P. de Chennevières and A. de Montaiglon, 6 vols. (Paris, 1851–60).
Jean-François Marmontel, *Éléments de littérature*, 3 vols. (Paris, 1879).
—— *Mémoires*, ed. John Renwick, 2 vols. (Clermont-Ferrand, 1972).
Albert Mathiez, *Les Origines des cultes révolutionnaires (1789–1792)* (Paris, 1904).
Mathon de la Cour, *Seconde Lettre à Monsieur ** sur les peintures, les sculptures et les gravures exposées au Salon du Louvre en 1765* (n.p., 1765).
Charles S. Maury, *Essai sur l'éloquence de la chaire*, new edition, 3 vols. (Paris, 1827).
Gita May, 'Diderot and Burke: A Study in Aesthetic Affinity', *PMLA*, 75 (1960).
E. Allen McCormick, '*Poema pictura loquens*: Literary Pictorialism and the Psychology of Landscape', *Comparative Literature Studies*, 13 (1976).
Mémoire sur les danses chinoises, d'après une tradition manuscrite de quelques ouvrages de Confucius (n.p., n.d.).
[Claude-François Ménestrier,] *Des ballets anciens et modernes* (Paris, 1682).
—— *Traité de tournois, joustes, carrousels et autres spectacles publics* (Lyon, 1669).
Louis-Sébastien Mercier, *Du théâtre ou Nouvel Essai sur l'art dramatique* (Amsterdam, 1773).
—— *Paris pendant la Révolution, ou Le Nouveau Paris*, 2 vols. (Paris, 1862).
Joseph Mérilhou, *Essai historique sur la vie et les ouvrages de Mirabeau* (Paris, 1827).
Alain Michel, *Rhétorique et philosophie chez Cicéron* (Paris, 1960).
Aubin-Louis Millin de Grandmaison, *Sur la liberté du théâtre* (Paris, 1790).
Mirabeau à l'Assemblée Constituante (Paris, 1848).
[Honoré-Gabriel de Riqueti, comte de Mirabeau,] *La Lanterne magique nationale* (n.p., n.d.).
—— *La Nouvelle Lanterne magique* (Paris, 1790).
—— *Travail sur l'éducation publique trouvé dans les papiers de Mirabeau l'aîné*, ed. P. J. G. Cabanis (Paris, 1791).
Jean-Baptiste Poquelin de Molière, *Œuvres*, ed. Eugène Despois, 13 vols. (Paris, 1873–1912).
[Francois-Augustin Paradis de Moncrif,] *Essais sur la nécessité et sur les moyens de plaire* (Paris, 1738).
Jennifer Montague, 'Charles Le Brun's *Conférence sur l'expression générale et particulière*', Ph. D., 2 vols. (London, 1959).

—— 'The Painted Enigma and French Seventeenth-Century Art', *Journal of the Warburg and Courtauld Institutes*, 31 (1968).
A. de Montaiglon (ed.), *Procès-verbaux de l'Académie royale de peinture et de sculpture*, 10 vols. (Paris, 1875–92).
John Montgomery Wilson, *The Painting of the Passions in Theory, Practice and Criticism in Later Eighteenth-Century France* (New York and London, 1981).
J. Morange and J.-P. Chassaing, *Le Mouvement de réforme de l'enseignement* (Paris, 1974).
[Charles-Alexandre de Moy,] *Des fêtes, ou quelques idées d'un citoyen français relativement aux fêtes publiques et à un culte national* (Paris, an VII).
Robert Muchembled, *Culture populaire et culture des élites dans la France moderne (XVe-XVIIIe siècles)* (Paris, 1978).
Basil Munteano, *Constantes dialectiques en littérature et en histoire* (Paris, 1967).
Colette Nativel, 'Franciscus Junius et le *De pictura veterum*', *XVIIe Siècle*, 138 (1983).
Charles Nodier, 'Recherches sur l'éloquence révolutionnaire', *Œuvres complètes*, 12 vols. (Paris, 1832–7), VII.
[Pierre-Jean-Baptiste Nougaret,] *La Littérature renversée, ou L'Art de faire des pièces de théâtre sans paroles* (Paris, 1775).
Jean-Georges Noverre, *Lettres sur la danse et sur les arts imitateurs* (Paris, 1950).
—— *Lettres sur les arts imitateurs en général, et sur la danse en particulier*, 2 vols. (Paris, 1807).
Observations critiques sur les tableaux du Salon de l'année 1787 (Paris, 1787).
William Olander, 'French Painting and Politics in 1794: The Great *Concours de l'an II*', *Proceedings of the 10th Convention on Revolutinary Europe, 1750–1850* (1980).
Jean-Jacques Olivier, *Voltaire et les comédiens interprètes de son théâtre* (Paris, 1899).
Mona Ozouf, *La Fête révolutionnaire, 1789–1799* (Paris, 1976).
—— 'Le Simulacre et la fête révolutionnaire', in *Les Fêtes de la Révolution* (see above).
Charles Palissot, *La Critique de 'Charles IX'* (Paris, 1790).
—— *Mémoires pour servir à l'histoire de notre littérature depuis Francois Ier jusqu'à nos jours*, new edition, 2 vols. (Paris, 1803).
La Pantomimanie, contained in the *Répertoire du Théâtre sans Prétention*, 1798–1805 (Bibliothèque historique de la Ville de Paris, 611133).
Jean-Pierre Papon, *L'Art du poète et de l'orateur*, 6th edition (Paris, 1806).
[François and Claude Parfaict,] *Mémoires pour servir à l'histoire des spectacles de la foire, par un auteur forain*, 2 vols. (Paris, 1743).

abbé Parisis, *Questions importantes sur la comédie de nos jours*, 2nd edition (Valenciennes, 1789).
Les Petits Spectacles de Paris (Paris, 1786).
Pierre Peyronnet, 'Le Théâtre d'éducation des Jésuites', *Dix-huitième Siècle*, 8 (1976).
Constant Pierre, *Les Anciennes Écoles de déclamation dramatique* (Paris, 1896).
—— *Le Conservatoire national de musique et de déclamation* (Paris, 1900).
[Roger de Piles,] *L'Idée du peintre parfait* (London, 1707).
Abel Poitrineau, 'La Fête traditionnelle', in *Les Fêtes de la Révolution* (see above).
MS *Portrait de Mlle Clairon, par Carle Vanloo* (*Collection Deloynes*, XLVII, no. 1267).
Charles de Pougens, *Mémoires* (Paris, 1834).
Arthur Pougin, *Acteurs et actrices d'autrefois* (Paris, n.d.).
Bernard Poyet, *Projet de cirque national et de fêtes annuelles* (n.p., n.d.).
Préville, *Mémoires*, in *Mémoires de Préville et de Dazincourt*, ed. M. Ourry (Paris, 1823).
Antoine-François Prévost, *Histoire du chevalier Des Grieux et de Manon Lescaut*, ed. Frédéric Deloffre and Raymond Picard (Paris, 1965).
J.-G. Prod'homme and E. de Crauzat, *Les Menus Plaisirs du Roi, l'École royale et le Conservatoire de musique* (Paris, 1929).
Antoine-Chrysostôme Quatremère de Quincy, *Dissertation sur les opéras bouffons italiens* (Paris, 1789).
Anna Raitière, *L'Art de l'acteur selon Dorat et Samson* (Geneva, 1969).
Sieur [P.] Rameau, *Le Maître à danser, qui enseigne la manière de faire tous les différents pas de danse dans toute la régularité de l'art, et de conduire les bras à chaque pas* (Paris, 1726).
[René Rapin,] *Réflexions sur l'usage de l'éloquence de ce temps* (Paris, 1671).
Règles de la bonne et solide prédication (Paris, 1701).
Junius-Julius Regnault-Warin, *Mémoires de Talma* (Paris, 1804).
Marcel Reinhard, *Nouvelle Histoire de Paris: La Révolution, 1789–1799* (Paris, 1971).
[Toussaint de Rémond de Saint-Mard,] *Réflexions sur l'opéra* (The Hague, 1741).
Pierre Rémond de Sainte-Albine, *Le Comédien* (Paris, 1747).
Remontrances de MM. les Comédiens Français au Roi pour obtenir de Sa Majesté la suppression d'un arrêt du Conseil qui leur défend les ballets sous peine de 10,000 livres d'amende (n.p., 1753).
Jules Renouvier, *Histoire de l'art pendant la Révolution* (Paris, 1863).

Réponse des auteurs dramatiques soussignés à la pétition présentée à l'Assemblée nationale par les directeurs de spectacle (Paris, 1791).
François Riccoboni, *L'Art du théâtre*, (Paris, 1750).
Louis [Luigi] Riccoboni, *Pensées sur la déclamation* (Paris, 1738).
Sybil Rosenfeld, *Temples of Thespis: Some Private Theatricals in England and Wales, 1700–1820* (London, 1978).
Rousseau, *Lettre à M. *** sur les spectacles des boulevards* (Brussels, 1781).
Jean-Jacques Rousseau, *Considérations sur le gouvernement de Pologne*, in *Œuvres complètes*, ed. Bernard Gagnebin and Marcel Raymond, 4 vols. (Paris, 1959–69), III.
—— *Dictionnaire de musique* (Paris, 1768).
—— *Émile ou De l'éducation*, ed. François and Pierre Richard (Paris, 1964).
—— *Lettre à M. d'Alembert sur les spectacles*, ed. M. Fuchs (Lille and Geneva, 1948).
—— *La Nouvelle Héloïse*, ed. René Pomeau (Paris, 1960).
Gabriel de Saint-Aubin, Prints and Drawings (Baltimore, 1975).
Rémy G. Saisselin, 'Ut pictura poesis: Du Bos to Diderot', *Journal of Aesthetics and Art Criticism*, XX (1961–2).
Louis de Sanlecque, *Poème sur les manuvais gestes*, in Dinouart, *L'Éloquence du corps*.
Aldo Scaglione, *The Classical Theory of Composition* (Chapel Hill, 1972).
Antoine Schnapper, '"Le Chef d'œuvre d'un muet", ou La Tentative de Charles Coypel', *Revue du Louvre et des musées de France*, XVIII (1968).
[Dom Sensaric,] *L'Art de peindre à l'esprit*, 3 vols. (Paris, 1758).
Jean Seznec, *Essais sur Diderot et l'antiquité* (Oxford, 1957).
Albert Soubies, *Les Membres de l'Académie des beaux-arts depuis la fondation de l'Institut*, 4 vols. (Paris, 1904–11).
Les Spectacles de Paris, ou Calendrier historique et chronologique des théâtres (Paris, 1792).
Les Spectacles des foires et des boulevards de Paris (Paris, 1777).
John R. Spencer, 'Ut rhetorica pictura', *Journal of the Warburg and Courtauld Institutes*, 20 (1957).
Anne-Louise-Germaine Necker, baronne de Staël, *Considérations sur la Révolution française*, 3 vols. (Paris, 1818).
Hippolyte Taine, *Les Origines de la France contemporaine*, 6 vols. (Paris, 1876–94).
François Talma, 'Réflexions sur Lekain et sur l'art théâtral', in *Mémoires de Lekain* (see above).
Tarare au Salon de peinture, 2 vols. (*Collection Deloynes*, XV, nos. 376 and 377).
Élisabeth Tardif, *La Fête* (Paris, 1971).
S. S. B. Taylor, 'Le Geste chez les 'maîtres' italiens de Molière', *XVIIe Siecle*,

132 (1981).
Jacques Thibault, *Les Aventures du corps dans la pédagogie française* (Paris, 1977).
Jacques Thuillier, 'Temps et tableau: la théorie des "péripéties"', *Stil und Überlieferung in der Kunst des Abendlandes*, 3 vols. (Berlin, 1967), III.
B. R. Tilghman, *The Expression of Emotion in the Visual Arts. A Philosophical Enquiry* (The Hague, 1970).
'Timon', *Étude sur les orateurs parlementaires*, 2nd edition (Paris, 1837).
Robert Tomlinson, *La Fête galante: Watteau et Marivaux* (Geneva, 1981).
Georges Touchard-Lafosse, *Histoire parlementaire et vie intime de Vergniaud, chef des Girondins* (Paris, 1848).
[Tournon,] *L'Art du comédien vu dans ses principes* (Amsterdam and Paris, 1782).
Lionel Trilling, *Sincerity and Authenticity* (London, 1972).
Wesley Trimpi, 'The Meaning of Horace's Ut pictura poesis', *Journal of the Warburg and Courtauld Institutes*, 36 (1973).
Nicolas-Charles-Joseph Trublet, *Panégyriques des saints, suivis de réflexions sur l'éloquence en général et sur celle de la chaire en particulier*, 2nd edition, 2 vols. (Paris, 1764).
Graeme Tytler, *Physiognomy in the European Novel: Faces and Fortunes* (Princeton, 1982).
Jacques Ulmann, *De la gymnastique aux sports modernes* (Paris, 1965).
Charles-Augustin Vandermonde, *Essai sur la manière de perfectionner l'espèce humaine*, 2 vols. (Paris, 1756).
Jean Verdier, *Cours d'éducation à l'usage des élèves destinés aux premières professions et aux grands emplois de l'état* (Paris, 1777).
Vérités agréables ou Le Salon vu en beau par l'auteur du Coup de patte (Paris, 1789).
Paule-Monique Vernes, *La Ville, la fête, la démocratie: Rousseau et les illusions de la communauté* (Paris, 1978).
Georges Vigarello, *Le Corps redressé* (Paris, 1978).
Claude Villaret, *Considérations sur l'art du théâtre dédiées à M. Jean-Jacques Rousseau, citoyen de Genève* (Geneva, 1759).
Villiers, *L'Art de prêcher*, in Dinouart, *L'Éloquence du corps* (see above).
André Villiers, *L'Art du comédien* (Paris, 1959).
Roland Virolle, 'Noverre, Garrick, Diderot: pantomime et littérature', *Motifs et figures* (Paris, 1974).
François-Marie Arouet de Voltaire, *Lettres philosophiques*, ed. F. A. Taylor, 2nd edition (Oxford, 1946).
—— *Le Mondain*, in *Œuvres complètes*, ed. L. Moland, 52 vols. (Paris, 1877–85), X.

A. Vulpian and Gautier, *Code des théâtres* (Paris, 1829).
Daniel and Georges Wildenstein, *Louis David: Recueil de documents complémentaires au catalogue complet de l'œuvre de l'artiste* (Paris, 1973).
Georges Wildenstein, 'Talma et les peintres', *Gazette des beaux-arts*, 55 (1960).
Marion Hannah Winter, *The Pre-Romantic Ballet* (London, 1974).
Antoine Yart, *Mémoires ecclésiastiques et patriotiques, où l'on démontre la nécessité de transférer les fêtes au dimanche* ('Philadelphia', 1765).
Arthur Young, *Travels in France during the Years 1787, 1788 and 1789*, ed. M. Betham-Edwards (London, 1889).
Theodore Ziolkowski, 'Language and Mimetic Action in Lessing's *Miss Sara Sampson*', *The Germanic Review*, XL (1965).
Pierre Zoberman, 'Voir, savoir, parler: la rhétorique et la vision', *XVIIe Siècle*, 133 (1981).

日本語版追加文献

アルベルティ（三輪福松訳）『絵画論』，中央公論美術出版，1992.

アリストテレス（戸塚七郎訳）『弁論術』，岩波文庫，1992.

アリストテレース／ホラーティウス（松本仁助・岡道男訳）『詩学，詩論』，岩波文庫，1997.

Joseph Aude, *Le journaliste des ombres, ou Momus aux Champs Élysées*, pièce héroï-nationale, en un acte, en vers, représentée pour la première fois par les Comédiens François ordinaires du Roi, sur le Théâtre de la Nation, le 14 juillet 1790, à l'occasion de la Confédération de la France (Gueffier, Paris, 1790).

バトゥー（山縣熙訳）『芸術論』，玉川大学出版部，1984.

Edmund Burke, *A Philosophical Enquiry into the Origin of our Ideas of the Sublime and Beautiful* (Dover Publications, 2008/ originally published by R. & J. Dodsley, London, 1759).

バーク（中野好之訳）『崇高と美の観念の起原』，みすず書房，1999.

Louis de Cahusac (Édition présentée, établie et annotée par Nathalie Lecomte, Laura Naudeix, Jean-Noël Laurenti), *La danse ancienne et moderne* (Édition Desjonquères, Paris, 2004).

千葉治男「フランス体系百科全書とパンクーク」,『ヨーロッパ文化研究』第10集，成城大学大学院文学研究科，1991.

Cicero (trans. Harry Caplan), *Rhetorica ad Herennium* (Loeb Classical Library, Harvard University Press, 1989).

キケロー（大西英文訳）『弁論家について』（下），岩波文庫，2005.

Pierre-Louis Hanet Cléry, *Mémoires de P. L. Hanet Cléry*, Tome 1 (La Librairie d'Alexis Eymery, Paris, 1825).

Camille Desmoulins, *Révolutions de France et de Brabant*, No. 28, 1790/06.

Diderot, (éd. par Laurent Versini), *Œuvres, Tome IV Esthétique–Théâtre* (Robert Laffont, 1996).

——— (par J. Assézat), *Éléments de physiologie*, in *Œuvres complètes de Diderot*, Tome 9 (Garnier Frères, Paris, 1875/Kraus Reprint, Nendeln, 1966).

ディドロ（本田喜代治・平岡昇訳）『ラモーの甥』，岩波文庫，1964（改版）.

Jean-Baptiste Dubos, *Réflexions critiques sur la poésie et sur la peinture*, 3 vols. (Pierre-Jean Mariette, Paris, 1740).

デュボス（木幡瑞枝訳）『詩画論 I』，玉川大学出版部，1985.
デュスッド／伊藤洋監修『フランス 17 世紀演劇事典』，中央公論新社，2011.
Encyclopédie, ou Dictionnaire raisonné des sciences, des arts et des métiers, par une société de gens de lettres (Paris, 1751-1765).
エウリピデス『ギリシア悲劇 III』エウリピデス（上），ちくま文庫，1986.
Charles Simon Favart, *Mémoires et correspondance littéraires, dramatiques et anecdotiques*, 3 vols. (Paris, 1808/Slatkine Reprints, Genève, 1970), I.
Pierre Frantz et Sophie Marchand, *Le théâtre français du XVIIIe siècle* (L'avant-scène théâtre, 2009).
Pierre Frantz, 'Théâtre et peinture à la fin du XVIIIe siècle : Talma et David'（奥香織訳「18 世紀末における演劇と絵画——タルマとダヴィッドをめぐって——」），『演劇博物館グローバル COE 紀要 演劇映像学』2010 報告集 1.
Ivor Guest, *Ballet under Napoleon* (Dance Books, 2002).
——— *The Ballet of the Enlightenment* (Dance Books, 1996).
E. W. J. Hemmings, *Theatre and State in France 1760-1905* (Cambridge University Press, 1994).
ホガース（宮崎直子訳）『美の解析』，中央公論美術出版，2007.
保苅瑞穂『ヴォルテールの世紀：精神の自由への軌跡』，岩波書店，2009.
磯崎康彦『ライレッセの大絵画本と近世日本洋風画家』，雄山閣出版，1983.
蔵持不三也『シャルラタン——歴史と諧謔の仕掛人たち』，新評論，2003.
Alain-René Lesage, *Théâtre de la foire* (Desjonquères, Paris, 2000).
Alfred Lombard, *L'Abbé Du Bos: un initiateur de la pensée moderne, 1670-1742* (Slatkine Reprints, Genève, 1969 / Réimpression de l'édition de Paris, 1913).
Charles Magnin, *Histoire des Marionnettes en Europe* (Michel Lévy Frères, Paris, 1852).
Jean-François Marmontel, *Éléments de Littérature,* Tome I（Librairie de Firmin Didot Frères, Paris, 1846）.
——— *Œuvres posthumes de Marmontel, Mémoires,* Tome Quatrième (Paris, 1804).
Mercure de France, Mars, 1733 (Paris).
Louis-Gabriel Michaud, *Biographie Universelle ancienne et moderne*, Tome 34, nouvelle édition (Madame C. Desplaces, Paris, 1843-18・・).
西野嘉章『西洋美術書誌考』，東京大学出版会，2009.
Jean-George Noverre, *Lettres sur la danse et sur les ballets* (Aimé Delaroche, Lyon, 1760).
ノヴェール（小倉重夫訳）『舞踊とバレエについての手紙』，冨山房，1974.
小場瀬卓三『フランス古典喜劇成立史』，法政大学出版局，1970.
大野芳材「ジャン＝バティスト・グルーズの「セプティムス・セヴェルス帝とカ

ラカラ」について：ディドロの美術批評を通して」,『青山学院女子短期大学紀要』**49**, 1995.
小佐野重利（解題・監修）「シャルル・ル・ブラン『感情表現に関する講演』」,『西洋美術研究』No. 2, 特集・美術アカデミー , 1992.
大崎さやの「リッコボーニ親子の演技論——演技における「感性（sensibilité）」の問題を中心に」,『西洋比較演劇研究』vol. 12, No.2（日本語版）, March 2013.
M. Ourry, *Mémoires de Préville et de Dazincourt* (Baudouin Frères, Paris, 1823).
プラトン（藤沢令夫訳）『国家』（下）, 岩波文庫, 1979.
プルタルコス（村川堅太郎編）『プルタルコス英雄伝』（上）, ちくま学芸文庫, 1996.
ボワロー（守屋駿二訳）『詩法』, 人文書院, 2006.
プレヴォ（河盛好蔵訳）『マノン・レスコー』, 岩波文庫, 1957（改版）.
Quintilian (trans. Donald A. Russell), *The Orator's Education*, Volume V: Book 11-12 (Loeb Classical Library, Harvard University Press, 2002).
L. Rondonneau, *Collection générale des lois, décrets, arrêtés, sénatus-consultes, avis du conseil d'état et réglemens d'administration*, Tome Premier, 11e Partie (Rondonneau et Decle, Paris, 1817).
ルソー（今野一雄訳）『演劇について：ダランベールへの手紙』, 岩波文庫, 1979.
———（安士正夫訳）『新エロイーズ』（二）, 岩波文庫, 1997.
ロヨラ（門脇住吉訳解説）『霊操』, 岩波文庫, 1995.
佐々木健一『ディドロ『絵画論』の研究』, 中央公論美術出版, 2013.
———『フランスを中心とする 18 世紀美学史の研究——ウァトーからモーツァルトへ——』, 岩波書店, 1999.
トマソー（中條忍訳）『メロドラマ：フランスの大衆文化』, 晶文社, 1991.
ヴォルテール（林達夫訳）『哲学書簡』, 岩波文庫, 1980（改版）.
———（丸山熊雄訳）『ルイ十四世の世紀』（三）, 岩波文庫, 1982.